SAGGI

691.

MAURIZIO AMBROSINI

UN'ALTRA GLOBALIZZAZIONE

La sfida delle migrazioni transnazionali

IL MULINO

ISBN 978-88-15-12406-7

INDICE

INTRODUZIONE

GLOBALIZZAZIONE DAL BASSO E MIGRAZIONI TRANSNAZIONALI

> Noi siamo degli immigrati davanti a Te,
> degli ospiti come tutti i nostri padri.
>
> 1 Cronache, 29, 15

Molto è stato scritto e detto in questi anni sui processi di globalizzazione: economica, finanziaria, culturale, politica. Affiora anzi una certa stanchezza in un dibattito soggetto all'andamento ciclico delle mode, anche scientifico-culturali.

C'è però un aspetto che forse non è stato ancora approfondito come meriterebbe, almeno nel nostro paese. È quasi un luogo comune riconoscere che i confini sono sempre più permeabili alla circolazione di capitali, merci, prodotti mediali, mode, idee, ma tendono invece a chiudersi nei confronti della mobilità delle persone, almeno quando questa prende la direzione Sud-Nord nella geografia simbolica di un mondo drammaticamente sperequato.

Eppure le migrazioni, con il loro crescente influsso sulla vita e sull'immaginario delle società riceventi, sono lì a testimoniare la relativa porosità dei confini nazionali, malgrado gli sforzi di chiusura, e suggeriscono la continua trasgressione delle regole che vorrebbero riservare la libertà di muoversi soltanto agli abitanti delle zone ricche del pianeta. Nonostante un crescente apparato di controlli, limitazioni e barriere, i migranti a livello mondiale, secondo le statistiche dell'Onu, sono cresciuti di 16 milioni di unità tra il 2000 e il 2005, e si aggirano ormai intorno ai 200 milioni [Caritas-Migrantes 2006]. Di questi, 28 milioni vivono nell'Unione Europea a 27, dove rappresentano il 5,6% della popolazione, ma raggiungono i 50 milioni con i naturalizzati. Molti altri migranti e rifugiati circolano invece tra i paesi in via di sviluppo.

Tra rigidità di principio, reticenze ufficiali, fabbisogni inconfessati e sanatorie inevitabili, in pochi anni l'Italia, con circa 3,7 milioni di soggiornanti, ha raggiunto livelli di incidenza della popolazione immigrata (6% circa) [Caritas-Migrantes

2007] prossimi a quelli di paesi europei con una ben più lunga tradizione di ricezione di popolazione straniera.

Sotto la coltre dei grandi processi strutturali sospinti da attori eminenti, che vanno dalle organizzazioni economiche internazionali alle imprese multinazionali, dai grandi operatori finanziari ai governi dei paesi più sviluppati, stanno dunque prendendo forma fenomeni ufficialmente inattesi e indesiderati, e tuttavia in crescita, che possono essere definiti come «globalizzazione dal basso»: la globalizzazione delle persone comuni, delle famiglie e delle loro reti di relazione, che reagiscono ad una localizzazione imposta cercando altrove un futuro migliore.

Una diffusa vulgata che contrappone il radicamento forzato dei poveri alla mobilità globale dei privilegiati del pianeta trova qui un'importante smentita: malgrado le disuguaglianze nel diritto alla mobilità e le barriere erette dai paesi sviluppati, un numero sempre maggiore di abitanti del mondo (anche se non i più poveri in assoluto) si sposta attraverso i confini nazionali, scombussolando le corrispondenze tra territorio, popolazione e cittadinanza [Sassen 2008].

Certo, lo schema seducente dell'emigrazione come contestazione del nuovo ordine mondiale, come risposta dei diseredati alla globalizzazione prepotente degli interessi dominanti, è troppo semplice per poter essere interamente accettabile. I migranti non si limitano a rompere le catene della fissità geografica per cercare scampo nel mondo ricco, trasformandosi in «rifugiati economici». Arrivano anche perché sono richiesti dalle economie sviluppate, soprattutto per colmare i vuoti che si sono aperti negli ambiti più sacrificati di un sistema occupazionale molto segmentato e stratificato, ma in ogni caso incapace di abolire quelli che possono essere definiti i lavori delle cinque «P»: precari, pesanti, pericolosi, poco pagati, penalizzati socialmente [Ambrosini 2001; 2005a].

I mercati del lavoro, dunque, assorbono gli immigrati più facilmente dei sistemi politici. A volte, proprio il loro arrivo consente di trasformare esigenze diffuse in domanda di lavoro economicamente rilevante, come nel caso da manuale dell'assistenza delle persone anziane a domicilio. I loro legami con chi è rimasto alimentano poi altri flussi economici, intercettati e gestiti per una cospicua parte da istituzioni e operatori inseriti nei circuiti della globalizzazione dall'alto: basti pensare al gigantesco fenomeno delle rimesse, che consentono altresì ai governi di molti paesi di provenienza di rimettere in equilibrio la bilancia dei pagamenti e di chiedere prestiti ai grandi investitori mondiali, come il Fondo monetario internazionale.

Contrapporre globalizzazione dal basso e globalizzazione dall'alto è quindi affascinante, ma non del tutto veritiero. I fenomeni sono molto più interconnessi e ambivalenti. Anche per questa ragione, non riguardano solo i migranti, ma l'assetto complessivo della società in cui viviamo.

La globalizzazione dal basso non solo cambia la composizione demografica della popolazione, delle forze di lavoro come degli alunni delle scuole, ma ci obbliga a ridefinire il nostro sguardo, uscendo da quel «nazionalismo metodologico» [Beck 2003] che sovrappone implicitamente lo Stato nazionale alla società, «naturalizzando» confini, appartenenze e legami, plasmando le stesse scienze sociali, che definiscono la società con concetti legati allo Stato nazionale, e sollecitando a pensare l'integrazione come identificazione con esso. Lo Stato nazionale viene considerato così l'ovvio punto di partenza sia delle analisi, sia delle aspettative riferite ai rapporti tra migranti e cittadini «nazionali». Da questo punto di vista, le migrazioni internazionali appaiono come un'anomalia, un'eccezione problematica alla regola del radicamento degli abitanti nella terra a cui appartengono, ossia al loro Stato-nazione [Wimmer e Glick Schiller 2003, 585]. A maggior ragione, i migranti che intrattengono legami transnazionali e identificazioni simboliche con i luoghi di provenienza rischiano di risultare sospetti e minacciosi, sotto l'accusa di «non volersi integrare» che sottintende l'imperativo di allinearsi con lo Stato nazionale che li ospita, recidendo i vincoli con la madrepatria.

Il percorso interpretativo di questo libro intende proporre una riflessione critica su questo schema cognitivo, approfondendo le implicazioni della globalizzazione dal basso a partire da un punto di vista che considera i migranti come attori, e non semplicemente come vittime dei processi di globalizzazione, ed esplorando la dimensione dei legami che travalicano le frontiere politiche, coinvolgono i non migranti, influenzano le società di provenienza, contribuiscono a definire e riconfigurare l'identità dei migranti stessi.

Non si tratta infatti soltanto di comprendere perché arrivano dei migranti, ed eventualmente come, a dispetto degli ingenti sforzi profusi dai governi per sigillare le frontiere. Assumere la prospettiva della globalizzazione dal basso significa vedere gli immigrati come attori sociali che, nell'ambito delle risorse e dei vincoli forniti loro dai contesti in cui operano, elaborano scelte e progetti, definiscono degli obiettivi e si sforzano di raggiungerli. Questo però non avviene in forme meramente individualistiche: reti di relazione, familiari e comunitarie, variamente modulate, influenzano le prospettive e i corsi d'azione dei migranti, danno sostegno ma tendono anche a incanalare i comportamenti individuali, in un incessante gioco di interazioni tra motivazioni soggettive, aspettative familiari e relazioni comunitarie (cap. I). Da queste ultime essi traggono significati simbolici e legami interpersonali che formano punti di riferimento in ambienti percepiti come estranei, talvolta ostili, spesso difficili da interpretare e ancor più da accettare: le aggregazioni informali e le istituzioni «etniche» a cui i migranti danno vita acquistano dunque per molti (non necessariamente per tutti), in vari modi e con un'intensità variabile nel tempo, un'importanza sociale decisiva. Questa a sua volta può spaziare, nel loro vissuto soggettivo, da una visione difensiva e persino reattiva delle aggregazioni etniche come luoghi di resistenza contro l'assimilazione, come temono molti osservatori autoctoni, ad una visione più aperta delle istituzioni promosse dai migranti come ponti verso un'integrazione articolata e dinamica, non equivalente alla rimozione del loro *background* culturale: credo in realtà sia questo l'esito più frequente, come insegnano l'esperienza storica e le ricerche contemporanee.

Considerare gli immigrati come attori significa allora anche cercare di comprendere come riorganizzino il loro mondo sociale una volta insediati: come dunque la globalizzazione dal basso si prolunghi nella vita quotidiana, dando luogo a nuove esperienze culturali e costruzioni identitarie. Il migrante è ben più che un *homo œconomicus*; quando il suo soggiorno si prolunga, sorge in lui il bisogno di ritrovare spazi di socialità e di produzione di significati, ridando senso al mondo in cui si trova.

La sua vita sociale, inoltre, non si trasferisce interamente nel paese di insediamento. Con intensità e forme diverse, molti migranti continuano a intrattenere rapporti con chi è rimasto nei luoghi di provenienza. Come si vedrà, tuttavia, contrariamente alle preoccupazioni nazionaliste, i migranti che alimentano relazioni e attività che li connettono con i paesi di origine sono solitamente anche i meglio integrati nelle società riceventi [Portes, Haller e Guarnizo 2002].

Si incontra così un'acquisizione del dibattito internazionale recente, non priva di aspetti problematici ed enfasi eccessive, che occupa una posizione centrale in questo libro: la prospettiva transnazionale. Tale prospettiva, una volta calibrata, appare particolarmente congeniale per analizzare le migrazioni come esperienze di globalizzazione dal basso (cap. II), pur evitando la tendenza oggi diffusa a ridefinire pressoché tutti i movimenti migratori e i legami sociali relativi come fenomeni diasporici.

A partire da questo approccio, prenderò in considerazione un profilo emergente delle migrazioni come fenomeni transnazionali, quello riguardante i legami familiari: un ambito cresciuto di rilievo e di risonanza emotiva da quando si sposta all'estero per lavoro un numero sempre più elevato di madri che lasciano i figli in patria, cercando di mantenere vivi i legami affettivi malgrado distanze e frontiere, e promuovendo, laddove le circostanze lo permettono, il ricongiungimento familiare (cap. III).

Un altro nodo assai sensibile dei rapporti tra aggregazioni degli immigrati e società riceventi, nonché del significato dei legami transnazionali, riguarda la riproposizione nelle società riceventi di pratiche, istituzioni, rituali, forme di socializzazione, legati alla sfera religiosa, e in modo particolare alla penetrazione e all'insediamento istituzionale di religioni diverse da quelle storicamente professate nei paesi riceventi (cap. IV). Sarà questa l'occasione per riflettere sul significato sociale della partecipazione religiosa nell'esperienza migratoria, oltre i clamori e le paure derivanti dal fattore islamico.

Si arriverà così a discutere delle due modalità di gestione dei rapporti tra società riceventi e popolazioni immigrate considerate alternative da una diffusa quanto superficiale pubblicistica: la tradizionale impostazione assimilazionistica, tornata alla ribalta sulla scia degli eventi internazionali degli ultimi anni e dei tragici attacchi terroristici arrivati a colpire il cuore di diverse metropoli occidentali, e quelle visioni multiculturaliste che sembravano destinate ad affermarsi, ma subiscono oggi un'erosione di consenso politico (cap. V). Vedremo come la contrapposizione di modelli astratti alimenti scontri ideologici più che la comprensione dei fenomeni, e nuoccia ad una più modesta e pragmatica ricerca di misure efficaci ai fini dell'integrazione sociale di società sempre più pervase e ridefinite da processi migratori complessi e interrelati.

La genesi di questo libro è stata lunga e complicata. Uno spunto iniziale è venuto dalla richiesta di Giuseppe Sciortino di redigere un saggio sulle reti migratorie per un volume della collana «Stranieri in Italia» dell'Istituto Cattaneo di Bologna. Gran parte di quel saggio è rifluita nel capitolo I, con gli opportuni aggiornamenti, mentre gli accenni allora appena abbozzati, a proposito di migrazioni transnazionali e diaspore, mi hanno convinto della necessità di sviluppare un ragionamento più approfondito su questi nuovi approcci allo studio delle migrazioni. Ne è derivato il capitolo II, di cui una prima versione è apparsa sul n. 2 della nuova rivista «Mondi migranti». Ho presentato alcune parti di questo lavoro in convegni di studio organizzati nel corso del 2007 dall'Università di Parma e dalla Lumsa di Roma.

Il capitolo III sulle famiglie transnazionali rappresenta invece il prolungamento di una riflessione sul fenomeno delle assistenti domiciliari scaturita da varie ricerche in tema, di cui la principale è «Un'assistenza senza confini», svolta per conto della Caritas ambrosiana su incarico della Fondazione Ismu di Milano.

Anche una prima versione del capitolo conclusivo è già apparsa su «Mondi migranti», mentre una seconda versione è stata proposta all'ultima assemblea nazionale dell'Associazione italiana di sociologia (Urbino, settembre 2007), ma è stata in questa sede ampliata e rimaneggiata.

Il capitolo IV, dedicato alle religioni transnazionali, deriva invece da una relazione presentata ad un convegno promosso dal Centro studi emigrazione di Roma e già pubblicata su «Studi emigrazione». L'eccellente servizio di documentazione dello Cser mi ha procurato prezioso materiale bibliografico, antico e recente, grazie anche alle sue connessioni internazionali. Anche questo testo è stato comunque rivisto, approfondito e aggiornato per essere inserito nel presente volume.

Come sempre, sono molte le persone e le istituzioni verso le quali sono debitore per il percorso di ricerca che mi ha condotto alla scrittura di questo testo. Desidero ringraziare in modo particolare Andrea Torre, infaticabile direttore del Centro studi Medì di Genova e attivo promotore dell'impresa di «Mondi migranti», prima rivista italiana di sociologia delle migrazioni. Sempre a Genova, Luca Queirolo Palmas mi ha consentito di conoscere più da vicino diversi aspetti dell'immigrazione latinoamericana, primo fra tutti il fenomeno delle cosiddette «bande» giovanili, nonché di compiere un viaggio molto istruttivo in Ecuador. Vari altri colleghi, collaboratrici e collaboratori hanno reso belli e fruttuosi i miei anni genovesi: Emanuela Abbatecola, Michela Davi, Deborah Erminio, Francesca Lagomarsino, Andrea Ravecca. I loro lavori e suggerimenti riecheggiano in questo libro.

Presso l'Università di Milano, l'esperienza del laboratorio LIMeS (Laboratorio Immigrazione Multiculturalismo e Società), nell'ambito del Dipartimento di Studi sociali e politici, è oggi un'occasione molto viva e stimolante di confronto e di apprendimento, nel rapporto con nuovi colleghi come Enzo Colombo, Luisa Leonini, Giovanna Procacci, Paola Rebughini, Giovanni Semi. Enzo Colombo e Giovanni Semi, in modo particolare, hanno letto e commentato alcune parti di questo volume. Paola Bonizzoni, impegnata in una tesi di dottorato sui ricongiungimenti familiari, è stata un aiuto insostituibile nel reperimento di testi e soprattutto nella discussione di vari aspetti controversi della questione. Insieme ad Elena Caneva, ha poi contribuito alla revisione delle bozze.

A Trento Paolo Boccagni è per me un altro punto di riferimento, sia nella ricerca di materiale, sia nella discussione teorica, sia nel lavoro di indagine empirica. Insieme abbiamo condotto per il Cinformi della provincia di Trento una ricerca sulle famiglie transnazionali, in parallelo con la stesura di questo libro.

Devo infine ringraziare ancora una volta mia moglie Alessandra e i miei figli Miriam, Michele e Davide. Pur restando convinti che le cose che faccio abbiano poco a che fare con il lavoro, non mi fanno mai mancare – a loro modo – affetto e allegria, propellenti indispensabili per ogni intrapresa intellettuale.

CAPITOLO PRIMO

LEGAMI OLTRE I CONFINI: RETI MIGRATORIE E ISTITUZIONI ETNICHE

Già alla fine dell'800 Ravenstein, il capostipite degli studi delle migrazioni, aveva osservato l'importanza delle reti di relazione per i trasferimenti individuali delle persone: formulando una serie di «leggi» delle migrazioni nello stile positivista del tempo, aveva individuato tra di esse lo sviluppo di migrazioni a catena, che si dirigevano verso i centri commerciali e industriali dell'epoca [cit. in Faist 1997]. Appena dopo la Grande guerra, Thomas osservava:

> La situazione di un uomo immigrato da poco sarebbe qui di totale disorientamento se egli non trovasse alcuni punti fermi di identità rispetto alla propria vita passata, e li trova proprio tra coloro che appartengono al suo gruppo o alla sua nazionalità e che lo hanno preceduto. Quasi sempre arriva presso amici; spesso sono stati loro a mandargli il biglietto della nave, e sono loro a ospitarlo finché non trova un lavoro e non restituisce il costo del biglietto [Thomas 1997, 99].

Studiare le migrazioni significa ancora oggi imbattersi nelle reti dei migranti. Secondo la lapidaria e spesso citata affermazione di Tilly, «gli individui non emigrano, i network sì» [Tilly 1990, 84]. Dunque, «le effettive unità della migrazione non erano (e non sono) né individui, né famiglie, bensì gruppi di persone legate da conoscenza, parentela ed esperienza di lavoro» [*ibidem*].

Da anni assistiamo a un significativo sviluppo degli approcci allo studio delle migrazioni basati sui network migratori, con la crescente attenzione ai legami transnazionali dei migranti, espressione saliente di quella «globalizzazione dal basso» di cui si occupa il presente libro: sarà questo l'oggetto dei prossimi capitoli. Il primo passo del percorso consiste però nel mettere a fuoco le acquisizioni degli approcci di rete nello studio delle migrazioni internazionali, nonché i loro limiti.

1. *Reti e teorie delle migrazioni*

Il primo punto riguarda l'importanza delle reti migratorie nella ricostruzione delle «cause», dei percorsi e della destinazione finale dei flussi migratori. Le reti migratorie, definibili come «complessi di legami interpersonali che collegano migranti, migranti precedenti e non migranti nelle aree di origine e di destinazione, attraverso i vincoli di parentela, amicizia e comunanza di origine» [Massey 1988, 396], forniscono un riferimento per elaborare spiegazioni delle migrazioni capaci di gettare un ponte tra teorie «macro», o strutturaliste, e teorie «micro» o individualiste. Se le prime enfatizzano i grandi fenomeni strutturali (dai fattori espulsivi della povertà, dell'oppressione, del sovrappopolamento, a quelli attrattivi determinati dalla domanda di manodopera) che provocano spostamenti di popolazione, le seconde muovono invece dal presupposto della scelta razionale, orientata al *self interest*, da parte degli individui: l'analisi dei legami di rete consente di comprendere come mai, tra le molte persone soggette ai medesimi condizionamenti strutturali, solo alcune intraprendano l'esperienza della migrazione internazionale, perché si dirigano verso determinate destinazioni, non necessariamente le più favorevoli dal punto di vista economico o normativo, e come cerchino di inserirsi nella nuova società [cfr. in proposito Ambrosini 2001; 2005a]. L'attenzione nei confronti delle reti è dunque un modo per analizzare le migrazioni come processi sociali a lungo termine, dotati di proprie dinamiche intrinseche [Castles 2004].

Possiamo dire che le teorie dei network concepiscono le migrazioni come incorporate in reti sociali che attraversano lo spazio e il tempo, sorgono, crescono, infine declinano. In questi approcci, le decisioni individuali si inseriscono all'interno dei gruppi sociali, che a loro volta si frappongono e mediano tra le condizioni sociali ed economiche determinate a livello macro e gli effettivi comportamenti migratori soggettivi. La precedente esperienza migratoria degli individui o dei loro consanguinei, i legami stabiliti tra i luoghi di origine e di destinazione, l'esistenza di dispositivi di sostegno, il funzionamento di catene familiari, i flussi informativi, appaiono almeno tanto importanti quanto i calcoli economici nella spiegazione di arrivi e partenze. Le stesse rotte e destinazioni dei rifugiati e richiedenti asilo, che a prima vista parrebbero dipendere essenzialmente da fattori di espulsione e dalla ricerca di scampo nel primo paese sicuro accessibile, in realtà sono notevolmente influenzate dai legami sociali [Koser 1997].

Per questo Faist [1997] ha parlato delle reti come «the crucial meso-level», registrando verso di esso un movimento di convergenza sia dal versante macro, sia da quello micro: le teorie della scelta razionale hanno cominciato a considerare unità sociali come le famiglie, grazie soprattutto alla *new economics of migration*, mentre le teorie dei sistemi hanno incorporato nella loro analisi i network tra i diversi tipi di legami che connettono i luoghi di origine e di destinazione dei migranti.

Lo studio delle reti consente altresì di qualificare i fenomeni migratori come fenomeni propriamente sociali, non semplicemente governati dalle leggi della domanda e dell'offerta, da variabili demografiche o dai rapporti politici. Ciò significa, tra l'altro, rivendicare la pertinenza e il valore euristico di analisi condotte con l'apparato concettuale e metodologico delle discipline sociologiche. Per questa ragione, l'enfasi sulle reti migratorie nei *migration studies* è maggiormente riscontrabile negli approcci sociologici (e antropologici)[1], mentre economisti, demografi, geografi, politologi preferiscono in genere battere strade interpretative diverse. In questa chiave, uno dei punti su cui hanno maggiormente insistito le spiegazioni basate sui network riguarda l'autopropulsività dei processi migratori: grazie alle reti, questi possono proseguire anche quando sono cessati i motivi (per esempio, l'esplicito reclutamento di manodopera) che inizialmente li avevano innescati. Le reti già operanti non solo favoriscono nuovi afflussi di immigrati, ma sviluppano una trama di contatti sempre più densa tra i due poli delle migrazioni, consentendo ai processi migratori di assumere una consistenza autonoma [Portes 1995]. Si verificano poi, sempre attraverso le reti di relazioni sociali, importanti effetti di retroazione delle migrazioni nei contesti di origine: rimesse, migrazioni temporanee e pendolari, ritorni periodici o definitivi incidono in vario modo sulle società di provenienza,

[1] Basti pensare, nel dibattito americano, a nomi come quelli di Portes e Massey e ai rispettivi allievi. Entrambi, fra l'altro, sono stati presidenti dell'Associazione americana di sociologia.

influenzando – sia pure in modo controverso – i processi di sviluppo locale, i mutamenti culturali, le stesse aspettative e i comportamenti dei non migranti. La recente letteratura sul transnazionalismo, come vedremo nel prossimo capitolo, pone al centro della riflessione questa dimensione bi-locale (e talvolta multi-locale), interattiva e fluida dei processi migratori.

Le reti, sotto questo profilo, rielaborano, ampliano e collegano al più complessivo filone dello studio dei reticoli sociali il concetto di «catena migratoria», comparso già negli anni '60 per spiegare le traiettorie degli emigranti dell'Europa meridionale [Price 1963; Reyneri 1979], ma, come ho richiamato all'inizio, già presente in Ravenstein. Mentre la «catena migratoria» spiegava soprattutto i meccanismi di richiamo che attraevano nuovi soggetti verso le destinazioni dove i congiunti avevano già instaurato delle teste di ponte, il concetto di network abbraccia un più ampio arco di fenomeni sociali, che fanno riferimento ai processi di inserimento nel mercato del lavoro, di insediamento abitativo, di costruzione di legami di socialità e mutuo sostegno, di rielaborazione culturale, nel senso del mantenimento, della riscoperta, della ridefinizione, o, come altri sostengono, della «reinvenzione» dell'identità «etnica» nelle società ospitanti [cfr. in proposito Levitt 2005].

L'interesse teorico deriva altresì dalla visione dei network migratori come elementi di *agency*, ossia di iniziativa autonoma e di protagonismo dei migranti, che attraverso i legami di rete possono promuovere attivamente nuovi processi migratori, contribuire a determinarne le modalità di inserimento, sviluppare forme di mobilità sociale (per esempio attraverso l'imprenditorialità, su cui torneremo in seguito) e identità collettive «minoritarie». Nello stesso tempo, il migrante inserito in una rete non è un individuo isolato, che fluttua in un vuoto sociale, senza avere altri punti di riferimento se non il suo interesse razionale. Il richiamo alle reti consente dunque di cercare una strada teorica intermedia, tra gli opposti scogli delle concezioni ipersocializzate e iposocializzate delle migrazioni, in cui gli attori vengono considerati rispettivamente soggetti passivi, condizionati da forze strutturali sovrastanti, oppure individui che agiscono in base a desideri e preferenze soggettive [Boyd 1989]. Nella sintesi di Castles (un autore, va notato, che nel passato si era segnalato per l'adozione di un approccio marcatamente strutturalista), il concetto di *migrant agency* significa che «i migranti non sono individui isolati che rispondono a stimoli di mercato e a regole burocratiche, bensì esseri sociali, che cercano di raggiungere migliori esiti per se stessi, le loro famiglie e le loro comunità, modellando attivamente i processi migratori» [Castles 2004, 860].

2. *Due concetti collegati: «embeddedness» e capitale sociale*

Un concetto come quello di *embeddedness* (incorporazione, radicamento, incastonamento: la resa in italiano resta ardua), elaborato dalla nuova sociologia economica sulla base di una suggestione di Polanyi, ha trovato nelle reti migratorie un terreno di verifica e di approfondimento, raccogliendo molti riscontri per sostenere che l'azione degli individui è socialmente situata, non si riferisce ad attori atomizzati e non può essere spiegata interamente in base a motivazioni individuali [cfr. Granovetter 1985; 1995; Vertovec 2003].

Un influente contributo come quello di Portes e Sensenbrenner [1993] ha posto in rilievo i vari dispositivi che influenzano i comportamenti e gli stessi obiettivi dei soggetti che partecipano ad una collettività dotata di influenza normativa, come nel caso di reti migratorie sufficientemente strutturate: introiezione di valori, affiliazione di gruppo, solidarietà vincolata, fiducia operante.

In questo articolo, come in vari altri saggi, le reti migratorie sono state collocate nell'alveo della rigogliosa riflessione teorica sul capitale sociale[2]. Questo può essere visto infatti come il prodotto della partecipazione alle reti migratorie, e quindi definito come la capacità degli individui di beneficiare di risorse di vario genere (accreditamento, contatti sociali, sostegno materiale e morale...), in virtù della loro appartenenza a reti di rapporti interpersonali (nel nostro caso, principalmente quelli a base etnica) o strutture sociali più ampie.

[2] Massey [1987], nella sua analisi dell'immigrazione messicana negli Stati Uniti, è stato il primo autore a individuare le reti migratorie come una forma di capitale sociale, atto a ridurre i costi finanziari e psicologici delle successive migrazioni.

Benché notoriamente i due concetti (capitale sociale ed *embeddedness*) soffrano di una certa vaghezza teorica, o siano quanto meno soggetti a diverse interpretazioni, finendo non di rado per sovrapporsi, credo si possa tentare di distinguerli in rapporto alle reti migratorie, sottolineando che il secondo (*embeddedness*) ha un significato più statico: serve a denotare come le reti precostituiscano il *frame* cognitivo e strutturale in cui le decisioni individuali vengono assunte, delimitano il perimetro delle opzioni possibili, incanalano e modellano i corsi di azione; il concetto di capitale sociale (soprattutto nell'accezione di Coleman [2005]) serve invece soprattutto a esprimere l'aspetto dinamico delle risorse che fluiscono dai network e si rendono disponibili per gli individui nel perseguimento dei loro obiettivi: informazioni, accreditamento, legami fiduciari, protezione, risorse materiali di vario genere. Il capitale sociale può pertanto convertirsi in altri tipi di capitale: capitale economico-finanziario (si pensi alla possibilità di ottenere prestiti o credito, sulla scorta di relazioni di appartenenza e di fiducia interpersonale) o umano (più esattamente, nella possibilità di valorizzare il capitale umano individuale: l'ottenimento di un posto di lavoro, e di un lavoro di un certo tipo, una volta conseguito un titolo di studio, dipende spesso dalla rete di conoscenze, e dunque dal capitale sociale).

Si può precisare poi che le reti migratorie mettono a disposizione degli individui quello che è stato definito «capitale sociale etnico» [Esser 2004, 1135]: un capitale sociale specifico, la cui utilizzabilità dipende dall'esistenza di una «comunità etnica» insediata nella società ricevente o di un network transnazionale. Questo capitale sociale specifico, secondo Esser, risulterebbe di norma meno efficiente del capitale generalizzato, che è invece più flessibile e quindi spendibile in contesti diversi. Soffre infatti della carenza di abilità e conoscenze che possano essere impiegate nel nuovo ambiente, al di fuori della nicchia etnica di appartenenza, nonché dell'impatto di pratiche discriminatorie più o meno esplicite. In certe circostanze, però, l'impiego del capitale sociale etnico e l'impegno a migliorarne la produttività possono diventare un'opzione ragionevole, per esempio nello sviluppo di reti di connazionali, nell'investimento in forme di *ethnic business* o nell'organizzazione di movimenti politici a base etnica. Altri studiosi vanno oltre, individuando nella coltivazione di legami comunitari una strada efficace e vantaggiosa per l'inclusione nelle società riceventi, alternativa alla classica assimilazione su base individuale, intesa come perdita di riferimenti identitari e di memoria culturale [Zhou 1997]. Torneremo in seguito su questo punto.

Grazie a questi apporti, la concezione sociologica dei migranti come attori sociali si differenzia da quella di altre discipline, e in modo particolare dalla teoria economica: il migrante appare capace di scelte e di strategie, ma inserito in reti e contesti sociali che strutturano la sua visione della realtà, dei vincoli che presenta e delle opportunità che offre, influenzando le sue decisioni e la capacità di attuarle. Le risorse che i contatti sociali assicurano sono altresì di grande rilievo in ordine al successo nei percorsi migratori e possono funzionare in una certa misura come dispositivi di salvataggio e resistenza di fronte a difficoltà e discriminazioni. Le strutture di mediazione rappresentate dalle reti di relazione e da altre istituzioni sociali [Ambrosini 2001] consentono altresì di collegare il livello dell'azione individuale ed eventualmente familiare con la sfera macrostrutturale: sono queste strutture ad incanalare verso l'opzione dell'emigrazione l'insoddisfazione personale verso le condizioni di vita dei contesti di origine, e poi ad assumere concretamente il compito di mediare tra la volontà individuale (e familiare) di emigrare e i dispositivi regolativi delle società riceventi, cercando le strade per favorire l'ingresso dei congiunti che lo desiderano; sono sempre queste, e in special modo le reti, a far incontrare il lavoratore immigrato con la domanda di lavoro del sistema economico che lo richiede; e si potrebbe continuare. Espressione del contesto in cui si formano le scelte migratorie, sono dunque condizione della loro realizzazione e anello di congiunzione con le dinamiche sociali più ampie.

Alcuni limiti delle teorie dei network sono peraltro ormai noti, e vanno qui sommariamente richiamati prima di procedere oltre. Ne ricordo principalmente quattro:

– le reti migratorie spiegano in modo convincente la continuazione delle migrazioni, ma non il loro inizio, né lo spostamento verso nuove destinazioni: «i teorici dei network non hanno mostrato come le reti trovano, scelgono e si dirigono verso nuove località in grado di sostenere i migranti, quando le destinazioni già esistenti sono state saturate» [Light, Bhachu e Karageorgis 1993, 30]. Per la stessa ragione, Massey *et al.* [1998] collocano i network tra le teorie che rendono conto della perpetuazione delle migrazioni, non delle loro cause iniziali;

– le analisi basate sulle reti spostano l'accento sulla dimensione informale e autopropulsiva delle migrazioni, mentre nel produrle intervengono varie altre agenzie, organizzazioni (anche formali) e intermediari (inclusi quelli illegali): è stato quindi proposto il concetto più comprensivo di «istituzioni migratorie», che includono i network, ma non si esauriscono in essi [Goss e Lindquist 1995];

– allo stesso modo, viene sovente trascurata la dimensione della regolazione normativa: alcune interpretazioni si spingono a considerarla quasi indifferente, enfatizzando la capacità delle reti migratorie di muoversi tra canali diversi, compresi quelli irregolari, al fine di favorire l'arrivo e l'insediamento di parenti e connazionali [cfr. Massey e Espinosa 1997];

– affiora poi diffusamente un certo funzionalismo implicito, che solo da alcuni anni viene posto in questione [Portes 1998; Portes e Rumbaut 2001]: la maggior parte delle analisi di rete enfatizza le valenze positive dell'azione delle reti migratorie, trascurando i possibili effetti di invischiamento in nicchie marginali del mercato del lavoro o addirittura in attività devianti, su cui si è maggiormente concentrata l'attenzione dei criminologi.

3. *All'interno delle reti*

Nel tentativo di affinare un'analisi dei processi migratori attraverso la prospettiva delle reti sociali, alcune distinzioni sono a questo punto opportune. Possiamo individuare anzitutto reti a struttura «orizzontale», in cui i partecipanti sono socialmente collocati più o meno sullo stesso piano, e quindi si ritrovano, scambiano informazioni, esercitano forme di mutuo aiuto, secondo codici di reciprocità allargata, anche se possono inserirsi elementi di sfruttamento delle necessità o della debolezza dei connazionali neo-arrivati; oppure reti che hanno un carattere maggiormente «verticale», in quanto fanno riferimento a una persona, a un gruppo o talvolta a un'istituzione che si trova in posizione eminente, e che può redistribuire informazioni e risorse in maniera relativamente discrezionale, traendo vantaggi dall'asimmetria dei rapporti con i patrocinati.

Vanno poi distinte reti che restano debolmente strutturate ed essenzialmente informali, e reti che evolvono verso configurazioni istituzionali più formalizzate, o danno vita a istituzioni che diventano punti di riferimento per la socializzazione e l'interscambio. Nell'esperienza americana, proprio questa diversa densità istituzionale delle aggregazioni a base etnica rappresenta un cruciale fattore di differenziazione delle traiettorie di integrazione delle diverse componenti dell'immigrazione e dello stesso «successo» degli immigrati, in termini di avanzamento economico-sociale nella società ricevente. È un altro spunto che approfondirò successivamente.

Un'altra distinzione che si è affermata nel dibattito degli ultimi anni è quella relativa al «genere delle reti». Nella ricerca di Espinosa e Massey [1999] sull'immigrazione messicana negli Stati Uniti, è risultato che le donne si appoggiano ai network più degli uomini nei tragitti migratori, e questi mantengono una maggiore influenza sulle successive migrazioni di altre donne.

I lavori sulle migrazioni femminili [Anderson 2000; Parreñas 2001] hanno posto in rilievo la formazione e il funzionamento di network in cui donne, legate da vincoli di parentela, di amicizia o anche di interesse, si organizzano per favorire l'ingresso e l'inserimento lavorativo di altre donne, provvedono alla sostituzione di chi lascia il posto di lavoro, sviluppano forme di socialità e animazione del tempo libero, offrono protezione e sostegno, arrivano talvolta a organizzare servizi informali, come la custodia collettiva dei bambini per chi deve andare al lavoro[3].

[3] Nel caso italiano, i reticoli migratori femminili – provenienti prevalentemente da paesi in cui la religione cattolica è la più diffusa – hanno trovato appoggio e supporto logistico presso le istituzioni ecclesiastiche, che ne hanno favorito il radicamento e la capacità di inclusione delle nuove arrivate: il raccordo tra reti e altre istituzioni di sostegno trova qui un notevole esempio. Va notato in proposito che non è necessario che siano le istituzioni ecclesiastiche italiane a trovare direttamente lavoro per le donne immigrate (come avveniva con maggiore frequenza nel passato): il fatto che possano riunirsi presso una parrocchia, con appuntamenti fissi, è già di per sé un fattore che favorisce la circolazione di informazioni e il mutuo aiuto. I risultati di *surveys* in cui il ruolo delle reti dei connazionali, come tramite

Anche in Italia, il lavoro di Decimo [2005] sull'immigrazione di donne somale e marocchine ha posto in rilievo i legami di solidarietà istituiti prima e dopo la scelta migratoria:

chi è in procinto di partire, avvalendosi delle conoscenze di cui dispone tra quanti sono già emigrati, è facilitata nel reperire le informazioni necessarie a scegliere la destinazione più vantaggiosa, nel raggiungere i contatti giusti per ottenere un visto di ingresso, nel raccogliere il denaro necessario a sostenere il viaggio, nel ricevere ospitalità e supporto, nel trovare lavoro e inserirsi nel nuovo contesto [*ibidem*, 131].

In terra straniera, le reti femminili danno luogo a svariate forme di sostegno, che spaziano dalla vicinanza emotiva alla ricostruzione di pratiche e legami comunitari, al raccordo con la società ospitante e i suoi attori, all'aiuto materiale: nella ricerca citata, le donne somale hanno preso in affitto alloggi di cui possono usufruire anche quelle che sono rimaste senza lavoro o non l'hanno ancora trovato.

Le reti migratorie femminili sono poi un fattore di trasformazione dei rapporti di genere, ma anche di costruzione di nuove identità femminili, sebbene sotto il segno di ambivalenze profonde: le donne conquistano attraverso l'emigrazione spazi di autonomia ed emancipazione, accrescendo il loro status all'interno della famiglia e della comunità di origine; ma non di rado devono affrontare la sofferenza della «maternità transnazionale» [Parreñas 2001; 2005], ossia dello sforzo di mantenere nella misura del possibile i rapporti con i figli rimasti in patria (ne parleremo al cap. III). Inoltre, sebbene siano esse a procurare le rimesse che garantiscono la sopravvivenza e spesso anche una vita dignitosa al nucleo familiare, il loro contributo economico può finire per mantenere gli equilibri di potere in patria, e la stessa sopravvivenza delle strutture patriarcali [Pessar e Mahler 2003]. Nella società ricevente, l'azione di collocamento svolta dai network femminili, essendo sproporzionatamente inserita nei circuiti del lavoro domestico-assistenziale, ha come esito involontario il consolidamento di un'immagine della donna immigrata come icona di una femminilità docile, premurosa e

per il reperimento di un lavoro, precede di gran lunga l'azione di istituzioni solidaristiche autoctone [cfr. Blangiardo 2003], non rendono ragione della più complessa trama di rapporti che lega le une alle altre, specialmente (ma non soltanto) nel caso delle donne immigrate di religione cattolica.

sottomessa, nostalgicamente desiderata dalle società riceventi, ma non più facilmente reperibile (o, come altri direbbero, imponibile) tra le donne autoctone.

Hagan [1998] ha mostrato a sua volta che i network agiscono secondo modalità influenzate dal genere, producendo differenze sistematiche tra gli esiti occupazionali degli uomini e delle donne immigrate: nel suo caso queste ultime, quasi sempre occupate come domestiche fisse, vedono deteriorarsi nel tempo le loro reti sociali, per carenza di tempo e di opportunità per incontrarsi, mentre le reti maschili tendono a rafforzarsi e a ramificarsi.

Più in generale, possiamo affermare che si osservano differenze significative tra i network a dominanza maschile, i network a dominanza femminile e i network (di solito più «maturi» in termini di anzianità di insediamento) che presentano una composizione di genere bilanciata, con la formazione di nuclei familiari e seconde generazioni[4].

Nelle reti migratorie si possono individuare poi alcune figure e funzioni tipiche, che a volte si sovrappongono, altre volte invece si differenziano:

- lo *scout*, ossia il pioniere, colui o colei che hanno aperto una nuova rotta migratoria e diventano il punto di riferimento per gli arrivi successivi di familiari, congiunti, compaesani [cfr. Scidà e Pendenza 2000; per la versione «al femminile»: Decimo 2005];
- il *broker*, o mediatore, che si specializza appunto nell'intermediazione tra la domanda di lavoro e l'offerta dei connazionali, fungendo da collettore di informazioni nei due sensi, da garante dell'affidabilità dei patrocinati, da mediatore in caso di conflitti e incomprensioni[5] [cfr. in proposito Bertolani 2003]. Hagan [1998] parla, in modo analogo, della figura dell'*encargado*, un leader della comunità etnica che svolge un

[4] La riflessione sul genere delle reti è un tipico ambito in cui lo studio dei processi migratori aiuta a cogliere dinamiche ben presenti anche nella nostra società, dove pure reti maschili e femminili si articolano in maniera diversa, risultando in genere più supportive nel primo caso, più ambivalenti e spesso vincolanti nel secondo [cfr. Abbatecola 2002].

[5] Naturalmente, i confini tra il ruolo del broker e quello ben noto alla storia sociale italiana del «caporale», che affitta lavoro lucrando sui compensi dovuti ai lavoratori alle sue dipendenze, possono essere sfumati, come sembrano indicare per esempio alcune inchieste giornalistiche sul settore edilizio.

ruolo di supervisione e mediazione (nel suo caso, tra i lavoratori maya e le direzioni dei supermercati in cui lavorano in Texas), senza essere necessariamente riconosciuto in modo formale né dai superiori né dai lavoratori non appartenenti al gruppo etnico interessato. Semi [2004] ha invece individuato una figura di broker specializzato nella ricerca di agganci e conoscenze finalizzate alla regolarizzazione dello status dei connazionali *undocumented* (v. *infra*);

- il *leader comunitario*, che assume compiti di rappresentanza nei confronti della società ospitante, può avere un ruolo in qualche misura formalizzato come responsabile associativo od ottenere incarichi professionali come operatore della mediazione interculturale, ma può essere anche un leader religioso, custode dell'identità ancestrale e quindi per alcuni aspetti più orientato alla trasmissione delle tradizioni culturali del paese di origine che all'inserimento nel nuovo contesto;
- il *provider* di determinati servizi, come il posto letto, il lavoro, l'assistenza nel disbrigo di pratiche burocratiche o nel reperimento di documenti, spesso operante in una zona opaca, «grigia», talvolta illegale, normalmente traendo un lucro dalla sua attività e arrivando a volte a costituire vere e proprie attività economiche rivolte al mercato dei connazionali;
- il *corriere* (*viajero*), che conviene distinguere dalla figura precedente, essendo un operatore che non fornisce servizi sui luoghi di immigrazione, ma svolge un ruolo di connessione con le società di origine, gestendo scambi spesso informali ma di grande rilievo nel mantenere i contatti tra le due sponde del movimento migratorio: attraverso i corrieri informali passano non solo quantità ingenti di risorse economiche, ma anche molti beni carichi di valenze simboliche per il mantenimento dei legami tra chi è partito e chi rimane, dai doni per i figli ai prodotti alimentari che richiamano gusti e atmosfere dei luoghi di provenienza. È questo un aspetto del fenomeno del transnazionalismo economico che discuteremo nel prossimo capitolo.

Si deve però riconoscere che, sebbene la riflessione sulle differenze tra le reti migratorie (in termini di densità, composizione, dotazione di capitale umano e sociale, capacità di sostegno...) si sia sviluppata, l'analisi del loro funzionamento interno e della formazione di ruoli specifici rimane un campo di ricerca ancora in gran parte da dissodare.

4. *Reti migratorie e immigrazioni irregolari*

Consideriamo ora alcuni ambiti tematici più circoscritti in cui la prospettiva di network contribuisce a tracciare nuovi percorsi conoscitivi.

Il primo riguarda la regolazione delle migrazioni. Qui le reti, insieme alle domande del mercato, vengono individuate da vari autori come una delle principali cause dell'insuccesso delle politiche restrittive [van Amersfoort 1996; Castles 2004] e del periodico fabbisogno, in diversi paesi tra cui il nostro, di provvedimenti di sanatoria.

Le reti sono infatti, oltre che fonte di stimoli imitativi, la base logistica che favorisce gli arrivi, fornendo le informazioni necessarie, un primo alloggio, sovente risorse economiche per il viaggio (specie se si tratta di utilizzare metodi di ingresso illegali), nonché appoggio per l'iniziale inserimento lavorativo. Nel caso delle migrazioni illegali, Espinosa e Massey [1999] hanno mostrato l'importanza del ruolo svolto da familiari e amici nel mitigare i rischi del viaggio e nel contenerne i costi. In altri termini, i network riducono le barriere all'ingresso dei migranti *undocumented*[6]. L'utilità del capitale sociale fornito dalle reti «etniche», inoltre, cresce con la prossimità del legame e con l'ampiezza dell'esperienza acquisita dai contatti nel paese di destinazione. Se i contatti sono rappresentati da parenti stretti, con una cospicua anzianità migratoria, aumenta la probabilità dell'arrivo di nuovi migranti, regolari e irregolari, nonché di un arrivo «tutelato».

Nel caso italiano, nota per esempio una ricerca condotta in un contesto economicamente difficile come quello siciliano, a proposito di un gruppo nazionale (quello srilankese) che presenta localmente un'organizzazione di rete efficiente:

[6] Espinosa e Massey, avendo studiato l'immigrazione messicana, riportano come esempi l'accompagnamento attraverso il confine, il passaggio di informazioni e consigli circa le rotte dell'ingresso clandestino, la segnalazione di indirizzi e numeri di telefono di appoggio nelle città di confine, l'indicazione dei servizi di passatori affidabili... Nel caso italiano, a quanto è dato di sapere, la maggior parte degli ingressi irregolari avviene in forme di per sé regolari, come il visto turistico; anche in questi casi tuttavia l'appoggio delle reti è di grande importanza [Caritas ambrosiana 2004].

L'inserimento occupazionale è immediato, spesso favorito da un passaggio di mano fra parenti: i tempi dichiarati della ricerca di lavoro generalmente non superano i tre giorni; l'efficacia dei canali informali è elevata, poiché l'accreditamento positivo del gruppo nazionale, imputabile a meccanismi di discriminazione statistica, è potenziato dal ruolo di garante assunto da un parente «affidabile» [Avola, Cortese e Palidda 2003, 38].

Tra l'altro, le reti si segnalano anche per la ricerca di canali alternativi e porte di ingresso secondarie, dai matrimoni combinati ai visti per turismo, al ricorso allo status di rifugiato.

L'annuncio di sanatorie e la loro reiterazione dopo solenni dichiarazioni di segno contrario favoriscono a loro volta una mobilitazione ricorrente delle reti: dopo le sanatorie riparte la catena dei nuovi ingressi, che rendono poi necessari nuovi provvedimenti di sanatoria. Semi [2004], nella sua ricerca etnografica sui circuiti marocchini nel quartiere torinese di Porta Palazzo, ha mostrato come l'annuncio e poi l'avvio della sanatoria, innescando l'ansiosa ricerca di informazioni e contatti utili da parte dei soggetti interessati, abbiano rappresentato un'importante occasione per la strutturazione e il consolidamento di reticoli migratori più fitti, gravitanti intorno alle moschee o alle attività commerciali dei connazionali più in vista. Questo fatto ha favorito la nascita o il rafforzamento delle posizioni di «broker comunitari» o mediatori, che potevano vantare il possesso di abilità, contatti e canali istituzionali per agevolare il buon esito delle pratiche.

Tra le ragioni del limitato successo delle politiche di controllo delle migrazioni rientra quindi il fatto che le popolazioni immigrate insediate stabilmente, operando come basi logistiche, contribuiscono a produrre nuova immigrazione; d'altronde, la restrizione dei loro diritti contrasterebbe con le politiche volte all'integrazione e alla partecipazione alla vita sociale delle società riceventi [Penninx e Doomernik 1998].

La prospettiva transnazionale colloca questi spunti di riflessione in un quadro più sistematico e comprensivo: non è possibile analizzare le migrazioni entro i confini delle società riceventi, ma occorre tener conto dei legami sociali con il paese d'origine e con altri luoghi d'insediamento delle reti migratorie, nonché degli effetti di *feedback* dell'emigrazione nelle comunità di provenienza e viceversa. Se le reti funzionano come «ponti sociali», la comunicazione, lo scambio e il transito in entrambe le direzioni possono essere seriamente ostacolati dall'azione dei poteri statali, ma non interrotti, tanto meno in regimi che intendono continuare a presentarsi come democratici e liberali. Una conseguenza non secondaria di questi processi è data dal fatto che le reti migratorie, attraverso la sequenza sostegno all'ingresso irregolare-sanatorie-naturalizzazioni, contribuiscono a modificare la composizione «etnica» della popolazione residente e, presto o tardi, del corpo elettorale.

Evitando il rischio, non del tutto infrequente, di costruire un'immagine idealizzata e romantica dei rapporti interni alle cosiddette «comunità» immigrate, va peraltro ricordato che l'appoggio fornito dalle reti migratorie ai nuovi arrivati non è sempre disinteressato e ispirato a sentimenti di solidarietà. In generale, si formano rapporti del tipo patrono-cliente, in cui i beneficiari sono tenuti a manifestare, quanto meno sul piano simbolico, sentimenti di gratitudine e deferenza nei confronti dei patrocinatori del loro arrivo, i quali vedono quindi innalzato il loro status all'interno della rete di appartenenza (di fatto, molto spesso a base parentale). Nel contesto della perdita di status e dello schiacciamento verso il basso della scala sociale che la migrazione comporta, queste ricompense simboliche assumono un significato pregnante, che contribuisce a spiegare l'attivismo dei migranti insediati a favore di quanti aspirano a raggiungerli. Ma, specialmente quando i beneficiari non sono parenti stretti, possono scattare varie forme più tangibili di richiesta di contropartite: subaffitto di posti letto a caro prezzo, ricompense in denaro per il reperimento del posto di lavoro (entrambi i fenomeni sono stati documentati, per esempio, tra i latinoamericani a Genova: Lagomarsino [2003]), debiti gravosi per i prestiti concessi[7], fino ai casi-limite del lavoro coatto e della riduzione in condizioni prossime alla schiavitù. Le risorse di rete a cui possono attingere gli immigrati irregolari, in termini di disponibilità all'aiuto, efficacia dei contatti, capacità di sostegno e accompagnamento a vari livelli, ne differenziano le traiettorie. Possiamo dire che anche nella

[7] Nel caso di una componente migratoria apparentemente pacifica e ordinata come quella filippina di Roma, ne parla ampiamente Parreñas [2001].

condizione rischiosa degli immigrati *undocumented*, sono le reti sociali su cui possono fare affidamento a produrre esiti diversi (cfr., per il caso olandese, Engbersen e van der Leun [1998], su cui torneremo).

Per limitarci a un ambito del mercato del lavoro ordinario e intrecciato con la vita quotidiana delle famiglie, come quello domestico-assistenziale, Spanò e Zaccaria [2003] hanno illustrato in modo vivido, con riferimento alla realtà napoletana, la divaricazione delle traiettorie tra le donne che trovano ad attenderle un'amica o una parente che ha fatto da tramite per l'arrivo, e quante invece si devono affidare a mediatori (spesso mediatrici) prezzolati, non di rado con pochi scrupoli o decisi ad approfittare della debolezza delle nuove arrivate. Il fenomeno, d'altronde, è tutt'altro che nuovo o limitato all'esperienza italiana. Notava Thomas all'inizio degli anni '20:

> A causa delle abitudini della vita comunitaria e della tendenza a considerare ogni compatriota come un amico, è facile per gli immigrati sfruttarsi reciprocamente in vari modi, e per qualcuno trasformare questo sfruttamento in un affare [Thomas 1997, 64-65].

L'attivismo delle reti nella promozione di nuovi ingressi può pertanto sconfinare, a volte, non solo nella promozione di immigrazione definita come irregolare dalle società riceventi, ma anche in fenomeni ben più gravi, come quelli della tratta di esseri umani. I confini tra semplice favoreggiamento (*smuggling*) e traffico (*trafficking*) sono peraltro meno netti di come decisori politici e media tendono a rappresentarli [Sciortino 2002]. In ogni caso, anche questi sono processi che si organizzano in larga misura (benché non esclusivamente) attraverso i legami tipici delle reti migratorie [Abbatecola 2002].

5. *Reti migratorie ed economie «etniche»*

Un altro ambito in cui le reti migratorie manifestano un indubbio protagonismo è il fenomeno dell'imprenditorialità immigrata e più ampiamente delle economie etniche. In questo campo sono stati spesso osservati dei fenomeni di addensamento della partecipazione al lavoro indipendente in determinati gruppi nazionali di immigrati, nonché delle «specializzazioni» in alcuni settori, solitamente con basse barriere all'ingresso in termini finanziari, normativi e tecnologici: ristorazione, edilizia, piccolo commercio sono tra i casi più rilevanti a livello internazionale. Alcuni studi hanno elaborato versioni sofisticate del rapporto tra reti migratorie e imprenditoria, come la teoria delle *middleman minorities* (minoranze storicamente specializzate nell'intermediazione tra élite e masse, già nelle società tradizionali, come gli ebrei, gli armeni, i cinesi nel Sud-Est asiatico, gli indiani nell'Africa sudorientale: Bonacich [1973]) o la teoria delle *enclave*, che vede le esperienze imprenditoriali come espressione del dinamismo di comunità immigrate capaci di dar vita ad una vasta gamma di iniziative e istituzioni culturalmente distinte e spazialmente concentrate nell'ambito delle società riceventi [Portes e Manning 1986].

Il concetto di economie etniche ricomprende invece più ampiamente le diverse esperienze in cui datori di lavoro e dipendenti condividono la stessa origine nazionale o «etnica», o anche soltanto i casi nei quali i lavoratori di una determinata unità organizzativa (stabilimento, reparto, ufficio, inclusi i dipartimenti o ripartizioni delle amministrazioni pubbliche) sono collegati dall'appartenenza ad una rete migratoria [Light e Gold 2000].

Non è possibile richiamare in questa sede l'ampia letteratura sull'argomento[8]. Sinteticamente, si può affermare che le reti migratorie si situano in un rapporto di reciprocità con lo sviluppo del lavoro indipendente e delle attività imprenditoriali tra gli immigrati:

– la comune origine e la variabile linguistica favoriscono la formazione di mercati del lavoro interni: spesso è stato notato che sono i gruppi con minore padronanza della lingua della società ricevente a sviluppare in maggior misura attività indipendenti, giacché la difficoltà a trovare lavoro nel mercato occupazionale generale induce a cercare presso le attività dei connazionali i mezzi per sopravvivere, anche a costo di accettare salari e condizioni di lavoro meno favorevoli (ma comunque preferibili alla disoccupazione) [Light *et al.* 1994];

– questi stessi fattori favoriscono forme peculiari di alleanza tra datori di lavoro e dipendenti, e percorsi di carriera interni:

[8] Mi permetto di rimandare per questo aspetto ad Ambrosini [2005a].

le imprese degli immigrati, grazie alle reti a base familiare ed etnica, risolvono con maggiore facilità di quelle autoctone il problema del reperimento di lavoratori affidabili, stabilendo rapporti più solidi di lealtà e fiducia reciproca e ottenendo applicazione e flessibilità che vanno ben al di là dei termini fissati dai rapporti contrattuali. In cambio, i datori di lavoro sono a loro volta obbligati a concedere ai dipendenti connazionali vari tipi di vantaggi, dall'aiuto per la sistemazione abitativa all'assunzione di parenti e compaesani; soprattutto, saranno tenuti ad offrire ad essi le posizioni professionalmente più qualificate che si renderanno disponibili, fino ad aiutarli a mettersi in proprio [cfr. Waldinger, Aldrich e Ward 1990];

– la circolazione di fiducia nelle reti a base etnica rappresenta una forma di accreditamento che può favorire l'accesso a finanziamenti, la condivisione di informazioni utili, la partecipazione a reti di imprese o a circuiti di contatti sociali vantaggiosi per l'attività aziendale. Questi sistemi fiduciari possono spaziare dal mercato dei diamanti a New York ai modesti commerci ambulanti delle spiagge italiane, ma si pongono in ogni caso come una risorsa complementare, e spesso decisiva, rispetto ai contratti scritti e alle relazioni formalizzate, nel costruire le condizioni per i rapporti economici[9];

– nei casi in cui le popolazioni immigrate sono sufficientemente numerose, stabilmente insediate e dispongono di redditi sufficienti, le imprese dei connazionali sono un tramite privilegiato per l'approvvigionamento di beni e servizi culturalmente connotati e difficili da reperire nel mercato più generale. Le imprese «etniche» in senso stretto, quanto a prodotti e clientela prevalente, rappresentano peraltro un caso particolare nel più ampio panorama delle economie etniche e dell'imprenditorialità immigrata [Ambrosini 2005a];

– le attività economiche degli immigrati possono diventare un punto di riferimento semi-istituzionale per l'aggregazione dei connazionali, lo scambio di informazioni e il rafforzamento delle reti [Ambrosini e Abbatecola 2004; Semi 2004].

[9] Come in altri casi, le reti migratorie rappresentano in realtà un caso forse più visibile e caratterizzato di modalità di funzionamento dello scambio economico molto diffuse anche tra gli operatori autoctoni [cfr. Granovetter 1985].

Si discute peraltro da vari anni sull'importanza rispettiva nella produzione delle condizioni favorevoli allo sviluppo di attività imprenditoriali, delle risorse etniche e delle risorse di classe, per riprendere la distinzione di Light e Rosenstein [1995]. Il dibattito recente tende ad enfatizzare l'importanza di queste ultime: istruzione, capitale finanziario, contatti sociali di alto livello, e così via, come condizioni per lo sviluppo di imprese efficienti e durature. Non manca però chi ribadisce che risorse di questo tipo tendono piuttosto a differenziare le componenti dell'immigrazione, e non si contrappongono ai legami a base etnica: semmai li rafforzano, favorendo il consolidamento, nei casi di successo, di comunità immigrate più rigogliose [Zhou 2004].

Negli ultimi tempi, come vedremo nel prossimo capitolo, la confluenza tra gli studi sull'imprenditorialità etnica e la prospettiva transnazionale sta ponendo in rilievo il ruolo delle attività economiche degli immigrati che travalicano i confini, con investimenti nei luoghi di provenienza, importazione di prodotti tipici e commerci transfrontalieri di vario genere. Reti etniche, imprenditoria immigrata e transnazionalismo economico sono fenomeni interconnessi e parzialmente sovrapposti.

6. *Reti migratorie e circuiti illegali*

Una prospettiva di rete può essere applicata anche – per così dire –, sul versante opposto, ossia all'analisi dei comportamenti illegali. Le diverse scuole di pensiero che si confrontano sull'argomento [Barbagli 2002; Palidda 2001] condividono in realtà l'importanza della condizione di irregolarità come predittrice del rischio di devianza; individuano pure un'incidenza molto diversa delle denunce giudiziarie (e del tipo di reati ascritti) a seconda delle nazionalità. Ma la connessione tra i due aspetti andrebbe ancora approfondita. Tra gli stessi immigrati irregolari, esposti alle medesime condizioni di deprivazione e povertà, il coinvolgimento in attività illegali mostra infatti andamenti diversi. Le statistiche giudiziarie italiane lo mostrano chiaramente. La stessa osservazione è stata formulata in Olanda da Engbersen e van der Leun [1998], che hanno giustamente notato che non ogni componente dell'immigrazione irregolare costituisce un problema criminale: gli immigrati *undocumented* occupano un ampio ventaglio di posizioni sociali, che spaziano da un lavoro stabile e un'integrazione avanzata nella società, alla marginalità sociale ed economica. Per spiegare le differenze, questi autori ricorrono al concetto di «struttura di opportunità differenziale», tratto da un classico lavoro di Cloward e Ohlin [1965]. Tra di esse, spicca il grado di accessibilità di un *set* di istituzioni informali, di cui tre sono rivestite di una particolare importanza: la rete di familiari, amici, conoscenti, che possono in vario modo facilitare, come già sappiamo, l'insediamento degli immigrati irregolari; l'economia sommersa, che può offrire comunque lavoro a chi non ha i documenti in regola (e in cui l'ingresso è però regolato da legami sociali, che differenziano le varie componenti della popolazione immigrata); i trattamenti selettivi nelle azioni di controllo da parte degli operatori istituzionali, la polizia in primo luogo, che perseguono con maggiore rigore i soggetti di certe nazionalità rispetto ad altre (perché più visibili, sospetti, etichettati dall'opinione pubblica come potenziali criminali, ecc.). Un'altra opportunità differenziale riguarda la possibilità di accesso ai circuiti criminali, in cui pure esistono disuguaglianze. Anche la criminalità, si può aggiungere, sfrutta legami di rete, e può assumere connotazioni etniche e «specializzazioni» analoghe a quelle operanti nel mercato del lavoro legale.

Le diverse istituzioni considerate svolgono un ruolo nella (semi)-integrazione degli immigrati irregolari.

Le persone che si appoggiano a reti migratorie diverse (basate principalmente sulla parentela o sulla comune origine) incontrano dunque diseguali strutture di opportunità, e queste incidono sul loro inserimento in attività lecite o criminali. In altri termini, laddove l'appoggio delle reti etniche e di altri attori è più efficace e orientato alla legalità, è più probabile che gli immigrati, benché irregolari, riescano a sottrarsi ai circuiti devianti. Laddove l'appoggio non funziona o è inquinato da componenti malavitose, si innalza il rischio che i nuovi arrivati ne vengano coinvolti, anche senza necessariamente immaginare che si verifichi un reclutamento intenzionale e programmato di nuovi adepti già a partire dal paese di origine.

7. *Reti migratorie e seconde generazioni*

Un altro caso in cui le reti migratorie sono riconosciute da alcune correnti di pensiero come attori salienti dei processi di integrazione degli immigrati è quello delle seconde generazioni [Ambrosini e Molina 2004]. Il tema è tanto più interessante in quanto nella classica prospettiva assimilazionista si continua a ritenere che i legami di natura etnica, se anche sono influenti per le prime generazioni, tendano a indebolirsi fino ad estinguersi nella successiva [Alba e Nee 1997]; se persistono, sono piuttosto la conseguenza dei processi di discriminazione e tendono a produrre fenomeni di auto-ghettizzazione.

Un influente filone di studi, che fa capo a Portes e Rumbaut [2001; 2006], ha però messo in questione il classico concetto di assimilazione, come un costrutto compatto e organico, ponendo in luce i differenti percorsi di inserimento e i differenti traguardi raggiunti dai giovani di origine immigrata. Il problema centrale non è se la seconda generazione si assimilerà, bensì comprendere in quale modo si assimili, per quali aspetti, in quali ambiti della società americana [Portes, Fernández-Kelly e Haller 2005]. All'assimilazione individuale negli stili di vita della classe media si può contrapporre pertanto la *downward assimilation*, ossia l'assimilazione verso il basso, nei ghetti urbani, in ambienti sociali deprivati e caratterizzati da una cultura oppositiva verso le istituzioni (la scuola, il mondo del lavoro) e verso i modelli normativi della società ricevente.

Ma si può concepire anche un altro percorso, definito in termini di «acculturazione selettiva», in cui l'acquisizione di competenze e abilità utili per la promozione sociale (come la fluidità linguistica e il profitto scolastico) si combina con la resistenza verso aspetti della società americana ritenuti meno accettabili (come il consumo di droghe o l'indebolimento dell'istituzione familiare), con il mantenimento di codici culturali che rimandano al paese d'origine o alla minoranza etnica di appartenenza, con la salvaguardia di un certo grado di coesione comunitaria, di cui il bilinguismo è considerato l'indicatore principale. Si tratta di una forma di integrazione ravvisabile soprattutto nelle componenti asiatiche della nuova immigrazione americana, in cui il successo scolastico delle seconde generazioni va di pari passo con la vitalità di comunità etniche che hanno dato vita a istituzioni proprie e cercano di preservare e tramandare alcuni elementi del proprio patrimonio culturale.

Le ricerche empiriche sul tema pongono in rilievo un dato importante: anche neutralizzando l'impatto del titolo di studio dei genitori e del momento dell'arrivo in America, il fattore etnico (ossia le risorse derivanti dall'appartenenza ad una determinata componente nazionale dell'immigrazione), insieme alla struttura familiare, continua a mostrarsi influente nella spiegazione del successo scolastico. Portes, Fernández-Kelly e Haller [2005], con un richiamo esplicito al concetto di «chiusura» di Coleman [1988], parlano di «capitale sociale di comunità», dipendente più dalla densità dei legami interni che dal successo economico od occupazionale di un gruppo immigrato. Il successo di connazionali dispersi o insensibili ad obbligazioni morali verso i compatrioti aiuta poco, mentre «comunità modeste ma solidali possono essere una valida risorsa, poiché le loro reti supportano la guida parentale e le aspirazioni dei genitori verso i figli» [*ibidem*, 1013]: quando le aspettative dei genitori sono rinforzate da altri all'interno della comunità, la probabilità di un adattamento positivo al nuovo contesto di vita cresce.

In luogo della frammentazione culturale oggi paventata da molti, si tratta di una strada che può condurre verso un'integrazione sociale più efficace ed armonica: «lo scopo dell'acculturazione selettiva non è la perpetuazione della comunità immigrata, bensì l'uso del suo capitale sociale per migliorare le opportunità dei figli di immigrati in ordine al successo educativo e professionale nella società ricevente» [Portes 2004, 163]. Questa modalità di rapporto con la società ospitante, accessibile fra l'altro anche a famiglie non dotate di un elevato capitale umano, contribuirebbe a tenere aperti canali di comunicazione tra le generazioni, a mantenere i giovani legati ad una comunità, con le risorse materiali e morali che ne possono derivare, a provvedere riferimenti cognitivi atti a guidarli nei processi di integrazione [Portes e Rumbaut 2006, 350]. Il capitale sociale comunitario e la compattezza familiare, inoltre, si rafforzano reciprocamente, con un beneficio (forse ovvio, ma statisticamente misurabile) per i risultati ottenuti dalle seconde generazioni[10].

[10] Tutto ciò non avviene tuttavia senza costi, si potrebbe chiosare, sul piano dell'autonomia individuale e delle relazioni di genere, come rivelano

Zhou [1997], nella medesima prospettiva, ha sottolineato come la comunanza etnica possa essere utilizzata dagli immigrati e dai loro figli come base per la cooperazione volta a superare gli svantaggi strutturali. Il capitale sociale fornito dalle reti etniche, in modo particolare, influenza l'adattamento dei figli sia in termini di sostegno, sia come fattore di controllo sociale. Sul piano culturale, inoltre, varie minoranze tendono a «spacchettare» selettivamente dal loro bagaglio tradizionale gli elementi che possono giovare all'inserimento nel nuovo ambiente, come la coesione familiare, l'etica del lavoro, la frugalità, il differimento delle gratificazioni.

Sussiste certo il rischio della formazione di un'etnicità reattiva, in cui la discriminazione strutturale dell'ambiente esterno viene contrastata dall'esibizione di un orgoglio identitario che finisce però per sbarrare l'accesso alle risorse e alle opportunità della società ricevente. In altri casi tuttavia la comunità etnica può agire come cuscinetto, favorendo la ricerca di equilibri soddisfacenti tra la realizzazione individuale, le aspettative familiari e la società più ampia. In questo senso

> quando i ragazzi immigrati sono sotto pressione per assimilarsi, ma sono incerti su quale direttrice di assimilazione sia più desiderabile, la famiglia o la comunità etnica possono fare la differenza, se riescono a mobilitare risorse atte a prevenire la *downward assimilation*. In tal modo, quando i figli sono accolti nei quartieri svantaggiati, possono trarre beneficio dal coltivare i legami etnici all'interno delle comunità, sviluppando forme di comportamento capaci di spezzare il circolo dello svantaggio e di condurre ad una mobilità ascendente [*ibidem*, 1000].

Il rapporto tra giovani generazioni, famiglie e comunità etniche minoritarie non manca tuttavia di sollevare problemi. Nella ricerca di Louie [2006] sui giovani cinesi in America, la minoranza forse maggiormente percepita come coesa, capace di tramandare le proprie tradizioni culturali, contraddistinta da regole familiari di deferenza verso i genitori, i protagonisti non amano dover frequentare corsi di lingua cinese, ne perdono l'uso, adottando un misto di inglese e cinese denominato scherzosamente

i *gender studies*. La tensione e la negazione tra soggettivismo e coesione familiare attraversa anche le componenti migratorie apparentemente più coese: cfr. Chen [2006].

«chinglish», si attribuiscono un'identità sociale molto distinta da quella dei genitori, dei coetanei rimasti in patria, e persino dei coetnici residenti all'esterno dell'*enclave*. Anche l'esperienza di successo educativo di tanti connazionali, diventata ormai uno stereotipo di «minoranza modello», pesa sulla loro percezione di sé, traducendosi in pessimismo circa le proprie prospettive scolastiche e professionali. Per contro, i giovani appartenenti ad un gruppo svantaggiato come quello dominicano, meno caricati di aspettative, si rivelano più ottimisti circa il futuro, confrontando la propria situazione con quella dei coetanei in patria o in altre zone degli Stati Uniti.

L'acculturazione selettiva non è dunque una bacchetta magica, e può avere risvolti sfavorevoli. Resta però significativa, ai fini della nostra riflessione, l'acquisizione di fondo: le tre «A» (accento, ascendenza, apparenza), che vengono normalmente viste come fattori stigmatizzanti che si trasmettono dalla prima alla seconda generazione e ne condizionano i processi di integrazione, possono essere rielaborate, all'interno di reti migratorie dotate di determinati requisiti, non in termini di retaggio da superare, e neppure di identificazione oppositiva verso la società ospitante, bensì di costruzione identitaria in grado di ricomporre riferimenti tradizionali e risorse spendibili nel nuovo contesto.

Integrazione nelle società riceventi e mantenimento di riferimenti «etnici» dunque non si contrappongono necessariamente. Le reti migratorie non sono ineluttabilmente un vincolo o un fardello che trascina verso il passato, ma possono rappresentare una risorsa per gli individui impegnati in complessi processi di ridefinizione dell'identità culturale, a contatto con le società riceventi. Per le seconde generazioni, l'assunzione di un'identità mista e composita è insieme una delle scelte possibili e un esito dei processi di socializzazione in cui le reti etniche (della famiglia d'origine e dei coetanei) entrano in gioco. Torneremo su questo punto, oggi più che mai controverso, nel capitolo conclusivo.

8. *Reti migratorie e istituzioni comunitarie*

Quest'ultimo spunto induce peraltro a introdurre un nuovo argomento. Ho altrove analizzato diversi fattori che distinguono fra loro le reti migratorie e contribuiscono a produrre i differenti livelli di successo nel favorire l'integrazione nella società ricevente di coloro che ne fanno parte: dalla coesione alla composizione sociale, dalla selezione alla partenza alla ricezione societale [Ambrosini 2001].

I contributi americani sopra richiamati richiedono però un salto di qualità nell'analisi. Spesso le reti migratorie che abbiamo studiato in Italia sono coinvolte in processi che producono forme di integrazione subalterna: promuovono frequentemente in modo efficace l'ingresso dei membri nel mercato del lavoro, ma all'interno delle nicchie debolmente qualificate in cui sono in grado di controllare, o almeno facilitare, il collocamento occupazionale. Varie analisi esprimono al riguardo valutazioni pessimistiche circa la cosiddetta etnicizzazione del mercato del lavoro, vedendola come un dispositivo che perpetua discriminazione e svalutazione delle competenze dei lavoratori stranieri [cfr. Zanfrini 2004; Zucchetti 2004]. Le reti migratorie di cui parlano Portes o Zhou, con riferimento agli Stati Uniti, sono invece molto differenziate, per anzianità di insediamento, composizione interna, dotazione di capitale umano, accettazione da parte della società ricevente. Il punto decisivo consiste nel fatto che, quanto meno nei casi di successo da essi illustrati, queste aggregazioni di immigrati sono arrivate a dotarsi di istituzioni proprie (associazioni, lobby politiche, scuole, giornali, stazioni radiotelevisive, istituzioni religiose, persino banche...), che a loro volta diventano luoghi di incontro e di aggregazione, favoriscono la mutua conoscenza e l'instaurazione di legami fiduciari, prevedono trattamenti preferenziali per i connazionali e rappresentano un trampolino per la mobilità sociale: possono quindi rendere persino vantaggiosa la conservazione di un'identità «etnica» specifica.

Charles Hirschman [2004] ha documentato con dovizia di riferimenti storici il ruolo fondamentale svolto negli Stati Uniti dalle istituzioni religiose, nel promuovere l'integrazione dei flussi migratori di ieri e di oggi, in un contesto che non era affatto, in origine, religiosamente aperto e tollerante. La tolleranza contemporanea è invece il frutto della lunga e tenace lotta delle minoranze religiose, e delle loro istituzioni, per conquistare il diritto a professare liberamente la propria fede, a praticare il culto, a educare i figli secondo i propri valori, pur volendo diventare americane a pieno titolo. Reti migratorie e istituzioni religiose minoritarie si sono vicendevolmente sostenute e rafforzate nella lunga storia dell'immigrazione americana: le aggregazioni degli immigrati si sono adoperate per costruire chiese e sinagoghe, con il corredo di scuole, centri ricreativi, ospedali, opere assistenziali, associazioni culturali e mutualistiche, e queste a loro volta hanno fornito in vario modo sostegno all'integrazione degli immigrati, promuovendo il loro accesso ad uno status di rispettabilità sociale. Oggi, i nuovi arrivati possono beneficiare di questo lascito storico, che si è incardinato nel corpus dei diritti civili, potendo con relativa facilità istituire propri luoghi di culto e attività collegate, di carattere sociale, educativo e culturale. Approfondiremo questo aspetto nel capitolo IV.

Questo esempio d'oltreoceano insegna almeno due cose. Anzitutto, le reti sono molto differenziate: occorre distinguere aggregazioni informali, a base clanica, socialmente discriminate e povere di risorse, rispetto a componenti minoritarie più composite socialmente, con una certa dotazione di capitale umano, favorite da un insediamento più antico o da una maggiore accettazione, capaci di dotarsi di istituzioni autonome. Queste a loro volta favoriscono processi di integrazione in cui la mobilità economica e sociale non coincide con l'assimilazione completa, ma con il mantenimento di specificità culturali più o meno spiccate. Ne deriva un secondo insegnamento: le reti migratorie non sono condannate a riprodurre e a sanzionare condizioni di inserimento marginale e subalterno, e non è detto che la strada dell'integrazione e della mobilità sociale coincida con la fuoriuscita dai circuiti etnici. Il mantenimento di forme di appartenenza e di un'identità etnica distinta, o almeno di alcuni tratti simbolici di essa, in un'incessante combinazione tra elementi attinti dalla società di provenienza e altri appresi nella società di insediamento, può allora rivelarsi efficace nel rispondere a svariate esigenze delle persone, di tipo emotivo, relazionale e di identificazione culturale, senza escludere i calcoli razionali relativi ai possibili vantaggi che ne possono derivare. I fenomeni transnazionali che si situano a livello simbolico, culturale e religioso, si giovano della crescente accessibilità dei mezzi di comunicazione e trovano anche una legittimazione politica nell'istituto della doppia cittadinanza, contribuiscono a questo mantenimento, recupero o reinvenzione di riferimenti identitari che rimandano ai paesi di origine. Nei termini del recente lavoro di Colombo e Semi [2007], si potrebbe parlare di un «multiculturalismo quotidiano».

L'approccio testé richiamato in realtà non è nuovo. Rimanda alle classiche riflessioni di Thomas e di Thomas e Znaniecki sul ruolo non solo dei gruppi primari che accolgono l'immigrato al suo arrivo, bensì dell'associazionismo e di istituzioni formali di vario genere (di primo soccorso, mutualistiche e assistenziali, nazionalistiche, culturali...) nella salvaguardia dei retaggi culturali dei migranti, nel rafforzamento dei legami sociali, nella protezione contro la discriminazione, nella difesa dell'integrità psicologica nei confronti della demoralizzazione e della perdita di status subite nella società ricevente: un ruolo che non era visto come un ostacolo all'assimilazione, ma piuttosto come una via per favorire un inserimento graduale e non traumatico nella nuova società.

> I diversi gruppi di immigrati hanno dato vita spontaneamente in America ad organizzazioni che riproducono entro certi limiti la società del paese d'origine o la sostituiscono con strutture più aderenti a bisogni di chi è immigrato qui. Queste organizzazioni non sono, di fatto, semplici retaggi, ma il prodotto degli sforzi compiuti dagli immigrati per adattare alle condizioni di vita americane il proprio patrimonio culturale. L'immigrato, dunque, entra in una comunità sociale fatta dalla sua stessa gente, e questa comunità, non quella nativa americana, è la matrice che gli dà la prima impronta [Thomas 1997, 100].

Thomas avverte nel prosieguo che le istituzioni degli immigrati «non devono essere lodate indiscriminatamente» come mezzi per raggiungere «l'americanizzazione». Rimane aperta anche la questione relativa all'ineluttabilità e alla desiderabilità di questo processo, se cioè le istituzioni «etniche» rappresentino una struttura di transizione verso una piena assimilazione, come tendeva a credere lo stesso Thomas, oppure se possano mantenere nel tempo vitalità ed efficacia, promuovendo forme di integrazione non canoniche, simboleggiate dalla costruzione di identità fluide e composite, «col trattino», risultato della libera composizione di tratti derivati dalla patria ancestrale e di altri acquisiti lungo il percorso di socializzazione nella società ricevente. Anche su questo punto riprenderemo la riflessione nel capitolo conclusivo.

9. *Dalle reti migratorie al transnazionalismo*

L'analisi delle reti migratorie dischiude, come si è visto, stimolanti prospettive di approfondimento di vari fenomeni legati alla mobilità geografica delle persone. Nello stesso tempo, si tratta di un campo di studi esposto a rischi di sovraccarico e confusione. Parlando di reti migratorie, si sovrappongono spesso forme di aggregazione sociale diverse, operanti a tre livelli: *a*) i reticoli parentali, come cellula elementare delle reti sociali, tanto più nei contesti di immigrazione; *b*) i clan più ampi, a base per esempio di villaggio, di quartiere, di riferimento ad un notabile o ad un leader comunitario; *c*) quelle che un po' impropriamente vengono definite spesso «comunità», ossia il complesso degli immigrati di una certa provenienza insediati nella stessa città o area geografica, che in diversi casi sono coinvolti in processi di specializzazione «etnica» nel mercato del lavoro e (meno frequentemente) di segregazione residenziale in ambito urbano; possono ritrovarsi in particolari occasioni, possono dar vita ad associazioni, possono arrivare a dotarsi di leader rappresentativi e luoghi di incontro.

Le reti migratorie presentano poi diversi livelli di istituzionalizzazione: possono infatti spaziare da forme di aggregazione del tutto informali e destrutturate, fino ad una ricca dotazione di istituzioni proprie, che a loro volta promuovono occasioni di mutuo riconoscimento e processi di identificazione «etnica» attraverso la riproduzione/rielaborazione dell'identità culturale dei migranti. È scontato che nel caso italiano attuale le reti migratorie si attestano più verso il primo che verso il secondo polo; tuttavia, occorre prestare attenzione alle differenze rilevabili in termini di capacità di muovere nella direzione di forme più complesse di istituzionalizzazione.

Andrebbe poi approfondito in maniera più analitica il vasto territorio delle somiglianze e delle differenze fra le reti sociali: fra reti degli immigrati e reti dei nazionali; fra diverse reti migratorie; fra reti che si costruiscono e si attivano in particolari occasioni (per esempio una festa, una mobilitazione politica, un'emergenza), e reti più strutturate e durevoli; citando Granovetter [1985], tra «legami forti» e «legami deboli».

Non va trascurata neppure la dimensione della partecipazione a reti plurime, nel nostro caso a base etnica, oppure miste, o a prevalenza autoctona: queste ultime sembrano essere, per gli immigrati, fonte di significative opportunità per fuoriuscire dalle nicchie occupazionali più povere, per trovare casa e migliorare la propria condizione.

C'è però un'altra direttrice di ricerca che ha assunto un cospicuo rilievo negli ultimi anni: quella che vede le reti in opera non solo all'interno delle società riceventi, ma tra le due sponde delle migrazioni. Abbiamo rilevato quanto le reti siano importanti per l'arrivo di nuovi immigrati, e più in generale per spiegare i fenomeni migratori. Nel nuovo indirizzo di studi, il mantenimento dei rapporti tra chi parte, chi resta, chi si prepara a partire, chi ritorna ed eventualmente riparte, occupa un posto centrale e diventa un tratto peculiare dei movimenti migratori, tanto da far parlare, nelle posizioni più spinte, di una perdita di significato delle tradizionali categorie di «emigrato» e «immigrato». Il migrante si configura come un attore che opera in vario modo in campi sociali che abbracciano e connettono luoghi diversi, intrattenendo attività e relazioni tanto nei paesi di origine quanto nei contesti di insediamento. La compressione spaziotemporale prodotta dall'evoluzione delle comunicazioni a distanza e dalla riduzione dei costi delle comunicazioni favorisce l'emergere di questa nuova fisionomia delle migrazioni.

Le reti migratorie innescano così la proposta del transnazionalismo come nuovo approccio alle migrazioni internazionali. Ne tratteremo nei prossimi capitoli.

CAPITOLO SECONDO

PROSPETTIVE TRANSNAZIONALI: UN NUOVO MODO DI PENSARE LE MIGRAZIONI

Come ho accennato al termine del capitolo precedente, gli approcci di rete hanno conosciuto negli ultimi quindici anni alcuni rilevanti ampliamenti e innovazioni. Spicca fra essi la prospettiva delle migrazioni transnazionali, che ha aperto un nuovo campo di ricerche, avviato dagli studi di Glick Schiller, Basch e Blanc-Szanton [1992] e Basch, Schiller e Szanton Blanc [1994]. Secondo queste autrici, il transnazionalismo può essere definito come «il processo mediante il quale i migranti costruiscono campi sociali che legano insieme il paese d'origine e quello di insediamento» [Glick Schiller, Basch e Blanc-Szanton 1992, 1].

L'attenzione rivolta alla partecipazione dei migranti ad attività collocate in paesi diversi e inquadrate come una forma controcorrente di globalizzazione ha indotto le medesime studiose, e vari altri al loro seguito, a teorizzare l'avvento di una nuova figura sociale, quella del «transmigrante», caratterizzata dalla partecipazione simultanea ad entrambi i poli del movimento migratorio e dal frequente pendolarismo tra di essi.

Ragionare in termini di transnazionalismo significa dunque superare, o almeno fluidificare, le tradizionali categorie di «emigrante» e «immigrato», e cessare di concepire la migrazione come un processo che ha un luogo d'origine e un luogo di destinazione. In questa visione, i transmigranti sono coloro che costruiscono nuovi rapporti tra le due sponde delle migrazioni, mantenendo attraverso i confini un ampio arco di relazioni sociali.

1. *Il paradigma delle migrazioni transnazionali*

Il ragionamento muove dall'idea che, grazie alla diminuzione dei costi dei trasporti e delle comunicazioni, sia diventato possibile, per un crescente numero di persone, vivere una vita duale, parlando due lingue, avendo casa in due paesi diversi, e conducendo una vita intessuta di continui e regolari contatti attraverso i confini nazionali [Portes, Guarnizo e Landolt 1999]. Secondo la definizione di Portes [1999, 464] le attività transnazionali «hanno luogo su base ricorrente attraverso i confini nazionali e richiedono un regolare e significativo impegno da parte dei partecipanti». Possono essere viste dunque come la controparte migratoria di altri fenomeni transnazionali contemporanei, come la globalizzazione del capitalismo, lo sviluppo di istituzioni politiche sovranazionali, la crescita di grandi Ong (Organizzazioni non governative) internazionali, i processi di ibridazione o creolizzazione delle culture popolari [Kivisto 2001]. Sebbene già nel passato, come documentano le ricerche storiche, i migranti abbiano intrattenuto legami sociali sulle lunghe distanze, ora l'intensità, l'ampiezza e la velocità degli scambi comporterebbero una ristrutturazione dei modelli di comportamento: in questo senso, il grado conta, e l'incremento quantitativo si traduce in differenze di ordine qualitativo [Vertovec 2004a].

Così pure Mahler [2001] ha posto in rilievo il ruolo strategico degli strumenti di comunicazione (nel caso specifico, i telefoni cellulari) nel riplasmare le relazioni a distanza tra persone separate dai confini politici, con particolare riferimento ai rapporti matrimoniali, quantunque le asimmetrie di genere non vengano attenuate e l'accessibilità dipenda dall'espansione dei rapporti capitalistici. Nelle zone povere e isolate, ancora oggi, lettere tradizionali e corrieri (*viajeros*) rimangono, tra mille difficoltà, i principali mezzi di comunicazione. Tuttavia,

> le innovazioni tecnologiche hanno accresciuto e migliorato il kit degli strumenti a disposizione di alcuni migranti, che le impiegano per negoziare transnazionalmente i problemi familiari e domestici, per dirigere associazioni *hometown*, e anche campagne politiche o affari economici attraverso i confini. Ma questi strumenti, così come molte altre risorse, sono differentemente accessibili [*ibidem*, 610].

Altri studi, per la verità, rilevano con maggiore ottimismo le novità indotte dalle innovazioni nella comunicazione a distanza, che hanno consentito ad intere regioni di saltare a piè pari la fase della telefonia fissa [Benítez 2006].

Vertovec, attivo promotore del concetto in quanto direttore di un programma di ricerca sulle comunità transnazionali, ha distinto già qualche anno fa ben sei impieghi del termine «transnazionalismo», benché in parte sovrapposti o intrecciati: *a*) come morfologia sociale focalizzata su una nuova formazione sociale che si estende attraverso le frontiere; *b*) come coscienza diasporica; *c*) come modo di riproduzione culturale variamente identificato come sincretismo, creolizzazione, bricolage, traslazione culturale, ibridazione, ecc.; *d*) come una via del neocapitalismo per le imprese transnazionali, e in modo minore ma significativo nella forma delle rimesse inviate in patria dagli emigranti; *e*) come un luogo di impegno politico, sia degli emigrati nei confronti della madrepatria, sia dei governi dei paesi di provenienza verso le comunità dei loro emigrati, sia attraverso l'attività delle Ong internazionali; *f*) come una riconfigurazione della nozione di luogo, da un'enfasi sulla dimensione locale all'accento posto sul «translocale».

In questo capitolo, prenderò in considerazione soltanto alcune di queste accezioni del termine, individuando quelle più interessanti per un'analisi sociologica dei processi migratori.

Nel tentativo di proporre una mappa concettuale utile a circoscrivere il discorso, sembra utile richiamare l'impostazione di Kivisto in cui vengono distinte tre versioni del transnazionalismo, indicando una significativa evoluzione del concetto. Le illustro qui di seguito.

• La prima, pionieristica, sorta agli inizi degli anni '90, appartiene all'antropologia culturale, deriva dai lavori già ricordati di Glick Schiller, Basch e Szanton Blanc, e ha presentato il transnazionalismo come un nuovo approccio analitico per comprendere le migrazioni contemporanee. Secondo le tre studiose, nelle migrazioni attuali è avvenuto un cambiamento strutturale rispetto al passato: allora gli immigrati rompevano completamente le relazioni sociali e i legami culturali con il paese di origine, e si collocavano unicamente nel contesto economico, politico e socioculturale della società ricevente; oggi invece, in molti casi, le loro reti, attività e modelli di vita comprendono sia la società di provenienza, sia quella di approdo, e le loro esistenze attraversano i confini nazionali, portando entrambe le società all'interno di un unico campo sociale.

• La seconda versione è quella proposta da Portes e collaboratori, che hanno cercato di ridefinire e precisare il concetto formulando una teoria a medio raggio del transnazionalismo [cfr. in particolare Portes, Guarnizo e Landolt 1999]. Seguendo la lezione di Merton [1987], l'introduzione di un nuovo concetto come quello proposto si giustifica se: 1) una significativa percentuale di persone (nel nostro caso, immigrate) sono coinvolte nel processo; 2) se le attività in cui sono impegnate persistono nel tempo, non hanno carattere di occasionalità o eccezionalità; 3) se i concetti esistenti non riescono a catturare il contenuto di queste attività. Di conseguenza, a differenza della versione precedente, l'applicabilità del concetto è limitata alle attività che comportano continuità delle relazioni sociali attraverso le frontiere, e un termine come quello, suggestivo ma vago, di «transmigrante», è abbandonato. L'intensità degli scambi, i nuovi modi delle transazioni e la moltiplicazione delle attività che richiedono passaggi di frontiere e contatti con i luoghi di origine rappresenterebbero invece un fenomeno originale, che è possibile concepire come una nuova area di indagine. Gli individui e le loro reti sociali vengono identificati come l'unità di analisi appropriata, lasciando cadere altri attori sovraordinati, comunità locali o governi dei paesi di provenienza. L'attenzione si focalizza quindi sul transnazionalismo dal basso, contrapposto ai fenomeni di globalizzazione dall'alto. Infine, il transnazionalismo non è concepito come un'alternativa all'assimilazione, ma piuttosto come un antidoto alla tendenza verso la *downward assimilation*.

• La terza versione è quella offerta da Faist [1997; 1998; 2000a; 2000b], che ha parlato di «spazi sociali transnazionali». Questi possono essere di tre tipi: gruppi di parentela, basati su legami di reciprocità, come quelli che regolano le rimesse; circuiti transnazionali, che richiedono legami strumentali di scambio, come quelli che strutturano le reti commerciali; comunità transnazionali, basate su legami di solidarietà che derivano da una concezione condivisa dell'identità collettiva. Il paradigma degli spazi sociali transnazionali ha poi l'ambizione di superare e integrare due modelli esplicativi precedenti: quello *push-pull* (ossia della contrapposizione tra fattori di spinta e fattori di attrazione nella spiegazione delle migrazioni) e quello centro-periferia. I sistemi migratori sono visti come processi che rompono i confini e fanno in modo che due o più Stati-nazione diventino parte di un unico nuovo spazio sociale, in cui, insieme alle persone, circolano idee, simboli e cultura materiale.

Focalizzando l'attenzione sul funzionamento delle reti migratorie, adottare un approccio transnazionale comporta almeno due novità. In primo luogo, si introduce una bidirezionalità più accentuata degli scambi e dei flussi, giacché le ricerche hanno cominciato ad analizzare più precisamente le trasformazioni indotte nei luoghi di origine dai migranti che, oltre a inviare rimesse, mantengono in modo continuativo attività e interessi in patria. Vertovec [2004a], in proposito, ha adottato il concetto di «bifocalità» con riferimento alle pratiche della vita quotidiana, in cui gli aspetti relativi al «qui» e al «là» sono costantemente monitorati e percepiti come dimensioni complementari di un unico spazio di esperienza. Più ampiamente, questo e altri autori hanno parlato di un'incorporazione dei migranti in campi sociali stratificati, dalla famiglia ai regimi politici nazionali e sovranazionali [Levitt, DeWind e Vertovec 2003]. Possono essere individuate al riguardo varie dimensioni delle relazioni transnazionali:

– legami molto specifici e locali («translocali»), contro l'appartenenza durevole a più ampi gruppi etnici o religiosi;

– legami variabili per frequenza o intensità, peraltro sapendo che comunemente i migranti si impegnano in attività transnazionali soltanto periodiche od occasionali;

– gradi diversi di formalizzazione delle attività, nell'ambito di strutture istituzionalizzate oppure in relazioni informali, specifiche, altamente flessibili [*ibidem*, 570].

In secondo luogo, gli approcci transnazionali rafforzano i rapporti tra il livello micro e il livello macro di analisi, collocando i network nel complesso dei legami che connettono paesi diversi. A questo proposito, Portes, Guarnizo e Landolt [1999] hanno distinto tre settori di attività transnazionali:

• *economico*, rappresentato dalle iniziative di imprenditori transnazionali che mobilitano i loro contatti attraverso le frontiere alla ricerca di mercati, fornitori e capitali;

• *politico*, in cui si situa l'azione di attivisti di partito, funzionari governativi, leader comunitari, il cui principale obiettivo consiste nel conseguimento di potere politico e di influenza nel paese di origine o in quello ospitante;

• *socioculturale*, che rappresenta una categoria più diversificata, in cui trovano collocazione svariate intraprese, orientate verso il rafforzamento dell'identità nazionale all'estero oppure verso la fruizione collettiva di eventi e prodotti culturali che richiamano i luoghi d'origine.

Ognuno di questi settori si articola poi in espressioni che manifestano gradi diversi di istituzionalizzazione: per esempio, in campo economico si può spaziare dagli operatori commerciali transfrontalieri informali, agli sportelli aperti nei luoghi di immigrazione dalle banche dei paesi di provenienza; in campo politico, dalla partecipazione o dal sostegno finanziario a comitati di iniziativa civica nei luoghi di origine, all'elezione di propri candidati nei parlamenti della madrepatria; in campo socioculturale, dall'esibizione di gruppi di musica folk all'organizzazione regolare di manifestazioni culturali in collaborazione con le ambasciate (tab. 2.1).

Nonostante lo sforzo per superare la confusione concettuale spesso imputata agli studi sull'argomento, identificando e classi-

TAB. 2.1. *Il transnazionalismo e i suoi tipi*

Livelli di istituzionalizzazione	Settori		
	economico	politico	socioculturale
Basso	• Commercianti informali operanti attraverso le frontiere • Piccole imprese create da immigrati ritornati nei paesi di origine • Migrazioni per lavoro circolari sulle lunghe distanze	• Comitati civici *home town* creati da immigrati • Alleanze dei comitati degli immigrati con associazioni politiche del paese di provenienza • Raccolte di fondi per i candidati alle elezioni nella madrepatria	• Incontri sportivi amatoriali internazionali • Gruppi musicali folk che si esibiscono nei centri dell'immigrazione • Religiosi della madrepatria che visitano e organizzano i fedeli all'estero
Alto	• Investimenti delle imprese multinazionali in paesi del Terzo mondo • Sviluppo di destinazioni estere per il turismo internazionale • Agenzie di banche del paese di origine nei centri dell'immigrazione	• Ufficiali consolari e rappresentanze all'estero dei partiti politici nazionali • Doppia nazionalità offerta dai governi della madrepatria • Immigrati eletti nei parlamenti della madrepatria	• Esposizioni internazionali di arti nazionali • Artisti illustri della madrepatria che si esibiscono all'estero • Eventi culturali regolari organizzati dalle ambasciate straniere

Fonte: Portes, Guarnizo e Landolt [1999].

ficando vari tipi di attività transnazionali, resta tuttavia in questa classificazione l'impressione dell'accumulazione di una congerie piuttosto eterogenea di elementi, non sempre collegati ai processi migratori (come il turismo o l'insediamento di imprese multinazionali) o validi soltanto in alcune circostanze e per flussi migratori specifici. Per converso, fatalmente un'esemplificazione così dettagliata rischia di trascurare aspetti che da altri punti di vista appaiono rilevanti: stupisce per esempio la mancata menzione delle rimesse tra le forme di transnazionalismo economico, mentre compaiono gli sportelli delle banche dei paesi d'origine che ne raccolgono soltanto una parte.

2. *Il transnazionalismo economico: dalle rimesse alle imprese*

Esaminiamo ora più da vicino alcune delle manifestazioni più significative delle attività transnazionali collegate alle migrazioni.

In campo economico, i fenomeni maggiormente studiati sono rappresentati dalle rimesse e dalle attività economiche promosse dai migranti e basate sulle connessioni tra paesi d'origine e di insediamento. Le rimesse sono state definite «la più citata e tangibile evidenza, e il metro di misura dei legami che connettono i migranti con le loro società di provenienza» [Guarnizo 2003, 666]. Il loro importo complessivo, secondo il Fondo monetario internazionale, è cresciuto da 2 miliardi di dollari nel 1970 a 54 miliardi nel 1995, raggiungendo i 105 miliardi nel 1999. A questi dati ufficiali bisogna aggiungere, sempre secondo il Fmi, almeno altri 15 miliardi di rimesse che non vengono trasferite attraverso i canali ufficiali. Nell'ultimo decennio queste risorse sono diventate per i paesi in via di sviluppo una fonte di reddito molto più importante della solidarietà internazionale ufficiale. Nel 2000 le rimesse dall'estero hanno contribuito per oltre il 10% al Pil di paesi come Eritrea, Ecuador, Haiti, Giamaica, hanno superato il valore complessivo delle esportazioni in El Salvador e oltrepassato la metà nella Repubblica Dominicana e in Nicaragua [Vertovec 2004a]. Nel 2005 il flusso complessivo (ufficiale) delle rimesse degli emigranti verso i paesi in via di sviluppo è stato pari a circa 167 miliardi di dollari, una cifra ormai prossima a quella degli investimenti diretti esteri (166 miliardi di dollari nel 2004). La crescita, secondo la Banca mondiale, è stata pari al 73% in cinque anni, e si è trattato di una crescita ininterrotta, diversamente da quanto accade per gli investimenti di portafoglio, contraddistinti da elevata volatilità, e per gli stessi investimenti diretti esteri, che sono visibilmente calati nei primi anni del nuovo millennio [Caritas-Migrantes 2006]. Non solo: al contrario di quanto avviene per gli investimenti a carattere speculativo, i flussi di rimesse tendono ad aumentare in periodi di crisi, come si è osservato nei casi dell'Indonesia (1997), dell'Ecuador (1999), dell'Argentina (2001).

Benché le conseguenze socioeconomiche delle rimesse siano un punto controverso, se ne possono sottolineare due aspetti rilevanti: anzitutto, il loro impiego per migliorare l'alimentazione, l'educazione, l'abitazione e le cure mediche dei familiari che rimangono nei luoghi di origine può essere visto non solo come un contributo ad una vita migliore, ma anche come una forma di investimento. Stalker [2003] parla di un «effetto moltiplicatore» sull'economia nel suo complesso, ricordando che nel caso messicano i due miliardi di dollari di rimesse stimati agli inizi degli anni '90 si calcola abbiano fatto crescere la produttività globale del paese di 6,5 miliardi. In secondo luogo, le rimesse sono un mezzo che consente di mantenere vivi i rapporti tra chi è partito e chi resta, rende possibili i ritorni (provvisori o definitivi), veicola altri tipi di flussi (informazioni, codici simbolici, influenze culturali, stili di vita...) che danno senso all'idea di «campi sociali transnazionali», o quanto meno di legami durevoli tra le due sponde della migrazione.

Il caso delle famiglie transnazionali rende evidente la densità emotiva e simbolica delle relazioni che vengono mantenute e coltivate attraverso l'invio e la richiesta di rimesse in denaro e doni di varia natura: ne discuteremo nel prossimo capitolo. Mahler [2001] ci avverte tuttavia che le rimesse rafforzano anche le asimmetrie di genere, poiché le donne rimaste in patria diventano ancora più dipendenti dal denaro inviato dai coniugi, trovandosi non di rado a supplicare aiuti al telefono di fronte a necessità impellenti. Per contro, il crescente protagonismo delle donne come primomigranti e principali procacciatrici di reddito per le proprie famiglie potrebbe dar luogo a resoconti di segno opposto: in tali casi, si tende piuttosto a stigmatizzare il parassitismo dei mariti rimasti in patria [cfr. Ehrenreich e Hochschild 2004].

Un secondo fenomeno di notevole importanza consiste nelle attività imprenditoriali che scavalcano le frontiere. Qui la questione analitica di maggior rilievo consiste nel distinguerle dal più ampio fenomeno della partecipazione degli immigrati al lavoro indipendente. Tra gli esempi riportati da una letteratura quasi interamente basata su studi etnografici, il caso più vicino all'idea di uno sviluppo economico spontaneo, costruito con mezzi poveri e largamente informali, è rappresentato dai *viajeros* o corrieri sulle rotte tra Nord e Centro-Sud del continente americano, nonché dai loro omologhi mediterranei o di altre tratte internazionali (per esempio tra Ovest ed Est dell'Europa). Nel caso dei salvadoregni studiati da Mahler [2003], decine di persone, donne e uomini, dotati di uno status legale per il permesso e il soggiorno negli Stati Uniti, fanno la spola tra Long Island e la zona orientale di El Salvador, trasportando lettere, rimesse in denaro, pacchi-dono, e ritornando indietro con formaggi e altri prodotti tipici da vendere, insieme ad un flusso di ritorno di missive. Guarnizo [2007] cita a sua volta il caso dei corrieri che connettono Santo Domingo con New York e Providence, rifornendo tra l'altro il commercio di prodotti tipici, musica e stampa dominicana. Resoconti di questo genere potrebbero essere replicati svariate volte su tutte le rotte consolidate delle migrazioni internazionali.

Vanno poi ricordate le attività economiche generate dalla domanda di servizi degli emigrati. In Ecuador, per esempio, sono sorte centinaia di imprese che si rivolgono al mercato dei connazionali espatriati e dei familiari che desiderano tenersi in contatto con loro: agenzie di viaggi, internet point, imprese di trasporti che recapitano all'estero cibi tipici ed erbe medicinali [Vertovec 2004a].

Guarnizo [2003] ricorda poi il fenomeno complementare: la proliferazione di negozi che vendono cibi «etnici» nelle grandi città americane, libri e giornali, prodotti musicali e videocassette, nonché le connessioni tra gli operatori economici nei paesi d'origine e quelli operanti all'estero. Nel suo precedente studio sull'immigrazione dominicana aveva già osservato che i primi fra essi erano migranti di ritorno o transmigranti che avevano acquisito competenze professionali all'estero, avevano clienti a

New York e impiegavano le rimesse per avviare la loro attività [Portes e Guarnizo 1990].

Successive ricerche [Portes, Haller e Guarnizo 2002] hanno poi consentito di precisare che lo sviluppo di attività economiche transnazionali, benché minoritario e diversificato a seconda dei gruppi nazionali, rappresenta un percorso specifico di adattamento economico da parte dei migranti: per colombiani, dominicani e salvadoregni residenti negli Usa si tratta del 5% della popolazione, anche se quasi il 60% degli imprenditori appartenenti a questi gruppi è impegnato in forme di transnazionalismo economico. Inoltre l'istruzione e la lunghezza della residenza negli Stati Uniti incrementano la frequenza della partecipazione [Portes 2005], che si correla dunque positivamente con l'integrazione nella società ricevente. D'altro canto, l'inserimento in reti sociali, locali ed extralocali, ossia il capitale sociale, aumenta la probabilità della partecipazione ad attività imprenditoriali transnazionali. Ne consegue che, secondo Guarnizo, «l'imprenditoria transnazionale non è un'attività effimera intrapresa da migranti individuali isolati e inclini al rischio, ma piuttosto un tentativo durevole, incorporato in campi sociali di solidarietà, reciprocità e obbligazione che scavalcano i confini nazionali» [Guarnizo 2003, 677].

Pur avendo un rapporto lasco con le teorie del transnazionalismo (con cui la convergenza è stata colta soltanto a posteriori, una volta avviato il programma di ricerca) possono essere ricondotte al medesimo filone le ricerche euromediterranee, e in special modo francesi, sulle «economie di bazar» e le reti migratorie transfrontaliere che attivano circuiti commerciali a cavallo tra l'economia formale e quella informale [Peraldi 2002]. In questi «commerci di strada», l'inventiva dei migranti si esprime nello sforzo di scoprire interstizi economici e inventare attività commerciali in grado di consentire loro di guadagnarsi da vivere, cercando di sfuggire a regolamentazioni restrittive e pratiche di esclusione. Si individuano così dei flussi migratori che si distinguono da quelli del passato per la combinazione di quattro caratteri essenziali: 1) si appoggiano sulla «forza sedentaria» delle precedenti migrazioni e sulle «nicchie di legittimità» che esse hanno conquistato, di modo che il viaggio del migrante non è più un salto verso l'ignoto, bensì un percorso «de proche en proche» («da prossimo a prossimo») tra differenti insediamenti diasporici; 2) è lo status di imprenditore a dominare le carriere e a orientarle: pur non essendo sempre realizzato con successo e imboccando strade traverse, rappresenta il modello normativo di riferimento, detronizzando quello di lavoratore salariato nei sogni della maggior parte dei protagonisti; 3) in parte a causa delle legislazioni restrittive, in parte per scelta personale, la migrazione non è più uno spostamento duraturo, bensì un momento in un ciclo marcato dalla pendolarità e dall'itineranza; 4) percorsi migratori e attività commerciali si combinano, tanto che sono pochi i migranti a non essere coinvolti, in un modo o in un altro, in pratiche commerciali transnazionali [*ibidem*, 8-9]. Si possono notare in questa schematizzazione alcune assonanze con i primi saggi sul transnazionalismo, comprese le semplificazioni del passato: le migrazioni pendolari, per esempio, hanno una lunga storia e rappresentano piuttosto una fase di molti cicli migratori, prima dell'insediamento definitivo; le reti di sostegno tra parenti e compaesani già nelle migrazioni di un tempo fungevano da ponte, una volta realizzati i primi insediamenti; così come il migrare per svolgere piccoli commerci o attività artigianali, o sognando di mettersi in proprio, è un aspetto ben presente nella storia delle migrazioni. È interessante in ogni caso, in questo filone di ricerche, la visione del migrante come attore dinamico e mobile, inserito in reti sociali in grado di sostenerne i percorsi, non rassegnato all'esclusione o alla marginalità: gli scambi commerciali interstiziali, a cavallo tra economia formale e informale, in prossimità delle porte d'ingresso o lungo le rotte che collegano due o più paesi, si prestano molto bene a rappresentare forme di resistenza dal basso ai destini determinati dalle grandi istituzioni politiche e dal potere economico.

Questa forma tipica di auto-impiego ha poi a che fare con una trasgressione dei confini e delle limitazioni territoriali che avviene, a livello culturale e simbolico, anche dalla parte delle società riceventi. Il piccolo commercio di strada si incontra in effetti con i gusti di

> una clientela in cerca di esotismo, che attraverso l'atto del consumo di un tè alla menta e di un piatto di *tajine*, si appropria in qualche modo dell'Altro. L'Altro è qui, dunque, il commerciante marocchino che recita nella relazione il suo ruolo esotico, attraverso gesti, parole e stile di vendita, molto più enfatizzati e messi in scena di quando tratta con i suoi compatrioti [Semi 2002, 357-358].

Si può inoltre citare come altro esempio italiano di transnazionalismo economico l'intraprendenza dei migranti senegalesi aderenti alla confraternita islamica muride, attivi nel commercio ambulante grazie ad un peculiare intreccio fra appartenenza religiosa, organizzazione comunitaria, solidarietà interna, strategie commerciali, canali di approvvigionamento della merce, pratiche di resistenza all'esclusione sociale [Riccio 2002]. In questo caso, le reti sociali connettono legami di appartenenza e attività commerciali, che, pur non sovrapponendosi, si stimolano e sostengono vicendevolmente. Rimane come aspetto caratterizzante e denso di implicazioni il mantenimento dei legami con la madrepatria, in cui i migranti muridi lasciano normalmente la famiglia e con cui intrattengono rapporti economici, sociali e religiosi, che persistono nonostante il tempo e le distanze: in modo particolare, redistribuendo i frutti del loro lavoro nell'ambito delle famiglie allargate e dei diversi gruppi (vicinato, villaggio, comunità religiosa) a cui si sentono legati. Né si tratta di reti chiuse in se stesse, ma capaci di costruire e utilizzare flessibilmente vari tipi di legami, anche con istituzioni, operatori e soggetti autoctoni.

Guarnizo ha poi inserito tra le attività economiche transnazionali i progetti di sviluppo comunitario promossi dai migranti all'estero. Con la maggior parte degli studiosi che se ne sono occupati, le tratteremo invece nell'ambito delle manifestazioni politiche del transnazionalismo: interessa però rilevarne lo statuto di terreno di confine, in cui aspetti economici (la raccolta e la trasmissione di fondi per scopi sociali) si sovrappongono a dimensioni politiche (formazione di associazioni, rapporti con le istituzioni politiche locali, influenza sugli equilibri di potere...).

L'aspetto teoricamente più significativo del contributo di questo autore consiste peraltro nel duplice tentativo di cercare di comprendere in uno schema unitario i molteplici effetti economici generati dalle relazioni sociali, culturali e politiche, oltre che specificamente economiche, intrattenute dai migranti con i luoghi di origine, e in secondo luogo di cogliere l'influenza che le attività transnazionali dei migranti esercitano non solo sulle località e i paesi di provenienza, ma anche sui processi economici globali, compresi gli accordi finanziari, il commercio internazionale, la produzione e il consumo di cultura. Le rimesse possono così servire agli Stati come garanzia per negoziare accordi con i grandi enti finanziatori, e la loro trasmissione è un business che coinvolge grandi agenzie specializzate.

Gli stessi consumi «etnici» non sono soltanto un affare di commerci informali e piccole imprese, ma coinvolgono grandi imprese operanti nella produzione e vendita di beni di largo consumo. La tabella 2.2 rende conto della complessa matrice di scambi attivati dalle relazioni economiche transnazionali dei migranti. Oltre alla natura bidirezionale delle transazioni (dai paesi di immigrazione verso quelli di provenienza, ma anche viceversa), va notato l'inserimento di una serie di attività prodotte all'interno dei contesti di destinazione (Nord-Nord) e destinate a servire le esigenze derivanti dai legami transnazionali degli immigrati (viaggi, comunicazioni, consumi culturali, ecc.). L'iniziativa (*agency*) dei migranti e delle loro reti tende così a essere vista come un fattore che, pur sorgendo dal basso in modo spontaneo, arriva a incidere su processi e fenomeni macrostrutturali, e a sua volta ne viene influenzato.

Le classificazioni delle attività economiche transnazionali, compresa quella molto articolata di Guarnizo, non sembrano però andare molto in profondità nell'analisi dei contenuti concreti e dei significati simbolici delle transazioni commerciali che scavalcano i confini nazionali.

Propongo dunque a mia volta un tentativo di tipologia delle pratiche commerciali transnazionali[1].

Possiamo individuare in primo luogo le attività che comportano uno spostamento fisico frequente attraverso i confini, con viaggi ripetuti tra madrepatria e luoghi di insediamento. Si può parlare in questo caso di *transnazionalismo circolatorio*, esemplificato in modo particolare dalle figure dei corrieri che, formalmente o informalmente collegano i migranti con familiari e parenti lasciati in patria. I casi limite, celebrati come si è visto dalla letteratura sul transnazionalismo, sono quelli degli immigrati che partecipano a due diversi campi sociali, viaggiando avanti e indietro tra i due poli del movimento migratorio. Le loro imprese servono soprattutto i bisogni di famiglie e comunità separate dall'emigrazione, che lottano per rimanere legate attraverso lo scambio di doni e l'invio di rimesse [Burton e Gammage 2004].

[1] Lo spunto deriva da una ricerca in corso Miur-Cofin 2005.

TAB. 2.2. *Una tipologia euristica delle attività economiche transnazionali*

Direzione dello scambio	Razionale	Tipo di scambio	Agente	Beneficiario	Benefici
Nord-Sud[a]	Solidarietà familiare Obbligazioni reciproche	Rimesse familiari Investimenti familiari	Migranti individuali Migranti individuali, famiglie	Parenti, amici Parenti	Sussistenza familiare Capitale umano familiare Capitale sociale familiare Benessere familiare
	Desiderio di riconoscimento sociale	Aiuto comunitario	Associazioni civiche promosse dai migranti	Organizzazioni comunitarie Ong locali Governi locali	Progetti di sviluppo, attività filantropiche
	Ricerca di profitto Desiderio di riconoscimento sociale	Investimenti economici	Migranti individuali, famiglie	Parenti, amici, soci in affari	Espansione di piccole e medie imprese
Sud-Nord	Riproduzione di pratiche culturali e identitarie nazionali/regionali	Consumo di prodotti nazionali	Migranti individuali, associazioni etniche	Affari economici nel paese d'origine Economie etniche all'estero	Esportazione di beni di consumo, prodotti culturali e servizi (informazioni, musica, arte)
Nord-Nord	Mantenimento di relazioni transnazionali sociali, culturali, economiche, politiche	Trasferimenti monetari e non monetari Telecomunicazioni Viaggi aerei Media	Migranti individuali, associazioni etniche e civiche, partiti politici	Grandi imprese finanziarie, di comunicazioni, trasporti aerei Economie etniche	Controllo economico e profitto dalla trasmissione di rimesse familiari, espansione del controllo del mercato capitalistico

[a] L'autore pensa probabilmente agli scambi tra Nord e Sud America; possiamo però pensare ai due punti cardinali come riferimenti simbolici ai contesti rispettivamente di immigrazione e di emigrazione.

Fonte: Riduzione da Guarnizo [2003].

> I beni, le lettere, le foto e il cibo che vengono scambiati sono cruciali per persone i cui movimenti sono ristretti, che possono non essere legalmente residenti negli Stati Uniti, o che possono non disporre delle risorse per ritornare temporaneamente in patria. Di frequente, il cibo è preparato da mogli, madri e sorelle per un congiunto che non vedono da anni. Il dono mandato da casa è di gran lunga più carico di significato che il cibo in se stesso, perché può racchiudere in sé l'idea che i membri della famiglia stiano aspettando il migrante a casa, conservino i ricordi del tempo vissuto insieme, e prendano parte ad un atto che è sia affettivo sia appagante. Cucinare per un marito assente che non si vede da anni diventa un rituale che viene attentamente e metodicamente seguito (...). L'inviare dei beni non solo realizza un vitale ruolo connettivo, ma può anche assicurare che i membri della famiglia trasferiti al Nord rimangano impegnati a inviare rimesse al Sud, garantendo che lo scambio continui mediante la sottolineatura della sua reciprocità [*ibidem*, 16].

Una seconda forma di transnazionalismo imprenditoriale consiste nelle attività economiche che non implicano uno spostamento fisico degli operatori, ma fanno viaggiare denaro o messaggi comunicativi. Si può parlare in questo caso di *transnazionalismo connettivo*. È transnazionale il servizio che tali attività rendono, dissociato dalla mobilità geografica degli attori. Anch'esse rispondono alle esigenze degli immigrati che desiderano mantenere i contatti con quanti sono rimasti nei luoghi d'origine: consentono di mantenere i legami transnazionali, di dare un senso alla bifocalità delle appartenenze, di rendersi presenti malgrado le distanze. Forniscono gli strumenti di cui si serve il «migrante connesso», attore di una «cultura del legame» e protagonista di una «installazione relazionale nella mobilità», di cui parla Diminescu [2005]. La compressione spazio-temporale tipica della globalizzazione per i migranti passa in gran parte attraverso i loro servizi. Nei termini di Sassen [2008, 4], sono protagoniste delle «transazioni digitali che cominciano a costituire uno spazio elettronico transfrontaliero». Insieme alle imprese del primo tipo, contribuiscono a trasmettere e far circolare quelle che Levitt [2001] definisce «rimesse sociali», ossia idee, pratiche sociali, riferimenti identitari che fluiscono da e verso i luoghi di provenienza dei migranti. In modo particolare, questa forma di scambio, oltre a migliorare le condizioni di vita dei familiari rimasti in patria, contribuisce a diffondere nuovi modelli e pratiche di consumo, influenzati dalle società riceventi.

In terzo luogo, l'attività economica transnazionale può passare attraverso le merci comprate e vendute. Siamo allora in presenza di un *transnazionalismo mercantile*. Di nuovo, non è strettamente necessario uno spostamento fisico degli operatori per dare forma a questi commerci, mentre quasi sempre, affinché la dimensione culturale dello scambio acquisti autenticità, è richiesto che l'operatore provenga dai luoghi da cui importa le merci. I legami transnazionali consentono di realizzare in modo efficiente e vantaggioso le transazioni. Si tratta di prodotti richiesti da immigrati per sentirsi meno lontani da casa, per riprodurre sapori, profumi, usanze dei luoghi di origine. Un'articolazione di questa categoria può essere individuata nelle imprese «culturali» di cui parlano Landolt, Autler e Baires [1999], specializzate nella vendita di giornali, libri, film, musica dei paesi di provenienza. Alcuni di questi prodotti, specialmente nel settore dell'alimentazione, sono richiesti anche da consumatori autoctoni, incuriositi dall'inusuale, desiderosi di trovare sotto casa suggestioni d'altrove. Un corrispettivo è rappresentato invece da quelle imprese che nei luoghi d'origine importano e rivendono merci provenienti dai paesi d'immigrazione, oppure rispondono alle domande degli emigranti, approvvigionandoli di cibi, liquori, erbe medicinali e altre merci irreperibili, o meno «autentiche» nei luoghi d'insediamento (per il caso ecuadoriano cfr. Vertovec [2004a]).

Possiamo infine individuare un *transnazionalismo simbolico*, che non importa merci, o lo fa soltanto in modo accessorio, al fine di ricostruire atmosfere, ambienti, significati. Offre un repertorio di consumi culturali e di rappresentazioni di identità nazionali, etniche, religiose. Forma e anima luoghi di incontro e di aggregazione, specialmente nel settore del *loisir* (per esempio locali e scuole di ballo latinoamericano, centri di meditazione yoga, bagni turchi, ecc.), prestandosi anche all'ibridazione e all'imitazione. In tal modo, gli scambi transnazionali si incontrano con le domande dei consumatori postmoderni, contribuendo a forgiare nuove pratiche sociali, nuove modalità di identificazione e nuovi sincretismi culturali.

Pessar e Mahler [2003], muovendo da un'ottica di genere, hanno altresì definito come attività transnazionale anche un'industria molto particolare come quella del sesso, certamente in rigogliosa espansione nelle due direzioni: come turismo sessuale dai paesi ricchi verso quelli poveri, e come importazione, in genere fraudolenta, di giovani donne da immettere nel mercato della prostituzione (spesso attraverso l'inganno o la violenza, o comunque ricavando profitti illeciti dal traffico organizzato)[2]. Nonostante l'importanza anche economica del fenomeno individuato, appare problematico classificarlo propriamente come transnazionale: manca l'aspetto di regolare contatto tra le due sponde del movimento migratorio, se non forse per l'attività dei trafficanti, che peraltro appare a sua volta diversificata e segmentata. L'esempio serve a rammentare ancora una volta i confini labili e le sovrapposizioni tra processi e attività definibili come transnazionali e altri fenomeni, meno recenti e specifici, connessi alle migrazioni internazionali delle persone.

3. *Il transnazionalismo politico: mobilitazioni a distanza, partecipazione civica e cittadinanze multiple*

Tra gli aspetti più interessanti e innovativi della letteratura sul transnazionalismo, ha uno spazio importante il fenomeno, già accennato, della costituzione di associazioni per il sostegno dello sviluppo delle comunità di provenienza, grazie alle quali i migranti continuano a svolgere un ruolo attivo nei luoghi di origine ed esercitano un'influenza sui poteri locali: un insieme di iniziative che stanno al confine tra attività con valenze economiche, promozione della solidarietà da parte della società civile e azione politica che scaturisce dalla mobilitazione dei migranti. Associazioni di questo tipo possono diventare per esempio sponsor alternativi di progetti che non incontrano il favore delle élite del luogo; e anche consentire ai promotori di sfruttare la popolarità acquisita per candidarsi alle elezioni. La letteratura sul tema ha osservato una marcata crescita nel numero e nelle funzioni delle *hometown associations* lungo gli anni '90 [Vertovec 2004a], e tende a considerarle come la dimostrazione più chiara dei processi che accompagnano l'istituzionalizzazione dei legami transnazionali[3]. Secondo alcuni studi, tuttavia, le scelte

[2] Cfr., per il caso italiano, Abbatecola [2006].

[3] Nella sola Chicago, il numero dei «club messicani» che convogliano denaro verso specifiche località del Messico per costruire scuole, strade e chiese

di destinazione delle risorse sono una prerogativa maschile, da cui le donne sono emarginate, e i progetti finanziati non sono sempre quelli di maggiore utilità per le comunità locali, bensì quelli dotati di maggiore «potere simbolico» a vantaggio dei donatori [Mahler 2003].

Una visione più positiva scaturisce invece da una recente ricerca di Portes, Escobar e Walton Radford [2007][4], secondo i quali le associazioni degli immigrati con finalità civiche, filantropiche, culturali e politiche si sono diffuse negli Stati Uniti fino al punto da influire sulle prospettive di sviluppo delle località e regioni di provenienza e da attrarre l'attenzione dei governi dei paesi d'origine [*ibidem*, 276]. Mentre la logica delle imprese multinazionali accresce le ineguaglianze tra Nord e Sud del mondo, queste associazioni cercano di alleviarle, perseguendo un futuro migliore per i migranti e per quanti si lasciano alle spalle.

Un altro risultato interessante concerne la composizione dei partecipanti: non si tratta infatti di nuovi arrivati, poco integrati nel nuovo contesto e nostalgici della madrepatria, bensì per lo più di immigrati ben insediati, da lungo tempo residenti negli Stati Uniti (per metà circa in possesso della cittadinanza), con livelli di istruzione superiori alla media, con occupazioni (per circa la metà) di tipo professionale o imprenditoriale. Questi dati dimostrano, sul piano teorico, un aspetto importante: che assimilazione e impegno transnazionale non si oppongono, e che i rapporti con i contesti di partenza possono durare nel tempo. In altri termini, mentre i nuovi arrivati sono concentrati nello sforzo di trovare un posto nella società ricevente, le iniziative civiche transnazionali emergono e assumono rilievo soltanto dopo che i primi stadi del processo di inserimento sono stati superati con successo.

L'attivismo civico transnazionale assume poi connotazioni diverse a seconda delle nazionalità: maggiormente di classe media tra i colombiani; con un profilo più politico e legato ai partiti

è passato da 35 nel 1995 a 181 nel 2002 [Vertovec 2004a, 987]. Un esempio italiano può essere individuato nelle attività sociali promosse dalle associazioni di migranti senegalesi a Torino, analizzate da Castagnone [2006].

[4] La ricerca ha riguardato 90 organizzazioni: le 30 principali per le tre nazionalità prescelte, colombiani, dominicani e messicani.

della madrepatria tra i dominicani; più rurale, frequentemente indigeno e con stretti legami con i villaggi di provenienza tra i messicani, che tendono a creare «comunità transnazionali» in senso più specifico.

Un altro punto di rilievo concerne il rapporto tra il transnazionalismo costruito dai network e le politiche statuali. Abbandonando una visione del fenomeno come costruzione sociale spontanea, realizzata dagli attori individuali e dalle reti migratorie al di fuori e talvolta in contrasto con la regolazione istituzionale, alcune analisi recenti hanno integrato la considerazione del ruolo degli Stati nell'architettura del transnazionalismo, sottolineando in modo particolare come i governi dei paesi di origine promuovano attivamente il mantenimento dei legami e di forme di cittadinanza duplici, al fine di continuare a beneficiare di flussi di rimesse e di investimenti economici da parte dei migranti, ma anche (per esempio nel caso messicano) per captarne il consenso elettorale [Smith 2003][5]. Ciò consente peraltro agli emigrati di percepire che le loro istanze sono più ascoltate dal governo della madrepatria ora che risiedono all'estero di quanto non lo fossero in precedenza, quando vivevano entro i confini nazionali [Mahler 2003].

Nel filone del transnazionalismo «politico» si colloca poi la discussione intorno al superamento della cittadinanza «nazionale», in direzione di forme di cittadinanza doppie, multiple o sovranazionali [cfr. Soysal 1994; Bosniak 2001]. Da un punto di vista descrittivo, non è difficile constatare che i casi di cittadinanze multiple hanno conosciuto un rapido incremento negli ultimi anni, e per varie ragioni sono tollerati da un numero crescente di Stati sovrani; ma questo fatto dovrebbe stupire, se si pensa che fino a pochi decenni fa la cittadinanza e la

[5] La tardiva concessione del diritto di voto agli italiani emigrati all'estero, anche da generazioni, può essere vista come un caso particolare di questo trend. Colpisce semmai che sia arrivata quando il fenomeno, almeno in termini dinamici, si era ormai considerevolmente ridotto e aveva assunto caratteristiche diverse dal passato, e non abbia avuto come contrappeso la concessione di diritti politici agli immigrati stranieri in Italia. Peculiare è poi l'istituzione di appositi collegi elettorali, che ha attribuito agli eletti un peso politico decisivo, svincolato da responsabilità (anzitutto fiscali, ma anche per esempio nell'ambito delle decisioni relative alla sicurezza e ai diritti civili) nei confronti dei loro elettori, che continuano ovviamente a vivere sotto le legislazioni dei paesi in cui risiedono.

lealtà politica verso una specifica comunità politica nazionale erano considerate inseparabili [Faist, Gerdes e Rieple 2004]. È pertanto emersa una prospettiva «postnazionale» rispetto alla cittadinanza, articolata in due versioni. La prima è quella dell'appartenenza postnazionale, che si focalizza sull'impatto delle norme interstatali sulla cittadinanza all'interno degli Stati sovrani e sui diritti dei cittadini in sistemi politici articolati su più livelli, come l'Unione Europea. L'idea centrale è che due delle componenti della cittadinanza, ossia i diritti individuali e l'identità collettiva, si siano progressivamente divaricate negli ultimi decenni. Per esempio, i diritti umani (e anche civili e, in parte, sociali), prima strettamente connessi alla nazionalità, ora si applicano sempre più anche ai residenti non cittadini. Parallelamente, ed è la seconda versione, la formazione di una cittadinanza sovranazionale appare il passo logico successivo nell'evoluzione secolare del concetto di cittadinanza, dopo l'assorbimento delle appartenenze locali e regionali da parte degli Stati nazionali.

Sempre in chiave storica, si osserva il progressivo superamento di due regole che avevano dominato lo scenario giuridico dalla fine del XIX secolo alla guerra fredda: primo, che l'acquisto di una nuova cittadinanza significava la perdita della precedente; secondo, quando non si poteva evitare la doppia cittadinanza, molti Stati richiedevano una scelta in un senso o nell'altro una volta raggiunta la maggiore età. Oggi si può invece notare «una graduale e lenta ma fondamentale evoluzione da un'esclusiva sovranità degli Stati ad un crescente riconoscimento delle legittime istanze e dei diritti degli individui» [*ibidem*, 923]. La tendenza emergente verso il riconoscimento della nazionalità come un diritto umano individuale conduce all'apertura verso la doppia cittadinanza, e alla concezione di essa come un ponte tra la cittadinanza nazionale e un'eventuale cittadinanza sovranazionale.

Le implicazioni di questa riflessione per la prospettiva transnazionale sono evidenti. Non solo i migranti sono coinvolti in vario modo in attività politiche che attraversano i confini, ma stanno gradualmente acquisendo una facoltà formalmente riconosciuta di esercitare diritti di cittadinanza in più di uno Stato sovrano. In altri termini, la doppia cittadinanza incrocia il mondo organizzato in Stati nazionali, istituzionalizzando l'attraversamento dei confini e la sovrapposizione di legami sociali e simbolici tra i cittadini, e tra i cittadini e gli Stati[6].

Bloemraad [2004] osserva in proposito che la doppia cittadinanza è sia una causa, sia un effetto del transnazionalismo. Da una parte può facilitare gli spostamenti transnazionali, dall'altra designare delle identità duali, riflettendo un attaccamento tanto al paese d'origine quanto al paese di insediamento. Questa autrice, a partire dall'esperienza canadese, distingue però più nettamente una concezione transnazionale da una concezione postnazionale della cittadinanza, ed entrambe da quella definita tradizionale (tab. 2.3). È nel modello transnazionale che trova particolare enfasi la richiesta di doppia cittadinanza, vista con sostanziale diffidenza e molte riserve dal modello tradizionale e considerata irrilevante e di fatto superata nell'orizzonte postnazionale.

L'analisi empirica di Bloemraad, condotta su dati censuari canadesi, reca sostegno all'ipotesi della persistenza del modello tradizionale (un'ampia maggioranza degli immigrati sceglie la strada della naturalizzazione, relativamente rapida e agevole in quel paese); mostra un crescente interesse nel tempo (benché molto minoritario) per il modello transnazionale, specialmente per ciò che riguarda gli immigrati più istruiti; non reca conferme a favore di un modello postnazionale forte. L'acquisizione della cittadinanza del paese ricevente rimane una conquista importante per ciò che riguarda gli immigrati; soltanto una minoranza (nella fattispecie, il 16%) possiede una doppia cittadinanza, sebbene questa sia in crescita; non si può invece affermare che gli immigrati stiano diventando indifferenti verso la questione della cittadinanza, neppure quando provengono da paesi sviluppati.

Sulle specificità del transnazionalismo politico si interroga anche Bauböck [2003], ricordando anzitutto che tradizionalmente le teorie politiche hanno adottato modelli di «società chiuse» e di lealtà esclusiva dei cittadini verso un singolo Stato.

[6] La tendenza alla disaffezione verso gli approcci multiculturali, emersa negli ultimi anni specialmente in Europa e sospinta dalla reazione difensiva verso il terrorismo di matrice islamista, sembra però investire anche la questione della doppia cittadinanza. Si nota nuovamente una crescita delle voci che reclamano una lealtà univoca nei confronti del paese ricevente, di cui si avvertono gli echi anche nella discussione italiana intorno alla riforma del codice della cittadinanza del '92.

TAB. 2.3. *Tre modelli di cittadinanza: implicazioni per la doppia cittadinanza*

	Modello		
	tradizionale	transnazionale	postnazionale
Principio teorico	Ogni persona possiede un'unica cittadinanza che la lega a uno Stato-nazione. Diritti e identità sono congruenti con la cittadinanza	Le vite degli immigrati oltrepassano i confini geopolitici, creando attività e identità transnazionali. La cittadinanza può essere multipla: le appartenenze risiedono in Stati-nazione deterritorializzati	I cambiamenti normativi, valorizzando i diritti delle persone, stanno eclissando la cittadinanza centrata sullo Stato. I diritti non dipendono dalla cittadinanza; le identità trascendono gli Stati-nazione
Implicazioni per la doppia cittadinanza	Gli immigrati sono destinati a naturalizzarsi; pochi richiederanno la doppia cittadinanza. Con il tempo, anche i soggetti che inizialmente asserivano la doppia cittadinanza richiederanno soltanto la cittadinanza del paese ricevente	Numeri significativi di immigrati adotteranno la doppia cittadinanza. Le richieste di doppia cittadinanza cresceranno nel tempo, poiché un maggior numero di paesi la autorizza e un maggior numero di persone desidera un'appartenenza multipla	Versione rigida: gli immigrati manterranno la cittadinanza del paese d'origine. Versione debole: sarà possibile la doppia cittadinanza
Potenziali variazioni individuali riguardo alla doppia cittadinanza	Gli immigrati scarsamente integrati (quelli che non sono radicati nella società ricevente) sono più probabilmente interessati alla doppia cittadinanza	Gli emarginati (poveri, minoranze etniche provenienti da paesi in via di sviluppo) si identificheranno come cittadini duali. Oppure: gli uomini d'affari, le persone con educazione e reddito superiori è più probabile che abbraccino la doppia cittadinanza	Gli immigrati provenienti dall'Unione Europea, più esposti ai discorsi sui diritti umani, si naturalizzeranno meno ed è meno probabile che richiedano la doppia cittadinanza

Fonte: Bloemraad [2004].

Il transnazionalismo politico dei migranti sfida entrambi questi presupposti. Ma il concetto va ampliato in due sensi: primo, non va riferito soltanto alle attività politiche che travalicano le frontiere, ma anche ai cambiamenti delle istituzioni politiche e delle concezioni della *membership* indotte dalle migrazioni; secondo, investe sia le istituzioni dei paesi d'origine sia quelle dei paesi riceventi. A differenza di altre attività transnazionali, come quelle economiche, culturali o religiose, il transnazionalismo politico, infatti, modifica la definizione dell'entità i cui confini sono oltrepassati. Diversamente poi da altri processi e istituzioni definibili come internazionali, multinazionali o sovranazionali, la migrazione (di per sé un fenomeno principalmente internazionale) diventa transnazionale solo quando istituisce «*membership* sovrapposte, diritti e pratiche che riflettono un'appartenenza simultanea dei migranti a due differenti comunità politiche» [*ibidem*, 705]. Non si tratta quindi soltanto di una questione di demarcazione di giurisdizioni territoriali, bensì di un luogo in cui si determinano delle identità politiche.

Alla prospettiva del transnazionalismo possono poi essere ricondotte anche esperienze già note e consolidate da anni, come le attività politiche promosse da esuli, rifugiati o semplici immigrati all'estero. Eva Østergaard-Nielsen [2003] le ha analizzate nel contesto europeo, comprendendovi un ampio ventaglio di fenomeni, che spaziano dalle proteste contro le ingiustizie commesse dal governo della madrepatria alle dimostrazioni per difenderlo, dalla partecipazione alle campagne elettorali e al voto all'estero al sostegno ai progetti delle associazioni operanti nei luoghi di origine. In questi casi, nota l'autrice, a differenza di quanto avviene per il transnazionalismo economico, sono necessari contatti regolari attraverso le frontiere, ma non gli spostamenti fisici rappresentati dai viaggi. Si possono poi distinguere tre livelli di analisi di queste pratiche politiche: *a*) i processi di mobilitazione (il «perché» della partecipazione); *b*) le strategie e le forme di partecipazione (il «come»); *c*) l'impatto delle pratiche politiche transnazionali sui processi democratici nel paese ricevente e in quello di origine (il «che cosa»).

Un altro aspetto importante concerne l'incanalamento istituzionale a molteplici livelli di tali pratiche e reti di collegamenti. Esse non solo devono adattarsi agli ambienti istituzionali locali in cui si svolgono, ma si appropriano di norme di democrazia e tutela dei diritti umani a valenza globale (benché di origine occidentale e liberale), attraverso l'interazione con istituzioni nazionali e internazionali. Per converso, i fenomeni politici transnazionali tendono ad erodere la distinzione, ormai datata, tra politica interna e politica estera, e contribuiscono a quella che può essere definita «diffusione» o anche «globalizzazione» della politica interna, sia nei paesi di origine sia in quelli ospitanti.

Resta aperto infine il dibattito sugli effetti di queste pratiche, specialmente per quanto riguarda i rapporti tra immigrati e società riceventi. Molta della letteratura sull'argomento ha rigettato le tesi alla Huntington [2005], circa gli effetti disintegrativi per le società riceventi della mobilitazione politica dei migranti per questioni riguardanti i paesi di provenienza: l'impegno dei migranti nella vita politica della madrepatria non è necessariamente incompatibile con l'integrazione nella società ospitante. Secondo Portes [1999], può essere invece un contrappeso efficace alla tendenza verso la *downward assimilation*. Qualche dubbio sorge invece sul fronte dell'impegno per il miglioramento delle condizioni di vita nei luoghi di insediamento. Secondo Østergaard-Nielsen [2003], se ai lunghi orari di lavoro si somma l'impegno in attività politiche rivolte alla madrepatria, non rimane più molto tempo per lottare per migliori condizioni sociali e legali nei luoghi in cui si svolge la loro vita, come nel caso dei curdi rifugiati a Londra o degli haitiani negli Stati Uniti: «le pratiche politiche transnazionali possono anche servire a indebolire (*disempower*)» [*ibidem*, 777]. Il riferimento al tempo suona un po' determinista, giacché le capacità di mobilitazione, di propaganda e di pressione politica costruite per fini di influenza sulle sorti dei paesi di origine potrebbero essere riconvertite o reimpiegate anche per fini di *advocacy* a favore dei connazionali immigrati; ma è vero che gruppi molto impegnati in battaglie politiche che hanno il loro obiettivo nel paese d'origine coltivano solitamente il mito del ritorno, considerano provvisorio e magari strumentale il loro insediamento all'estero, non sviluppano un grande interesse nei confronti dell'integrazione dei connazionali nei paesi riceventi, che potrebbe compromettere la loro identificazione con la patria ancestrale, e in generale investono poche energie nel miglioramento delle condizioni di vita nei contesti ospitanti.

4. *Il transnazionalismo culturale: identità mobili e comunità senza prossimità*

Di notevole interesse sono poi le implicazioni culturali dei legami transnazionali, sebbene più difficili da classificare e circoscrivere, come già ricordato in precedenza. A partire da una vasta produzione, in cui entrano in gioco gli apporti dei *cultural studies* e dei teorici del postmoderno, mi limiterò ad alcuni cenni a contributi attinenti ai fenomeni migratori.

Secondo Appadurai [1996], uno dei più noti studiosi della globalizzazione come processo culturale, le immagini, i testi, i modelli, le narrative che passano attraverso la massmediatizzazione, istituiscono una netta differenza tra le migrazioni di oggi e quelle del passato. I migranti attuali e potenziali, così come i non migranti, raramente formulano i loro progetti al di fuori della sfera della comunicazione radiotelevisiva, dello scambio di cassette e videoregistrazioni, delle informazioni fornite da giornali e colloqui telefonici. Per i migranti, sia la scelta di adattamento al nuovo contesto, sia l'aspirazione a trasferirsi o a ritornare nei luoghi di origine, «sono profondamente influenzate da un immaginario massmediatico che di frequente trascende lo spazio nazionale» [*ibidem*, 6]. I media possono inoltre contribuire a plasmare delle «comunità di sentimento», ossia gruppi che «cominciano a immaginare e a sentire delle cose insieme» [*ibidem*, 8], vivendo delle esperienze collettive malgrado le distanze. Gruppi del genere sono infatti spesso transnazionali, e operano frequentemente scavalcando i confini. Più ampiamente, la «deterritorializzazione» di un numero crescente di persone crea nuovi mercati per quel settore della produzione mediatica, artistica e culturale che prospera grazie al bisogno, da parte degli individui espatriati, di mantenere dei contatti con la madrepatria. Si tratta naturalmente di «patrie inventate», che possono fornire risorse di identificazione ai gruppi deterritorializzati, fino al punto di fornire materiali ai conflitti etnici, in relazione all'idea secondo cui le biografie delle persone ordinarie sono costruzioni in cui l'immaginazione svolge un ruolo saliente [*ibidem*, 54]. Il rimando ad un *ethnoscape*, come lo definisce Appadurai, un mondo di riferimenti «etnici» immaginato dalle popolazioni in movimento, avviene peraltro in un contesto di pratiche di contaminazione e ibridazione tra culture diverse, consapevoli o meno, tanto da indurre questo e altri autori a teorizzare un indebolimento delle identità nazionali e la tendenziale formazione di un'economia culturale «globale». Due tesi in verità discusse e discutibili: altri autori hanno insistito sul ritrovamento o la reinvenzione di pretese identità nazionali nei paesi riceventi (anche prescindendo dal rafforzamento dei controlli sugli attraversamenti fisici delle frontiere), nonché sul ritorno di pretese assimilazioniste nei confronti degli immigrati, che presuppongono un sistema di valori peculiari, omogenei e stabili a cui i nuovi arrivati dovrebbero conformarsi, una sorta di compattezza culturale che appare in verità più una pretesa apodittica che un dato di fatto (il riferimento d'obbligo è nuovamente Huntington [2005], che ha trovato eco in una vasta pubblicistica).

Nel filone del transnazionalismo culturale possiamo poi collocare il contributo di Faist [2000a, 197], con riferimento all'idea di «comunità senza prossimità» (*communities without propinquity*), che danno vita negli spazi transnazionali a processi di adattamento caratterizzati da fluidità e sincretismo. Ricorrendo a un linguaggio metaforico, se le visioni assimilazionistiche vedevano l'immigrato come «sradicato», e quelle improntate al multiculturalismo lo hanno considerato «trapiantato», ora il transnazionalismo propone l'immagine dei migranti come «traslati», impegnati in un continuo lavoro di «traduzione» di linguaggi, culture, norme, legami sociali e simbolici. In altri termini, i migranti transnazionali forgiano senso di identità e appartenenze comunitarie non più a partire da una perdita, e neppure da una replica del passato, bensì come qualcosa che è allo stesso tempo nuovo e familiare, un bricolage composto di elementi tratti sia dal paese di origine sia da quello di insediamento [Kivisto 2001, con riferimento a Faist 1998].

Levitt [2005], dal canto suo, ha richiamato l'attenzione sui processi culturali attraverso i quali viene interpretata, rinegoziata, talvolta ricreata l'identità dei gruppi sociali in emigrazione. Repertori culturali e pratiche sociali, sia della terra di origine sia del paese di accoglienza, vengono rielaborati e mescolati per costruire nuove identità e stabilire confini di gruppo più o meno rigidi o permeabili. Per esempio, l'identità islamica degli immigrati pakistani istruiti e ben inseriti professionalmente negli Stati Uniti deve essere riplasmata per adeguarsi ai codici socio-culturali americani e ai vincoli del nuovo contesto di vita, come il poco tempo per la preghiera quotidiana. Ne risultano identità culturali multistratificate, basate sull'«appropriazione selettiva» di ingredienti derivanti dal Pakistan, dall'America, dall'Islam, a loro volta modellati dai fattori istituzionali di contesto [*ibidem*, 56]. Riportando un altro esempio, le obbligazioni familiari, di devozione verso i genitori, continuano ad essere avvertite come doverose dagli immigrati indiani provenienti dallo Stato del Gujarat (come da tanti altri immigrati provenienti da società tradizionali), ma sono soggette ad una riscrittura delle regole di comportamento: devono essere mediate con il fatto che il parere dei genitori, nel nuovo contesto, è meno competente, o che le nuore, lavorando fuori casa, hanno meno tempo a disposizione per pensare a loro. Così gli equilibri di potere vengono rinegoziati, con una crescita del peso delle donne e una diminuzione dell'influenza dei genitori.

Le stesse istituzioni religiose, che custodiscono e tramandano l'identità culturale dei migranti, diventano transnazionali, continuando a coltivare i legami con la madrepatria e collegando membri dispersi nel mondo [Levitt 2003]. In molti casi, esse beneficiano di un aumento della religiosità degli immigrati, proiettati in contesti alieni, ma nello stesso tempo si trovano nella necessità di ridefinire diritti e responsabilità degli affiliati, per adattarsi alle domande che scaturiscono dalla nuova vita di quanti si sono trasferiti in una terra straniera.

La chiesa cattolica a questo riguardo ha rappresentato un prototipo, con la sua articolazione tra centralizzazione e capillare ramificazione nei contesti locali, con l'attività delle congregazioni missionarie e con la stessa organizzazione della pastorale dei migranti. Oggi, in varie forme questi legami si espandono e intensificano, nelle diverse istituzioni e denominazioni religiose: fondazione di centri religiosi «affiliati»; partecipazione a movimenti religiosi transnazionali che funzionano come *membership card* per essere riconosciuti e accolti anche all'estero; visite di leader spirituali provenienti dalla madrepatria e richiesta di ministri di culto per l'assistenza pastorale dei migranti; organizzazione di collette e invii di aiuti verso le comunità religiose di provenienza; pratica dei pellegrinaggi verso luoghi santi oltre i confini: sono questi alcuni degli esempi dei legami transnazionali che le religioni istituiscono nell'esperienza dei migranti. Questo aspetto verrà approfondito nel capitolo IV.

Muovendosi su un terreno apparentemente più futile, Giulianotti e Robertson [2006] hanno invece ricostruito i processi di identificazione degli emigrati scozzesi in Nord America che continuano a coltivare il tifo calcistico per le squadre di calcio della madrepatria come caso interessante di «glocalizzazione» culturale: questo fenomeno di cultura popolare rappresenta infatti un esempio di come i gruppi migranti possano costantemente collegare identità locali mobili ma persistenti con i loro nuovi ambienti culturali. I mass media, come internet e le Tv satellitari, svolgono in proposito un ruolo cruciale e insieme ambiguo, favorendo forme più ricche di «immaginazione globale» [*ibidem*, 174]: forniscono ai gruppi migranti una prossimità elettronica con la loro cultura d'origine, e in tal modo producono le risorse informazionali e sociali per cementare delle «comunità di sentimento» deterritorializzate. D'altro canto, complicano la riproduzione di queste identità diasporiche, offrendo ai giovani e alle generazioni successive molte risorse culturali alternative. Ne risultano, ancora una volta, identità miste e fluide delle seconde e terze generazioni, che si collocano in simbiosi o si contraddistinguono nei confronti dei progetti etnoculturali dei genitori.

Giulianotti e Robertson specificano poi l'idea di glocalizzazione come «progetto» delle culture migranti, attribuendovi quattro elementi: *a*) il *processo adattivo di trapianto* (*transplantation*), attraverso il quale gli aderenti ad una cultura locale entrano in un ambiente culturale differente; *b*) i *processi di identità intraculturale*, riguardanti i modi con cui gli attori sociali, all'interno della cultura locale, sostengono forme condivise di identificazione, etniche o nazionali; *c*) *i processi di identità interculturale*, relativi a come gli attori sociali si relazionano con altre culture, e particolarmente con i gruppi preventivamente categorizzati come «altri»; *d*) *le questioni della riproduzione culturale*, che si riferiscono a come la cultura locale viene riaffermata, emendata o trasformata, e a come le generazioni attuali e future interagiscono con altre culture [*ibidem*, 731-732].

Nella loro ricerca sui migranti-tifosi, individuano poi due aspetti chiave dei processi di localizzazione: una robusta rivitalizzazione culturale, basata sull'impiego delle risorse tecnologiche ma anche sull'appoggio su reti sociali e di parentela; insieme ad essa, quella che viene definita «ibridazione integrativa» [*ibidem*, 733], ossia la costruzione di una coesione interna in modi che riflettono le caratteristiche particolari dell'ambiente circostante.

Il terreno del transnazionalismo culturale appare tuttavia più friabile e incerto di quello formato dal transnazionalismo economico e politico, dove si incontrano maggiormente processi e istituzioni specifici (dalle rimesse alle attività economiche di connessione, dalle *hometown associations* ai movimenti politici promossi dagli immigrati). Vi è anche chi, a proposito di seconde generazioni che intrattengono di fatto pochi o nulli rapporti con i paesi di origine dei genitori, ha coniato il concetto di «transnazionalismo emozionale» [Wolf 2002]. Non per nulla, la formazione di identità culturali multiple, fluide, sincretiche, è un *topos* ricorrente del postmodernismo. Come nota Enzo Colombo,

> a partire da un'epistemologia costruzionista, si mette in evidenza che differenze, identità e culture non sono date ma prodotte in un'opera continua di mediazione, confronto, adeguamento e conflitto tra possibilità differenziate. Non esistono come realtà *pure*, ma solo come processi intrinsecamente caratterizzati da contraddizione, instabilità, mutamento e miscelazione [Colombo 2005, 54].

Il migrante, di prima o di seconda o forse anche di terza generazione, che cerca di definire la propria identità facendo appello ad elementi derivanti dalla tradizione della propria patria ancestrale (o che ritiene rimandino ad una «ortodossa» e autentica tradizione), oppure (e magari insieme) al nuovo contesto di vita, subendone influssi diversi e non del tutto consapevoli, diventa una figura paradigmatica del complesso e variabile bricolage attraverso cui si plasmano incessantemente le identità soggettive nella tarda modernità. Nello stesso tempo, però, sorgono tre problemi. In prima battuta, come si può cogliere anche da alcuni dei testi qui citati, la partecipazione concreta ad attività transnazionali identificabili tende a scolorire, a vantaggio di una più generale (e generica) coltivazione di una qualche forma di identità etnica ancestrale. In secondo luogo, come ha notato Grillo [2007] criticando il concetto di *ethnoscape* di Appadurai, si rischia di assimilare, in un generico processo di attraversamento dei confini ed esaltazione di un mondo in movimento, esperienze e situazioni molto diverse, da quelle dei turisti a quelle dei rifugiati, da quelle dei lavoratori stagionali a quelle dei manager delle multinazionali: la dimensione delle differenze sociali tra coloro che sperimentano la mobilità spaziale e culturale non può essere elusa. Ma il pubblico coinvolto, nel solco del postmodernismo più consequenziale, può allargarsi ancora, fino ad abbracciare la popolazione nativa, ed è questo il terzo problema: i tratti distintivi del migrante che intrattiene forme di transnazionalismo culturale rischiano di appannarsi in un mondo di cercatori di nuove esperienze identitarie, che danno vita ad un sincretismo generalizzato. Il riferimento ad un maestro buddhista, o la passione per la musica latinoamericana, o la ricerca di cibi esotici non sono più classificabili come aspetti specifici del transnazionalismo culturale dei migranti, ma possono essere condivisi, più o meno durevolmente e con valenze diverse, da persone e gruppi che appartengono alla società ospitante. L'ibridazione culturale si diffonde, ma insieme si confonde, in un vasto territorio intermedio tra identità individuali liberamente scelte e ridefinite a piacimento e identità collettive originarie e «autentiche», o almeno esaltate come tali dai loro propugnatori.

5. *Le migrazioni diasporiche*

Una variante della prospettiva transnazionale, peraltro molto intrecciata con essa, è quella dello studio delle migrazioni come fenomeni di diaspora e delle correlate identità «diasporiche», che «connettono comunità multiple di una popolazione dispersa» [Clifford 1999, 302]. Esse si dispiegano in reti transnazionali composte di molteplici vincoli di attaccamento, codificando in sé pratiche di accomodamento con i paesi ospitanti e le loro norme, ma anche di resistenza a essi [*ibidem*, 308].

Il concetto di diaspora, a partire dallo storico riferimento all'esperienza del popolo ebraico, è stato progressivamente ampliato, fino a comprendere una molteplicità di flussi migratori [Scidà e Pendenza 2000], da casi storici come quello armeno, o quello greco, a casi contemporanei, come quello cinese o quello della «diaspora nera» in Gran Bretagna. Possiamo ricordare che negli anni '90 è comparsa in America anche una rivista apposita, intitolata appunto «Diaspora».

Un contributo di rilievo per l'ampliamento ma anche per la ricerca di una teorizzazione più rigorosa del concetto è stato offerto da Cohen [1997], il quale, partendo dal classico caso ebraico, distingue vari tipi di diaspore: le diaspore delle vittime (africani e armeni); le diaspore imperiali (il cui maggiore esempio è il caso britannico); le diaspore di lavoro (esemplificate dai lavoratori indiani a contratto nelle piantagioni, ma per certi aspetti anche dagli italiani in America); le diaspore commerciali (per esempio cinesi e libanesi); le diaspore culturali (tra cui Cohen colloca le migrazioni caraibiche). Tutte queste esperienze, storiche e contemporanee, condividono diversi tra questi caratteri peculiari: 1) la dispersione, spesso traumatica, da una madrepatria originaria; 2) in alternativa, l'espansione dalla patria in cerca di lavoro, di opportunità di commercio, oppure di ambizioni coloniali; 3) una memoria collettiva e un mito intorno alla madrepatria; 4) un'idealizzazione della supposta patria ancestrale; 5) un movimento di ritorno (o l'aiuto offerto ai movimenti di ritorno); 6) una forte coscienza di gruppo etnico, mantenuta a lungo nel tempo; 7) una relazione tormentata con le società ospitanti; 8) un senso di solidarietà con i membri coetnici residenti in altri paesi; 9) la possibilità di una vita peculiare, creativa, arricchente in società ospitanti tolleranti[7].

Risulta in ogni caso centrale per Cohen l'idea di un legame affettivo tra «comunità» disperse all'estero e una terra natale (non necessariamente reale) che continua ad esercitare un richiamo sui loro processi di identificazione, sulla loro lealtà e le loro emozioni. La forza di questo richiamo può variare, ma l'adesione di un individuo ad una comunità diasporica è dimostrata dall'accettazione di un legame ineludibile con la storia migratoria passata e da un senso di prossimità con chi condivide il medesimo patrimonio culturale. Particolarmente significativo, per poter passare dall'analisi storica all'attualità, è poi l'assunto che le diaspore abbiano un ruolo accresciuto nei processi di globalizzazione, sul piano pratico, economico e affettivo, giacché si tratta di «forme particolarmente adattive di organizzazione sociale» [*ibidem*, xi]: questo aspetto le trasferisce dal piano di

[7] La lettura antropologica e culturale di Clifford propone una costellazione abbastanza simile dei tratti costitutivi delle diaspore, che nella sua visione si riducono a sei: 1) sono distaccate da un centro originario e insediate in almeno due luoghi periferici; 2) mantengono «una visione, una memoria o un mito» circa la patria di origine; 3) ritengono di non essere pienamente accettate dal paese che le ospita; 4) vedono la terra degli antenati come il luogo di un eventuale ritorno; 5) si preoccupano del mantenimento o della restaurazione della madrepatria; 6) hanno una coscienza e una solidarietà di gruppo definite in maniera rilevante dalla persistenza della relazione con la patria lontana [Clifford 1999, 303]. Insediamento relativamente stabile in diversi paesi stranieri, legame durevole con una madrepatria reale o immaginaria, solidarietà di gruppo, relazioni difficili con le società ospitanti, appaiono gli aspetti più ricorrenti nelle definizioni dei fenomeni diasporici.

suggestive reliquie del passato a quello di attori di rilievo delle vicende contemporanee. Per esempio, in campo economico,

> le diaspore consentono a piccole imprese e attività familiari di adeguarsi ad una scala globale e ad assumere un carattere più razionale, funzionale, produttivo e progressivo. Una rete di mutua fiducia di proporzioni globali si edifica dal momento in cui capitale e credito fluiscono liberamente tra familiari, parenti, compaesani, e anche membri coetnici più lascamente associati [*ibidem*, 160].

Una coscienza diasporica, che consente di tenere un piede in due o più luoghi, è altamente sintonizzata con gli spostamenti dei migranti qualificati, con i legami di rete e gli insediamenti temporanei di famiglie e gruppi, diversi dall'insediamento permanente in un determinato paese. Non solo: in vari casi, come quello cinese o vietnamita, le diaspore stanno diventando protagoniste dello sviluppo economico della patria ancestrale. Nello stesso tempo, le connessioni tra città globali avvantaggiano le diaspore: all'epoca della costruzione delle nazioni, il loro cosmopolitismo era spesso uno svantaggio e una fonte di sospetto; ora invece, al tempo della globalizzazione, le loro abilità linguistiche, la familiarità con altre culture, i contatti all'estero possono rendere i membri delle diaspore altamente competitivi sui mercati del lavoro, dei servizi e dei capitali[8].

Le diaspore rispondono altresì al bisogno di riconoscimento e appartenenza, in contrasto con gli elementi di anonimato e dispersione associati alla globalizzazione: si configurano così come un'organizzazione sociale bifronte, capace di dare risposta sia alla domanda di un'identità dotata di senso, sia all'esigenza di cogliere in maniera flessibile le nuove opportunità economiche. Riecheggiando implicitamente gli studi sulle *middleman minorities* [cfr. Bonacich 1973], Cohen ricorda che d'altronde le diaspore sono sempre state in una posizione ottimale per agire da ponte fra il particolare e l'universale. Così, la combinazione di cosmopolitismo e collettivismo etnico risulta un'importante componente di avventure imprenditoriali di successo. Questo peraltro non vale allo stesso modo per tutte le collettività dia-

[8] Anche a questo riguardo, nuove diffidenze sono sorte dopo la comparsa del terrorismo islamista in Occidente: alcune diaspore imprenditoriali sono state nuovamente iscritte nell'elenco dei sospetti.

sporiche. Riprendendo Kotkin [1992], Cohen sostiene che le diaspore di successo sul piano economico posseggono tre requisiti: *a*) una vigorosa identità culturale; *b*) un vantaggioso profilo occupazionale; *c*) una passione per la conoscenza (che le rende tra l'altro in grado di produrre un numero elevato di scienziati, intellettuali e artisti). Ma anche senza conseguire traguardi economici spettacolari, le diaspore solitamente si difendono dalle ristrutturazioni delle economie globalizzate meglio della classe operaia locale, grazie alla maggiore eterogeneità della loro composizione sociale, con la presenza di componenti istruite, di soggetti professionalmente qualificati e di imprenditori impegnati in forme di capitalismo a base etnica. L'analisi del successo delle diaspore integra dunque il piano economico con quello culturale, rivelando ancora una volta l'angustia degli approcci economici convenzionali.

Sul piano culturale, inoltre, le diaspore contribuiscono alla deterritorializzazione delle identità sociali, che rappresenta un aspetto tipico della globalizzazione. Se nel periodo vagamente definito come «modernità» i governi degli Stati-nazione cercavano di imporre agli individui una cittadinanza esclusiva, volendo far coincidere l'identità sociale con l'identità nazionale, nel mondo contemporaneo si sono aperti, come abbiamo visto, degli spazi per affiliazioni multiple, al di fuori e oltre i confini degli Stati-nazione. I legami diasporici sono divenuti così più aperti e insieme più accettabili. In luogo di identità territorializzate, ci stiamo avviando verso un mondo di città cosmopolite e di proliferazione di identità subnazionali e transnazionali, senza trascurare un altro dato importante: nell'epoca del cyberspazio una diaspora può in qualche misura essere tenuta insieme o ricreata «nella mente», attraverso artefatti culturali e un'immaginazione condivisa [*ibidem*, 26]. Più in generale si può affermare che attraverso le diaspore «individui e comunità sparsi nello spazio del globo vivono, in qualche modo, accumunati, vicini» [Balbo 2006, 51].

Un successivo allargamento del concetto è riscontrabile in Robert C. Smith [2003], che parla di «appartenenze diasporiche», comparando i casi storici dell'immigrazione polacca e italiana verso l'America con il più recente afflusso messicano: di tutti e tre analizza i legami con la madrepatria e il ruolo misconosciuto degli Stati di provenienza nel forgiare e mantenere vive identità collettive riferite ai luoghi di partenza, e qualificate appunto come «diasporiche».

In questa accezione allargata, le diaspore perdono alcuni dei caratteri peculiari precedentemente individuati e vengono definite, secondo Vertovec [1999], dalla compresenza di tre elementi: *a*) gruppi etnici spazialmente dispersi ma collettivamente autoidentificati come legati da una comune matrice; *b*) Stati territoriali e contesti locali in cui tali gruppi attualmente risiedono; *c*) patrie ancestrali e luoghi da cui i loro membri (o i loro antenati) provengono. Cesari [1997] ha sottolineato altresì, nella sua definizione di diaspora, il ruolo svolto dalle organizzazioni comunitarie (politiche, economiche, culturali...), nonché la sussistenza di relazioni, anche immaginarie o simboliche, con la terra di origine.

Un altro allargamento è riscontrabile nella versione di Brah [1996], secondo la quale il concetto teorico di diaspora va tenuto distinto dalle esperienze storiche di diaspora. È centrale in proposito il concetto di viaggio, visto peraltro come una confluenza di narrative vissute e rivissute, prodotte e trasformate attraverso la memoria individuale e collettiva [*ibidem*, 183]. Le diaspore sono dunque «comunità immaginate», la cui identità è lungi dall'essere fissata o data a priori, ma muta a seconda delle circostanze storiche. Comporta il «desiderio di una patria» (*homing desire*), che non equivale alla volontà di muoversi verso una patria ancestrale, giacché non tutte le diaspore sostengono un'ideologia del ritorno. Oltre alle esperienze di dislocazione e di dispersione, sono cruciali le forme e le politiche di localizzazione, che differenziano le diaspore, a loro volta composite in termini di genere, classe, lingua, religione, ecc. Si tratta dunque di fenomeni eterogenei e contestati, anche se coinvolti nella costruzione di un «noi» collettivo, in cui peraltro alcuni guadagnano potere e altri lo perdono.

Le diaspore dunque non sono un dato, quanto piuttosto una costruzione sociale, in cui svolgono un ruolo importante le narrative e le interazioni, si istituiscono legami comunitari «immaginati», ma anche forme di dominio e subordinazione, si vivono tensioni interne ed esterne, nonché modalità diverse di identificazione e di appartenenza.

Brah passa così al concetto di spazio diasporico, in cui si intrecciano diaspore, confini, dislocazione e localizzazione, e confluiscono processi economici, politici, culturali e psicologici. Ne consegue che lo spazio diasporico diventa una categoria concettuale «abitata» non solo dai migranti e dai loro discendenti, ma anche dai nativi, e comporta la mescolanza tra genealogie di dispersione e di stabilità. Le stesse identità diasporiche vengono ridefinite come «reti di identificazioni transnazionali che racchiudono comunità "immaginate" e "incontrate"» [*ibidem*, 196]. Diventano però anche categorie confuse, indeterminate, di difficile utilizzo empirico.

A questo punto, come i critici non hanno mancato di notare, si affaccia il rischio che pressoché ogni componente migratoria, dotata di un minimo di autocoscienza delle comuni origini e di qualche forma di organizzazione collettiva, possa definirsi ed essere considerata una diaspora.

Questo filone di letteratura ci suggerisce spunti suggestivi sulla funzione delle reti etniche nel mantenimento e nella trasmissione di identità ancestrali, in grado di resistere al logorio del tempo e ai passaggi generazionali; anche se le riflessioni prima richiamate sulla costruzione e ricostruzione delle identità culturali nei contesti di emigrazione ci avvertono della fluidità di questi fenomeni, nonché dei processi, non sempre consapevoli e tanto meno espliciti, di rilettura e adattamento del patrimonio culturale tradizionale per adeguarlo al nuovo contesto.

Nonostante gli intrecci e le evidenti assonanze, vanno colte però almeno due differenze tra gli studi sulle migrazioni transnazionali e la letteratura sulle diaspore. Le analisi delle migrazioni transnazionali sono partite dall'idea che siano comparse sulla scena delle migrazioni internazionali nuove forme di spostamento, non più definitive e neppure provvisorie, bensì ricorrenti e circolari, e, almeno per alcuni, anche nuove figure di migranti (i cosiddetti transmigranti). Si concentrano dunque sul presente, e cercano di aguzzare lo sguardo per cogliere i segnali del futuro dei movimenti di persone attraverso le frontiere: in questo senso, i protagonisti dei fenomeni transnazionali sono stati spesso visti come le avanguardie del nuovo volto delle migrazioni internazionali. Solo in un secondo tempo, ridimensionando l'enfasi sul nuovo, alcuni studiosi hanno cominciato a riconoscere gli antecedenti storici del transnazionalismo migrante contemporaneo, aprendo una discussione sui rapporti tra gli attuali movimenti transnazionali e i loro antecedenti storici. L'individuazione di elementi significativi di discontinuità con il passato rimane comunque un tratto saliente di questo filone di ricerca.

Gli studi sulle diaspore hanno compiuto invece il tragitto opposto: forgiano il loro paradigma sulle diaspore del passato, e cercano di adattarlo all'analisi di alcune espressioni, più o meno ampie e rilevanti, dei fenomeni migratori contemporanei. In questa operazione, va notato che più si allarga il concetto, più aumentano le forme e le dimensioni delle migrazioni che vi possono rientrare. La continuità con il passato tende ad attenuarsi, ma rimane comunque un dato di fondo, e l'attenzione si concentra semmai sugli aspetti che rendono vitali le diaspore nel mondo contemporaneo.

In secondo luogo, gli studi sul transnazionalismo, specialmente nelle versioni più recenti, cercano di operativizzare il concetto con riferimento, come abbiamo visto, a specifiche attività, economiche, politiche e culturali, che travalicano i confini e connettono i migranti con i luoghi di provenienza. Tendono ad affermare l'idea che, per poter parlare di trans-nazionalismo, occorre che i protagonisti siano impegnati in qualche attività non occasionale che li pone in relazione con la madrepatria.

Il concetto di diaspora, invece, esprime soprattutto degli atteggiamenti, una «coscienza» diasporica: un senso di appartenenza, un mito della patria lontana, un legame affettivo con i connazionali sparsi nel mondo. Si colloca su un piano culturale e per certi aspetti emotivo. Benché di fatto le diaspore siano conosciute e riconoscibili per la vasta gamma di attività e di istituzioni a cui hanno dato vita, il concetto di per sé non implica un impegno verificabile in tal senso. Nessuna delle definizioni che abbiamo riportato fa riferimento a specifiche attività in cui si esplica l'appartenenza diasporica, e quelle che vengono talvolta menzionate rimandano ai movimenti di ritorno verso la patria ancestrale o al sostegno fornito ad essi.

Cruciale per il paradigma delle diaspore, ancor più che per quello transnazionale in cui pure il problema talvolta viene evocato, è la tenuta nel tempo e quindi la continuità intergenerazionale dell'identità diasporica. Solo nella lunga durata si riconosce se una collettività di migranti ha mantenuto un senso di appartenenza ad una patria lontana, una solidarietà interna effettiva, un legame con altri gruppi coetnici sparsi nel mondo, dei codici culturali distintivi e tali da marcare dei confini rispetto alla popolazione maggioritaria, tutti elementi ritenuti necessari per poter parlare di un movimento di diaspora. Nella prima generazione di migranti, questi elementi sono spesso diffusi, quantunque la loro intensità possa variare; è però nella trasmissione dei tratti identitari alla seconda generazione e alle successive che si presenta il banco di prova della costituzione di una collettività minoritaria riconducibile al paradigma delle diaspore.

6. *Obiezioni e riscritture del transnazionalismo (e delle diaspore)*

Gli studi sul transnazionalismo hanno incontrato, insieme ad un vasto interesse sulle due sponde dell'Atlantico, diverse obiezioni e critiche. Proviamo qui a considerarne le principali.

Una prima obiezione, che si colloca a livello teorico, riguarda la scarsa definitezza e la conseguente ambiguità del termine, di cui non vengono specificati i parametri temporali e spaziali, nonché la collocazione a fronte di altri concetti impiegati nel dibattito corrente, come quelli di multiculturalismo, globalizzazione, assimilazione [Kivisto 2001][9]. Come abbiamo visto, inoltre, il transnazionalismo non si oppone all'assimilazione, ma ne rappresenta una variante: i medesimi migranti che cercano di mantenere i legami con i luoghi di origine sono anche attivamente impegnati in processi di acculturazione nella società ospitante [*ibidem*, 571]. Nella vita quotidiana, sono obbligati a compiere continue scelte tra investimenti rivolti alla madrepatria, oppure alla società ricevente, dove trascorrono la maggior parte della vita, e la seconda tende con il tempo a prendere il sopravvento: se particolari momenti di crisi possono stimolare la partecipazione ad attività rivolte verso la madrepatria, in tempi normali gli immigrati tendono a concentrare le energie sui luoghi in cui vivono. La stessa partecipazione a istanze comunitarie transnazionali può agevolare l'integrazione nella società ricevente, come già aveva intuito Park (ed altri studiosi classici, come Thomas).

[9] Paolo Boccagni [2007] ha approfondito questa dimensione, soffermandosi soprattutto sugli aspetti metodologici e, in ultima analisi, epistemologici, della ricerca sulle migrazioni transnazionali. Rimando al suo acuto saggio per una più esaustiva trattazione del tema.

Una seconda obiezione può essere definita «storica» e si rifà all'ampia documentazione circa gli sforzi dei migranti del passato per mantenere legami di vario genere con i luoghi di origine [cfr. Smith 2003]: legami economici, attraverso l'invio di rimesse e lo sviluppo di attività economiche che incorporavano elementi riferibili alle società di provenienza (come nel caso della ristorazione); legami culturali, attraverso l'importazione di giornali o libri, la produzione di stampa nella lingua madre, la realizzazione di spettacoli teatrali o musicali, e così via; legami religiosi, attraverso la fondazione di luoghi di culto, servizi, associazioni che tenevano vivi i rapporti con la religione ancestrale; legami politici (favoriti a volte tra l'altro dagli stessi governi), in cui venivano riprodotte le divisioni sperimentate in patria o si cercava di favorire gli interessi del paese di provenienza; legami affettivi, attraverso i contatti epistolari e i viaggi. La frequente concezione delle migrazioni come temporanee e gli effettivi ritorni[10] fomentavano un ovvio interesse a mantenere vivi i rapporti con i contesti di partenza.

Waldinger e Fitzgerald [2004] accusano pertanto gli studiosi del transnazionalismo di aver destoricizzato il presente, sostenendo una distinzione qualitativa tra un «maldefinito e non precisato ora ed allora» [*ibidem*, 1187]. Piuttosto, ad essi andrebbe riconosciuto il merito di aver notato che le connessioni tra i luoghi d'origine e di approdo rappresentano una componente intrinseca e durevole delle migrazioni nel mondo moderno. Il problema quindi diventa quello di comprendere quanto vi è di nuovo nel transnazionalismo odierno e come si differenzi dai fenomeni analoghi del passato.

A questa obiezione, variamente condivisa da parecchi altri critici degli approcci transnazionali, hanno risposto fra gli altri Portes, Escobar e Walton Radford [2007], ricorrendo al concetto mertoniano di *fallacy of adumbration* (fallacia dell'adombramento): allorquando una nuova categoria sociologica trova degli antecedenti storici, si tende a negarne la validità scientifica. Al contrario, per Portes e colleghi, è proprio il fatto di disporre di

[10] Anche su rotte di lunga distanza come quelle Europa-America all'epoca della grande migrazione, la stima si aggira intorno ad almeno un terzo per il periodo 1899-1952: cfr. Guarnizo e Smith [2003]. Sassen [1999] ricorda invece che tra il 1905 e il 1915 due milioni di italiani emigrati in America sono tornati indietro, di cui 1,2 milioni dagli Stati Uniti.

una nuova categoria concettuale come quella di transnazionalismo che permette di illuminare, collegare e comprendere meglio le stesse esperienze del passato, connettendole a quelle contemporanee. Citando Robert C. Smith, «se una vita transnazionale esisteva nel passato, ma non era vista come tale, allora le lenti transnazionali svolgono la nuova funzione analitica di fornire un modo di vedere ciò che c'era già, ma prima non poteva essere visto» [Smith 2003, 725].

Una terza obiezione riguarda invece la reale estensione dei fenomeni migratori transnazionali. Se questi sono intesi non in modo generico, ma come pratiche regolari di partecipazione a due diversi ambienti sociali separati da una frontiera, in forme tali da definire l'identità dei soggetti, il numero degli attori coinvolti si assottiglia. Anche in America, dove il fenomeno appare più diffuso, anzitutto attraverso le connessioni sviluppate dai migranti provenienti dall'America Latina, solo una minoranza di soggetti è stabilmente coinvolta in attività transnazionali, e anche comprendendo la partecipazione occasionale, per esempio al sostegno a progetti comunitari o ad associazioni civiche o caritative, si arriva nel caso americano al 25-30% [Portes 2003; 2005]. O, come osserva Mahler [2003] a proposito degli immigrati salvadoregni da lei studiati, alcuni gruppi, più mobili e in grado di trovare opportunità di avanzamento socioeconomico nello spazio transnazionale, mantengono attivi rapporti tra i due poli del movimento migratorio, mentre la maggioranza della prima generazione si situa all'interno di uno spazio transnazionale che potremmo definire debole o frammentario, largamente costruito attraverso rimesse, lettere e interazioni con altri immigrati arrivati di recente. Si osservano altresì differenti livelli di coinvolgimento transnazionale: per esempio, sul piano economico un migrante può svolgere un'attività che lo mantiene legato al paese d'origine, mentre su quello culturale o politico può essere ormai molto più assimilato nella società ospitante, e viceversa [Levitt, DeWind e Vertovec 2003].

Waldinger e Fitzgerald [2004] anche a questo proposito esprimono una posizione alquanto scettica. Anzitutto, per essi ciò che viene definito dalla vasta produzione di studi sull'argomento come transnazionalismo è invece un attaccamento altamente particolaristico ai luoghi d'origine, antitetico ai processi di globalizzazione: anche quando si sviluppano quelle *hometown associations* che hanno attratto l'attenzione di tanti studiosi, si tratta tipicamente di un «bilocalismo», che può rappresentare uno stadio nello sviluppo di un più ampio ventaglio di identità, ma non necessariamente, giacché spesso opera nella direzione opposta, ossia come strategia difensiva contro l'assimilazione nella società ricevente[11]. Metafore olistiche, come quelle di comunità o villaggio transnazionale, sarebbero quindi inappropriate.

In secondo luogo, gli immigrati non plasmano da soli le loro comunità transnazionali: gli Stati e l'azione politica nazionale definiscono le opzioni che si rendono disponibili ai migranti e alla loro azione attraverso le frontiere. Discontinuità con il passato e autonomia dell'azione degli immigrati tornano ad essere poste in questione. È sempre stato vero che le migrazioni hanno minacciato l'allineamento tra territorio, istituzioni politiche e società che gli Stati hanno cercato e cercano tuttora di costruire, producendo identità nazionali intrinsecamente relazionali, in quanto definite per contrasto con gli «alieni», con Stati e popolazioni esterne.

Vi sarebbe continuità, da questo punto di vista, tra la società contemporanea e il mondo uscito dalla prima guerra mondiale, nell'aumento del numero di rifugiati che non trovano asilo e di migranti definiti come illegali. La crescita di massicci apparati di controllo dei movimenti di popolazione tra gli Stati è semmai lo sviluppo più notevole dell'azione pubblica nel settore. All'interno dei confini nazionali, persone «aliene» o collegate con paesi esterni sono sempre state esposte al sospetto di slealtà verso il paese che le ospita, o comunque di ambigue «doppie lealtà» (e non sempre a torto, per Waldinger e Fitzgerald). I migranti non sono perciò lasciati liberi di decidere autonomamente la loro *membership* e il tipo di legami da mantenere con le due sponde del movimento migratorio. Né si può dare per scontato che i rapporti transnazionali siano un dato positivo di per sé, in quanto sfidano l'egemonia degli Stati e del capitalismo globale. Possono

[11] Traspare in questo caso un'accezione diversa del concetto di assimilazione: mentre le ricerche di Portes e di altri hanno mostrato una correlazione positiva tra integrazione socioeconomica e impegno in attività transnazionali, segnatamente nelle associazioni, Waldinger e Fitzgerald sembrano invece rifarsi ad una concezione dell'assimilazione come omologazione culturale rispetto alla società ricevente.

anche essere veicolo per la disseminazione di conflitti politici e nazionalismi etnici dal paese di origine a quello di destinazione. Gli autori, criticando l'atteggiamento benevolo della letteratura sull'argomento, fanno esplicito riferimento al caso degli immigrati arabi in America dopo l'11 settembre: «quando la lealtà è in questione, il nazionalismo a distanza è un gioco azzardato» [*ibidem*, 1191]. In ogni caso, la percezione di una minaccia esterna conduce gli Stati e le società riceventi verso una visione più restrittiva della comunità nazionale.

Respingendo implicitamente l'idea che le relazioni sociali debbano essere contenute entro i confini nazionali, gli studiosi del transnazionalismo avrebbero trascurato di approfondire i processi che producono società «contenitori», se prodotti dagli sforzi degli Stati per compattare le società che includono entro i loro confini, o da pratiche di appartenenza etnoculturali più informali che aspirano allo stesso scopo. In altri termini, i due studiosi sollecitano una maggiore attenzione verso i processi, politici ma anche sociali e culturali, che si oppongono alla crescita dei legami transnazionali dei migranti e li attraggono verso l'appartenenza alle società riceventi. Nello stesso tempo, individuano e sottopongono a critica un certo retroterra ideologico degli studi sul transnazionalismo, pregiudizialmente favorevole al fenomeno, in antitesi ai sistemi politici tuttora basati sulla centralità degli Stati nazionali. La critica può peraltro essere rovesciata, come spesso accade: abbastanza sorprendentemente, Waldinger e Fitzgerald sembrano riecheggiare e legittimare, nella loro polemica contro il transnazionalismo, le preoccupazioni sollevate dal dibattito pubblicistico e condivise da buona parte dell'opinione pubblica.

Sul crescente ricorso e sulla dilatazione del concetto di diaspora si sono invece abbattuti gli strali di Brubaker [2005], secondo il quale la proliferazione del termine ha condotto ad uno stiramento del suo significato, al fine di adattarlo alle varie agende intellettuali, culturali e politiche al servizio delle quali è stato chiamato in causa. Ne è derivata una dispersione dell'idea di diaspora nello spazio semantico, concettuale e disciplinare.

Brubaker osserva infatti la progressiva estensione del concetto, dal paradigmatico caso ebraico ad altri casi classici, come quelli armeno e greco; poi al caso africano e via via ad altri (compreso quello italiano). In diverse versioni recenti, il riferimento ai casi classici si è progressivamente attenuato. Gruppi di emigrati impegnati in un nazionalismo a lunga distanza sono stati visti come diaspore; in seguito il termine ha cominciato ad abbracciare i migranti per lavoro che mantengono (in qualche misura) legami emotivi e sociali con la madrepatria. In altri casi, il riferimento alla patria ancestrale si è ancora più scolorito, fino a perdersi, come nel ricorso a categorie linguistiche transetniche e transnazionali, per esempio quelle di «comunità» francofone, anglofone, lusofone. Il termine smarrisce così il suo potere discriminatorio, fino a perdere di utilità: «l'universalizzazione della diaspora significa, paradossalmente, la scomparsa della diaspora» [*ibidem*, 3].

Sono stati poi introdotti vari termini derivati, che designano una condizione (diasporicità), un processo (diasporizzazione), un campo di indagine (diasporologia), oltre all'aggettivo diasporico, sempre più diffuso.

Tre elementi rimangono comunque ampiamente accettati come costitutivi del concetto di diaspora: la *dispersione*, intesa in senso stretto come forzata o traumatica, in senso più ampio come qualunque forma di diffusione, anche metaforica; l'*orientamento alla madrepatria*, reale o immaginaria, come fonte di valori, di identità e di lealtà; il *mantenimento dei confini*, con la preservazione di un'identità distintiva a fronte delle società riceventi. Quest'ultimo aspetto segnala peraltro un'ambivalenza: se molta letteratura sulle diaspore pone l'enfasi sulla densità delle relazioni sociali interne che consentono di coltivare una spiccata identità comunitaria, anche attraverso i confini, un'altra corrente di pensiero, come abbiamo già ricordato, sensibile al discorso postmoderno, sottolinea piuttosto gli elementi di fluidità, ibridazione, sincretismo, «creolizzazione». Una questione saliente è in ogni caso la capacità dei migranti di mantenere un'identità peculiare, e dunque dei confini, passando alla seconda, alla terza e alle successive generazioni.

Altri rilievi riguardano, anche in questo caso, la novità e la discontinuità dei fenomeni, come pure l'asserzione dell'avvento di un'inedita porosità dei confini nazionali: «Nel corso del diciannovesimo, e specialmente del ventesimo secolo, gli Stati hanno guadagnato, anziché perso, la capacità di monitorare e controllare i movimenti delle persone» [*ibidem*, 9]. Lo Stato-nazione, contro il quale è istituito il concetto di diaspora, è essenzializzato, come una nozione omogenea e senza tempo, priva di varianti e differenze interne.

Anche le diaspore sono però essenzializzate dai loro alfieri, che le presentano come entità effettive e attori unitari, tanto da possedere una *membership* quantificabile. Brubaker parla di una «metafisica» della comunità e dell'identità: «la diaspora può essere vista come un'alternativa all'essenzializzazione dell'appartenenza, ma può anche rappresentare una forma non territoriale di appartenenza essenzializzata» [*ibidem*, 12], in cui entrano in gioco idee come quelle della «vera identità» di un popolo, del suo «risveglio», di un «destino» da compiere: un linguaggio molto simile a quello dei movimenti nazionalisti.

La sua proposta finale va allora nella direzione di pensare la diaspora non in termini sostanzialisti, come un'entità definita, bensì piuttosto come un linguaggio, un'istanza, una rivendicazione: una categoria della pratica, utilizzata per avanzare richieste, articolare progetti, formulare aspettative, mobilitare energie, fare appello alla lealtà, come un modo per formulare identità e appartenenze di una popolazione. L'appello alla diaspora si configura dunque a sua volta come una forma di iniziativa di minoranze impegnate di «imprenditori» culturali e politici, rispetto alla quale i potenziali destinatari possono assumere risposte diverse, più o meno consenzienti. Ciò che si può studiare empiricamente sono per l'appunto i gradi e le forme di sostegno nei confronti di un progetto diasporico da parte del suo potenziale pubblico. L'adesione collettiva agli appelli diasporici è precisamente la posta in gioco, e non può essere data per scontata a priori in sede di definizione e di analisi. Le diaspore, si potrebbe chiosare, sono dunque costruzioni culturali e politiche, «comunità immaginate» (riprendendo Brah [1996] e soprattutto Anderson [1996]), non meno degli Stati-nazione a cui si contrappongono.

7. *Il transnazionalismo come prospettiva e come insieme di pratiche*

Anche allo scopo di rispondere alle obiezioni richiamate, gli approcci transnazionali si sono caratterizzati negli ultimi anni non tanto come studio di fenomeni e attività precise, ma piuttosto come una prospettiva di analisi delle migrazioni [Levitt, DeWind e Vertovec 2003]. Hanno cercato in questo modo di aggirare l'obiezione relativa alla diffusione di relazioni con i luoghi di origine, che oggi definiremmo «transnazionali» ravvisabili pure nei fenomeni migratori del passato. Si può rinvenire infatti un'abbondante documentazione storica circa il mantenimento di legami di vario tipo e di contatti regolari con la società di origine da parte dei migranti[12], ma solo negli ultimi anni, grazie anche alla ricchezza e alla varietà di mezzi che consentono di condurre una vita sociale in luoghi differenti, il fenomeno avrebbe trovato i concetti e la prospettiva in grado di illuminarlo.

Da questo punto di vista, per Levitt e Glick Schiller [2004], la prospettiva transnazionale si oppone al vecchio paradigma assimilazionista, che concepiva un processo unilineare di progressivo adattamento e incorporazione dei migranti nella società di destinazione: «Le vite di un numero crescente di individui non possono più essere comprese guardando soltanto a ciò che avviene all'interno dei confini nazionali. Le nostre lenti analitiche devono necessariamente ampliarsi e approfondirsi, poiché i migranti sono spesso incorporati in campi sociali multi-stratificati e multi-situati» [*ibidem*, 1003]. Le due studiose cercano poi di sottrarsi all'obiezione relativa alla diffusione effettiva di attività e legami transnazionali introducendo una distinzione nel concetto di «campo sociale» tra «modi di essere» e «modi di appartenere». I primi si riferiscono alle effettive pratiche e relazioni sociali in cui gli individui si impegnano. Contengono istituzioni, organizzazioni ed esperienze di vario genere, ma la partecipazione ad esse non comporta necessariamente un'identificazione degli individui con le «etichette» culturali o politiche che vi si associano.

Per contro, i «modi di appartenere» si riferiscono a pratiche che segnalano o realizzano un'identità che dimostra una consapevole connessione con un gruppo particolare. Si tratta di azioni concrete e visibili, non solo simboliche, che marcano un'appartenenza, come portare al collo una croce o una stella

[12] Gli esempi storici forniti dalla letteratura risalgono fino agli insediamenti di coloni e mercanti fenici e greci nel mondo antico, alla presenza di genovesi e veneziani nei centri commerciali del Mediterraneo nell'Europa medioevale, o alle attività sviluppate dai finanzieri genovesi nel XVI secolo, sotto l'impero spagnolo, agli albori del capitalismo moderno.

ebraica, sventolare una bandiera, adottare una particolare cucina: «I modi di appartenere combinano azione e consapevolezza dell'identità che l'azione significa» [*ibidem*, 1010]. Le persone possono dunque impegnarsi in relazioni e pratiche sociali che travalicano i confini, e dunque esibire un «modo di essere» transnazionale, senza riconoscerlo. Quando invece lo riconoscono e pongono in luce gli elementi transnazionali della loro identità, esprimono un «modo di appartenere» transnazionale. Potremmo chiosare: è possibile anche il contrario, ossia l'esibizione di appartenenze a cui non sempre corrispondono modi di essere coerenti. Nel nostro caso, i soggetti possono essere di fatto più assimilati nella società ricevente di quanto non credano e non ammettano.

Un altro aspetto che Levitt e Glick Schiller pongono in rilievo è la simultaneità. Anche per esse, ed è questo un punto di convergenza degli studi degli ultimi anni sul fenomeno, non vi sarebbe opposizione tra l'integrazione nella società ricevente e il mantenimento di legami transnazionali, ma piuttosto una simultaneità di connessioni, che possono variare nel tempo in un senso o nell'altro.

Criticando l'idea di appartenenza ad un unico Stato-nazione come un retaggio ottocentesco, emerge l'idea che le persone possano impegnarsi simultaneamente in più di uno Stato-nazione e che uno Stato-nazione non delimiti i confini delle relazioni sociali significative. Nello stesso senso, Grillo sottolinea: «il transnazionalismo non è nuovo, ma la scala è crescente, e un numero sempre maggiore di individui, famiglie, intere comunità si trovano ad avere interessi in mondi interconnessi, benché spazialmente separati, che tentano di mantenere simultaneamente» [Grillo 2007, 200]. Le forme di collegamento tra questi «mondi» sono però assai diverse, in funzione della posizione sociale e delle risorse dei soggetti coinvolti, che spaziano dalle élite cosmopolite ai membri di un «semiproletariato transnazionale». Contro la tendenza, rintracciabile in buona parte della letteratura postmodernista, a romanticizzare gli stili di vita cosmopoliti, vanno tenute sempre presenti le differenze di classe e di potere. Aggiungerei: occorre comprendere quanto la coltivazione di legami transnazionali possa concorrere all'emancipazione e alla promozione sociale dei soggetti coinvolti, compresi i congiunti lasciati in patria e le comunità d'origine.

Wimmer e Glick Schiller [2003] hanno parlato di due ondate di studi ispirati al paradigma del transnazionalismo. La prima, prodotta da antropologi e sociologi con inclinazioni etnografiche, ha sviluppato una serie di assunti che oggi appaiono problematici. In primo luogo, le tecnologie della comunicazione sono state viste come il motore del cambiamento, producendo una sorta di determinismo tecnologico, combinato con l'insistenza postmoderna sulla stabilità del passato e la fluidità del presente, e stranamente contrastante con il taglio costruttivista di molta di questa letteratura. Secondariamente, questa prima ondata di studi tendeva a parlare di globalizzazione in termini di svolta epocale, dipingendo un passato di omogeneità e stabilità contro un presente di complessità e ibridazione.
Una seconda ondata di analisi ha risposto ad alcuni punti deboli della prima. Anzitutto, ha riconosciuto che la globalizzazione non è in se stessa un fenomeno nuovo. Sono nuove le lenti con cui si osservano i fenomeni, avendo superato alcuni dei preconcetti di quel «nazionalismo metodologico» già ricordato, che implicitamente struttura l'approccio ai fenomeni sociali nello stesso ambito scientifico, comportando la «naturalizzazione dello Stato-nazione da parte delle scienze sociali» [*ibidem*, 2003]. In secondo luogo, è riservata una maggiore attenzione alla continuità del ruolo dello Stato-nazione nei processi transnazionali: è sempre più evidente che gli Stati nazionali sono sopravvissuti alla guerra fredda e all'intensificazione delle connessioni globali, più di quanto gli studiosi della prima fase avessero immaginato.

Terzo, si sono sviluppati i concetti di identità diasporiche e di nazionalismo a lunga distanza, che rendono ragione del fatto che un sentimento di appartenenza «nazionale» lega insieme persone che vivono in località diverse e le motiva all'azione, in relazione ad un territorio ancestrale e alle sue istituzioni. Attraverso questi legami ideologici, un territorio, i suoi cittadini e il suo governo diventano un'impresa transnazionale. Gli immigrati, i loro discendenti e quanti sono rimasti in patria possono essere riuniti in una fragile ma vivace cittadinanza transfrontaliera.

Il rischio, in questo filone di studi, è che la «nazione» venga estesa attraverso differenti luoghi, ma continui tuttavia ad essere immaginata come un tutto organico e integrato. Molti degli studi transnazionali sovrastimano l'omogeneità interna e la compattezza delle «comunità transnazionali», nonché la loro influenza sull'azione individuale. Concepire i campi sociali transnazionali e i network come «comunità» tende a reificare e a essenzializzare questi sistemi di relazioni, ripercorrendo gli errori del «nazionalismo metodologico»: viene riprodotta un'immagine standardizzata di un mondo diviso in nazioni, benché non più rinchiuse entro i confini politici, e così si naturalizza in nuove forme una vecchia visione del mondo.

Un altro approccio che tenta di dare maggiore respiro e rigore teorico ai materiali di ricerca sul transnazionalismo è rintracciabile in Guarnizo [2003], che impiega il concetto di *transnational living*, inteso come «un attivo e dinamico campo di rapporti che coinvolge e simultaneamente influenza attori (individui, gruppi, istituzioni) collocati in diversi paesi» [*ibidem*, 670], modellato storicamente dalle condizioni (economiche, politiche, culturali...) delle società in cui i migranti sono incorporati. Questo modo di vivere è così posto in relazione con il radicamento strutturale dell'impegno transnazionale dei migranti e con le conseguenze, attese e inattese, dell'azione transnazionale generata dalle migrazioni e sviluppata da attori migranti e non migranti.

Vertovec [2004a] ha tentato a sua volta di mettere a fuoco le principali trasformazioni indotte nelle migrazioni dalle pratiche transnazionali. Queste sarebbero di tre ordini: 1) sul piano socioculturale, un cambiamento di percezione definibile, come abbiamo già visto, in termini di «bifocalità», che interessa la vita quotidiana e il *frame* di riferimento dei migranti: «Aspetti della vita "qui" e della vita "là", a seconda che siano visti dal punto di vista del luogo di partenza o di destinazione dei migranti, sono costantemente monitorati e percepiti come dimensioni complementari di un unico spazio di esperienza» [*ibidem*, 975]. Pratiche di comunicazione, affiliazione e scambio transnazionali intense e in tempo reale possono inoltre influenzare profondamente le modalità di adattamento dei migranti. 2) Sul piano politico, risaltano le sfide e il cambiamento di significati associati alla triade identità-confini-ordine sociale, derivanti dalle affiliazioni politiche dei migranti in più di uno Stato-nazione. Le identità politiche tendono così a diventare parziali, intermittenti e reversibili, e le migrazioni indeboliscono la sovranità territoriale, l'ordine sociale concepito come monolitico e la solidarietà identitaria. Per molti migranti il paese di origine diviene una fonte di identità, quello di insediamento una fonte di diritti, provocando una mescolanza complessa tra diritti e identità, cultura e politica, Stati e nazioni. 3) Sul piano economico, rimesse, associazioni *hometown*, attività economiche e microfinanza stanno disegnando nuove opportunità di sviluppo per le comunità di provenienza.

Un elemento di cautela va peraltro introdotto quando, attraverso l'impiego di concetti quali appunto «bifocalità» o coscienza diasporica, si tende a sovrapporre – come abbiamo già accennato in precedenza a proposito della dimensione culturale – il transnazionalismo in senso forte (che dovrebbe implicare il coinvolgimento in qualche tipo di attività concreta che connette le due sponde delle migrazioni) con la coltivazione o la reinvenzione di un'identità etnica minoritaria, o di qualche elemento di essa: un problema su cui hanno attirato l'attenzione in modo particolare alcuni studiosi delle seconde generazioni, sottolineando la necessità di tenere distinti i due concetti [cfr. Kasinitz *et al.* 2002; Louie 2006]. Il terreno delle affiliazioni culturali e delle identificazioni ci pone a confronto con processi di autodefinizione in cui un rimando all'altrove (per esempio ad un'identità latina o araba) può non corrispondere a pratiche transnazionali vere e proprie, se non nella forma dei consumi mediatici o dell'esposizione ad eventi e problematiche della «patria» attraverso i rapporti con i coetnici. Per le seconde generazioni in modo particolare, Wolf [2002] ha parlato, come abbiamo già ricordato, di un «transnazionalismo emozionale», senza effettivi contatti con la patria dei genitori, la cui rievocazione diventa semmai la fonte di identificazioni e rivendicazioni a carattere etnico [Louie 2006]. Dove finisca l'etnicità come senso soggettivo di appartenenza ad un gruppo minoritario e cominci il transnazionalismo come coltivazione di legami e pratiche sociali che trascendono i confini connettendo luoghi diversi, è un punto ancora controverso.

Un bilancio complessivo di questo campo di studi, benché necessariamente provvisorio, è stato proposto da Portes a conclusione di un fascicolo speciale della «International Migration Review» dedicato all'argomento, uscito nel 2003[13], contenente vari saggi ai quali abbiamo già fatto riferimento. Lo studioso

[13] Il saggio di Portes è stato pubblicato in italiano nel 2005 [Portes 2005].

americano segnala cinque punti di convergenza tra gli specialisti del settore.

1) Il transnazionalismo rappresenta una nuova prospettiva, non un nuovo fenomeno: nonostante gli abbondanti precedenti, mancava agli studi una prospettiva teorica convincente in grado di illuminare le loro similarità. L'avvento di nuove tecnologie nei trasporti e nelle telecomunicazioni ha inoltre fornito una grande spinta allo sviluppo di relazioni transnazionali, accrescendone la densità e la complessità.

2) Il transnazionalismo è un fenomeno che scaturisce dal basso: il grosso della letteratura si è concentrato sull'iniziativa delle persone comuni per stabilire legami, economici e non economici, attraverso i confini nazionali. Il transnazionalismo va così tenuto distinto da altri fenomeni di natura internazionale o multinazionale.

3) Non tutti i migranti sono transnazionali. Rispetto all'entusiasmo iniziale, le ricerche hanno indicato che il coinvolgimento regolare in attività transnazionali caratterizza soltanto una minoranza di immigrati e che anche il coinvolgimento occasionale non è una pratica universale.

4) Il transnazionalismo dei migranti ha delle conseguenze macrosociali. Nonostante parta da una miriade di azioni individuali e familiari, a livello aggregato il complesso di attività e rapporti transnazionali può modificare le sorti delle città e anche delle nazioni a cui si riferisce. Qui i concetti di rete sociale e di capitale sociale trovano una fruttuosa applicazione, giacché le attività transnazionali sono immerse e sostenute da risorse sociali scaturite dai legami interpersonali, che compensano la penuria di mezzi economici e politici.

5) L'estensione e le forme dell'attivismo transnazionale variano a seconda dei contesti di provenienza e di inserimento. Le attività transnazionali fioriscono maggiormente nell'ambito di comunità molto concentrate, specialmente quelle soggette a una ricezione ostile da parte delle autorità e delle popolazioni autoctone: la densità crea opportunità per le imprese transnazionali, mentre la discriminazione esterna produce come reazione un'intensificazione della solidarietà interna e dei contatti con i luoghi d'origine. Attività culturali transnazionali e forme di associazionismo civico offrono una sorta di rifugio contro l'ostilità esterna e proteggono la dignità personale minacciata.

8. *Un bilancio e un tentativo di applicazione*

Le osservazioni di Portes appena richiamate sembrano in verità andare oltre una versione del transnazionalismo giocata soltanto sul piano cognitivo e metodologico, ossia come prospettiva per l'analisi dei fenomeni migratori che trascenda lo schema unilineare dell'assimilazionismo.

Pur facendola propria, vi aggiunge, sia pure in modo prudente, l'idea che si possa parlare di «attività», «rapporti», «pratiche» transnazionali. Più di quanto non sia esplicitato da Portes, il concetto di «bifocalità» proposto da Vertovec [2004a] come *frame* di riferimento della vita quotidiana dei migranti aiuta forse a cogliere con maggiore accuratezza il duplice punto di vista da cui i migranti elaborano decisioni, compiono investimenti, intrattengono rapporti, definiscono la propria identità. La bifocalità può essere considerata uno schema cognitivo, non necessariamente destinato a tradursi in attività e comportamenti verificabili. Può però servire anche a cogliere con più precisione, e collocare in un quadro interpretativo più adeguato, gli elementi concreti e le pratiche transnazionali dei migranti, dall'invio di rimesse alla partecipazione a distanza alla vita politica dei paesi d'origine.

Si può poi ribadire che, sulla base degli ancora modesti riscontri empirici di cui disponiamo, identità e pratiche sociali transnazionali non si oppongono all'integrazione nelle società riceventi, ma piuttosto all'assimilazionismo, inteso come approccio normativo e ideologico, secondo cui i migranti dovrebbero necessariamente conformarsi ad una pretesa (e organica) «cultura» del paese che li ha accolti, recidere i legami, rinunciare alla doppia cittadinanza e abbandonare ogni elemento che richiami la loro provenienza da un contesto diverso.

Quanto alla questione relativa al rapporto tra pratiche e identificazioni transnazionali, una possibile risposta può essere cercata uscendo da un'impostazione binaria, alternativa, in cui il transnazionalismo o c'è o non c'è. Si dovrebbe parlare maggiormente di gradi o forme di transnazionalismo: da quelle virtuali a quelle legate ai consumi e alla comunicazione, fino a quelle che si esplicano in modalità via via più organizzate e frequenti. La domanda sulla diffusione del fenomeno potrebbe essere così riformulata, non chiedendosi più, o non soltanto, quanti migranti siano impegnati effettivamente in pratiche transnazionali, ma cercando di cogliere con quali forme, modi, gradi di intensità i migranti partecipino a campi sociali transnazionali.

Credo si possa partire da questa base per cercare di applicare il concetto al caso italiano: come un intreccio tra *prospettiva di analisi* allargata alle interazioni tra le due sponde dalla parte dei ricercatori, *bifocalità* quale schema cognitivo e guida all'azione sul versante dei migranti, *attività e pratiche sociali* con cui i soggetti danno corpo alla pluricollocazione delle loro appartenenze[14].

Assumere il transnazionalismo come approccio stimola dunque a guardare con più attenzione al «lato nascosto» di quella che definiamo come «immigrazione» da altri paesi verso il nostro: l'immigrazione non è un viaggio di sola andata, ma genera una rete di relazioni, di scambi, di influssi che attraversano le frontiere, retroagiscono sui luoghi di provenienza, contribuiscono a definire l'identità, i progetti e le prospettive dei migranti, dei loro congiunti, e in qualche misura degli ambienti sociali più ampi a cui essi fanno riferimento. In questo senso, come è avvenuto per altri concetti sociologici (per esempio quello di comunità), una versione «forte» del transnazionalismo, quale nuovo modello di migrazione in grado di scompaginare le stesse categorie di «emigrato» e «immigrato», di «insediato» e «integrato», non trova una solida conferma empirica nell'esperienza, tanto meno in quella italiana; ma una versione debole, composta insieme di legami sociali, di approcci cognitivi, di frammenti e occasioni pratiche di transnazionalismo, frammisti a comportamenti che vanno prevalentemente nella direzione dello sforzo di inserirsi nella società ricevente, può invece trovare riscontro. Si può parlare in proposito di stili di vita che incorporano elementi più o meno influenti, e certo mutevoli, di appartenenze transnazionali.

Proviamo ad applicare questa versione «debole» del transnazionalismo ad un caso concreto: quello dell'immigrazione latinoamericana nelle grandi città italiane, e segnatamente a Genova [Ambrosini e Queirolo Palmas 2005]. Un esempio non scelto a

[14] Ceschi [2007] va in questa direzione, parlando di «condizione di doppia implicazione e di visione esistenziale bifocale», a proposito degli atteggiamenti dei lavoratori senegalesi ed egiziani da lui studiati. Individua così una zona intermedia e opaca tra il «fare» transnazionale e l'«essere» diasporico.

caso, giacché negli Stati Uniti si tratta dei maggiori protagonisti della costruzione di relazioni transnazionali.

Nel contesto europeo, la lontananza dai punti di partenza rende più costoso – anche con i mezzi di oggi – e quindi problematico il mantenimento di intensi legami e interessi radicati nella madrepatria. Possiamo però individuare alcuni elementi o indicatori di transnazionalismo, che consentono di affermare che i migranti latinoamericani insediati in Europa sono raramente dei transmigranti, nel senso forte che il termine ha assunto in letteratura, ma coltivano in vario modo legami e pratiche transnazionali, incorporando nel quotidiano aspetti di bifocalità e di stili di vita translocali.

Il primo e più semplice è rappresentato dalle *rimesse*, che esprimono il mantenimento di un obbligo morale a provvedere alle necessità della famiglia lasciata alle spalle; obbligo ancora più avvertito come cogente quando si tratta di madri che partono per provvedere alle necessità dei figli che rimangono in patria.

Al fenomeno delle rimesse si collega dunque quello delle *famiglie transnazionali*, con il loro carico di tensione e sofferenza affettiva; le donne latinoamericane sono in molti casi impegnate nello sforzo di gestire a distanza il proprio ruolo materno: come vedremo nel prossimo capitolo, il traffico di telefonate, messaggi di posta elettronica, cassette video e audioregistrate, l'invio di doni, possono essere visti come espressione dei tentativi di fronteggiare le inedite sfide della maternità a distanza.

Il *ricongiungimento familiare* è peraltro perseguito con tenace impegno da molte donne come via d'uscita dalle angustie della genitorialità transnazionale [Bonizzoni 2007]: esito della forza dei legami che nonostante tutto connettono le protagoniste con i familiari lasciati in patria, quando si realizza è anche condizione che favorisce l'allentamento dei legami con i luoghi di origine.

Il *settore ricreativo* e dei consumi culturali è invece un ambito in cui i rapporti transnazionali tendono a rafforzarsi con il radicamento nei luoghi di immigrazione, stimolano l'avvio di iniziative apposite, favoriscono l'aggregazione, diventando un'occasione di ritrovamento o ricreazione di un'identità culturale più o meno definita, nonché un'opportunità di interazione e scambio con la popolazione autoctona, attratta dalla «moda» latinoamericana.

Le *aggregazioni a base religiosa* e le istituzioni connesse rappresentano l'elemento più visibile e influente di un più vasto ma fragile movimento associativo, che riproponendo identificazioni nazionali e culturali, a volte fabbricando identità inedite (come appunto quella «latina»), tiene insieme sforzi di integrazione nella società ospitante e rivendicazione delle proprie origini: sia nella versione cattolica, sia nelle denominazioni evangelicali in crescita, le appartenenze religiose incentivano legami e pratiche transnazionali. Ne tratterò più diffusamente nel capitolo IV.

Il fenomeno più noto e discusso, benché circoscritto, riguarda poi le *aggregazioni giovanili di strada* (le cosiddette «bande» o «baby-gang»): un emblematico fenomeno di aggregazione identitaria transnazionale, costruita nell'esperienza dell'emigrazione e dell'impatto con le metropoli del Nord del mondo, originariamente negli Stati Uniti e poi in Europa, passando per i paesi d'origine. Denominazioni (paradossalmente, in importanti casi, in inglese), simboli, rituali, codici normativi, rapporti interni, rimandano a processi di identificazione deterritorializzati, in cui il riferimento alla patria ancestrale si proietta in spazi transnazionali, si nutre dei collegamenti via internet, dà luogo alla formazione di una sorta di «marchio» riproducibile in *franchising*; e tuttavia, quando riesce ad emergere, a trovare riconoscimento, a incanalarsi nella legalità, diventa produttivo di solidarietà, di controllo dei comportamenti devianti, di riferimenti positivi per adolescenti sradicati dall'emigrazione [Queirolo Palmas 2006].

Difficilmente dunque, per concludere, i latinoamericani insediati in Italia e in Europa sono protagonisti di processi transnazionali in senso forte, è infrequente che viaggino regolarmente, abbiano attività economiche e abitazioni su entrambi i versanti della migrazione; ma sappiamo che questo è vero anche nell'America settentrionale [Portes 2005]. In compenso, invece, sono abbastanza diffusi gli elementi o le pratiche transnazionali, benché cangianti nel tempo e a seconda delle situazioni biografiche e sociali: con i ricongiungimenti, per esempio, diminuiscono le rimesse, ma possono svilupparsi attività economiche e culturali che ripropongono nuovi rapporti con i luoghi di origine; oppure, gli adolescenti ricongiunti possono esprimere nuove versioni dei legami transnazionali partecipando alle aggregazioni di strada o ad altre forme di socialità che trovano il denominatore comune nelle origini etniche e nella lingua [Caneva 2007].

La bifocalità, a sua volta, ha certo un rapporto con le pratiche effettive in cui tende ad esplicarsi, ma non si riduce ad esse. Come schema cognitivo, può continuare a strutturare nel tempo gli interessi e l'identità dei migranti (nella partecipazione religiosa, nei consumi culturali, ecc.) contribuendo a produrre sincretismi, a influire sui processi di identificazione e a promuovere nuove sintesi culturali.

Possiamo aggiungere che l'attenzione alle pratiche transnazionali arricchisce e complessifica gli approcci di network illustrati nel capitolo I: non solo le reti sono ponti sociali che scavalcano le frontiere, favoriscono nuovi arrivi e strutturano, non sempre in modo positivo, i percorsi di inserimento dei nuovi arrivati; ma, attraverso il mantenimento di rapporti e interessi nei luoghi di provenienza, come pure di aggregazioni tra connazionali, contribuiscono a definire in senso misto, bifocale e bilocalizzato, l'identità, le pratiche sociali e gli approcci cognitivi dei migranti; favoriscono altresì processi che incidono sui contesti di provenienza, producendo fenomeni che spaziano dalla nascita di attività economiche allo sviluppo di nuovi consumi e stili di vita.

Di questi ultimi, va ammesso, sappiamo meno: ma questa constatazione dovrebbe spronarci a sviluppare il confronto con chi studia le migrazioni dal punto di vista dei luoghi di partenza, suscitando maggiori scambi e collaborazioni anche tra le due rive degli studi sul fenomeno[15].

Agli autori che hanno proposto il concetto va quindi attribuito il merito di aver suscitato nuove domande, fornendoci stimoli inusuali per pensare le migrazioni e per individuare con maggiore nitidezza aspetti non ancora abbastanza indagati dei fenomeni migratori. Proseguiremo ora il nostro percorso analizzando due fenomeni che, per motivi diversi, si prestano all'adozione di approcci transnazionali: quello delle famiglie separate dai confini e quello delle pratiche e delle identità religiose dei migranti.

[15] Ne è un esempio il lavoro di Francesca Lagomarsino [2006] sulle famiglie ecuadoriane separate dall'emigrazione.

CAPITOLO TERZO

IL TRANSNAZIONALISMO DEGLI AFFETTI: STRATIFICAZIONE DELL'ACCUDIMENTO E MATERNITÀ A DISTANZA

Il transnazionalismo come scelta intenzionale e strategia perseguita dai migranti, analizzato nel capitolo precedente, ha un corrispettivo meno voluto e più subito, rappresentato dal fenomeno crescente di persone e unità familiari che si sforzano di mantenere vivi legami affettivi e responsabilità parentali nonostante i confini e le distanze che le separano: è il caso delle «famiglie transnazionali». Quel transnazionalismo attivo e dinamico che consiste nell'instaurazione di molteplici rapporti tra le due sponde delle migrazioni, nella contestazione dal basso delle pretese assimilazionistiche degli Stati-nazione, nella formazione di comunità solidali malgrado le distanze fisiche, si colora qui delle tinte malinconiche dell'assenza e della nostalgia, e insieme dei toni vibranti della determinazione a mantenere vive le relazioni con i familiari lontani: anzi, proprio l'affetto e il desiderio di assicurare loro una vita migliore conducono a quella forma estrema di dedizione che consiste nell'allontanamento fisico. Se non è del tutto vero che si tratta di un «transnazionalismo forzato» (perché anche in questo caso le persone scelgono, investono, rielaborano, perseguono con tenacia obiettivi di miglioramento e speranze di promozione), di certo il fenomeno si avvicina di più al polo dell'adattamento ad un insieme di necessità e di vincoli che alla prospettiva di una libertà di azione che si espande oltre i confini. Ciononostante, anche attraverso i vissuti di privazione e di sofferenza, nella perseveranza dell'accudimento a distanza si ordisce la trama di legami che travalicano le frontiere, alimentando la bifocalità e la densità relazionale dell'esperienza migratoria. In definitiva, pure quello familiare è un transnazionalismo da riconoscere e indagare.

Va specificato poi che, come per altri fenomeni oggi definiti «transnazionali», anche la questione di famiglie separate dall'emigrazione di uno o più dei loro componenti di per sé non è nuova nella storia delle migrazioni. Figure come quelle delle «vedove bianche» degli emigranti italiani di un tempo sono sedimentate nella memoria collettiva di molte società di origine.

Finché però ad emigrare erano i membri maschili delle famiglie – mariti, padri, figli –, gli studi sull'argomento non avevano individuato una forma familiare emergente come prodotto delle migrazioni, né in verità avevano tematizzato una particolare sofferenza dei soggetti coinvolti, se non nel caso estremo delle «vedove bianche» prima richiamato. Aspettative reciproche circa la temporaneità dell'emigrazione, modelli culturali legati alla definizione dell'intimità e ruoli sociali codificati, secondo i quali le cure familiari erano un compito tipicamente materno, mentre il sostentamento della famiglia competeva ai padri, inducevano a considerare tutto sommato socialmente accettabile il distacco di padri e mariti dai propri familiari.

La figura delle famiglie transnazionali è invece salita alla ribalta da quando è diventato imponente il fenomeno delle partenze di donne adulte che lasciano dietro di sé i figli, affidati primariamente alle cure delle proprie madri [Hondagneu-Sotelo e Avila 1997; Dreby 2006], e poi di sorelle, figlie maggiori, più raramente dei mariti, a volte anche di altre donne salariate, in una specie di catena di riallocazione dei compiti di cura: sono infatti le donne le figure chiave nella vicenda delle famiglie transnazionali [Mahler 2003]. Benché di fatto le madri transnazionali siano attivamente impegnate in svariate modalità di esercizio della maternità, e si sforzino in tutti i modi possibili di non far mancare affetto e sostegno ai loro figli, la perdita della vicinanza fisica viene avvertita, da loro stesse e dai loro cari, come la violazione di un modello profondamente legittimato, quello della madre che si prende cura direttamente dei propri figli [Hondagneu-Sotelo e Avila 1997].

La percezione diffusa di un'anomalia nel funzionamento di queste famiglie, tale da indurre gli studiosi a inquadrarle come una nuova forma familiare, è dunque legata al senso di vuoto che deriva dalla partenza di quella che, in quasi tutte le culture, è percepita come la principale *caregiver* nei confronti dei figli, la madre biologica. È in relazione a questa assenza che si struttura il discorso relativo alle famiglie transnazionali, al loro carico di sofferenza e alle pratiche di compensazione della perdita di cure materne a cui devono far fronte. Anche chi, come Parreñas [2001], definisce la famiglia transnazionale come «una struttura familiare postindustriale con valori preindustriali» non può sottrarsi alla constatazione di uno sconvolgimento di pratiche di accudimento profondamente radicate.

Il tema si inscrive peraltro in una questione più ampia, quella dell'intreccio dell'istituzione familiare con i processi migratori, di cui le famiglie transnazionali possono costituire alternativamente una forma, comunque dinamica e cangiante, oppure una fase del corso di vita familiare, destinata ad essere superata nel tempo. In entrambi i casi, ciò significa interrogarsi sui vissuti di speranza e dolore, di distacco e ritrovamento, di adattamento a circostanze avverse e di volitiva costruzione del futuro, che intessono la vita quotidiana degli uomini e delle donne migranti. Su un piano più teorico, la questione delle famiglie transnazionali contribuisce a porre in rilievo un attore intermedio, la famiglia, tra l'individuo migrante e i grandi processi strutturali che mettono in movimento le migrazioni, collocandolo in un contesto di relazioni di ampiezza crescente con i sistemi parentali e le reti migratorie più estese [cfr., a questo proposito, Ambrosini 2005a].

1. *Alle radici del fenomeno: le donne immigrate, risorsa del welfare informale*

Un discorso sull'argomento non può che prendere le mosse dalla relazione tra immigrazione (prevalentemente, ma non solo femminile) e servizi alla persona, nell'ambito di quello che può essere variamente definito welfare informale, nascosto [Gori 2002], leggero [Tognetti Bordogna 2004], invisibile: una sorta di prolungamento del tradizionale ruolo di cura attribuito alle famiglie (e alle donne all'interno di esse) che, non riuscendo più a fronteggiare la pressione della domanda con le sole proprie forze, tendono (o si trovano obbligate) a riaffermare la propria funzione di perno della fornitura dei servizi alle persone ricorrendo al lavoro retribuito di collaboratrici familiari, babysitter e assistenti domiciliari.

Va precisato che, anche in questo caso, non ci troviamo di fronte ad un fenomeno nuovo nella storia delle migrazioni. Come ci ricorda Amalia Signorelli, si tratta di un movimento costante di ragazze povere dalle campagne verso le città dell'Occidente, movimento che è durato per secoli e ha talvolta raggiunto dimensioni impressionanti, come quelle fatte registrare dalle irlandesi che durante la grande carestia andavano serve in Inghilterra e negli Usa. Tutto questo è stato non visto, rimosso, giudicato irrilevante, dimenticato [Signorelli 2006, 26].

Semmai, la vera questione riguarda la riproposizione di rapporti sociali e di lavoro preindustriali in una società postindustriale, e non solo nell'ambito di ristrette élite benestanti, ma con connotazioni di ampia diffusione sociale.

La forma silenziosamente assunta dal nostro sistema di cure a domicilio si è rivelata infatti congruente (con un termine già introdotto, si potrebbe dire *embedded*) con il modello «familistico» di welfare, tipico del nostro come degli altri paesi mediterranei, posto in rilievo in modo particolare da Esping-Andersen [2000]: il sistema di protezione sociale italiano è basato essenzialmente su trasferimenti di reddito, soprattutto sotto forma di pensioni, e meno su servizi pubblici alle persone e alle famiglie, rispetto ai paesi dell'Europa settentrionale e centrale. In questo modo alle famiglie (e più precisamente alle donne) vengono implicitamente delegati svariati compiti di cura altrove assorbiti dagli apparati pubblici. Ma una simile architettura del welfare riflette un assetto sociale tradizionale, in cui gli uomini lavorano fuori casa, assumendo il ruolo di *breadwinner*, mentre le donne si occupano dei compiti afferenti alla sfera domestica o, come alcuni dicono ricorrendo a categorie marxiste, «riproduttiva». Ora questo assetto scricchiola sempre più, da quando anche le donne sposate sono entrate massicciamente nel mercato del lavoro extradomestico ed è aumentato il numero di anziani da assistere, mentre non ha fatto grandi progressi la redistribuzione dei compiti domestici all'interno delle famiglie[1].

[1] I dati sulle strutture e i servizi per l'assistenza agli anziani non autosufficienti sono piuttosto disomogenei e discordanti. Tuttavia, si evincono chiaramente tre aspetti: 1) l'Italia è tra i primissimi paesi al mondo, se non il primo in assoluto, per incidenza della popolazione ultrasessantacinquenne sul complesso della popolazione, che si avvicina ormai al 20%; 2) dispone di un numero molto basso di posti letto in residenze protette per anziani, in confronto con gli altri paesi sviluppati; 3) anche per l'assistenza domiciliare (che comunque può risolvere solo parzialmente e per le forme meno gravi

L'impiego di donne immigrate (e talvolta anche uomini) come collaboratrici familiari e assistenti domiciliari può essere visto allora come una risorsa per puntellare le difficoltà sempre più evidenti delle famiglie (e delle donne sposate italiane) nel reggere carichi domestici e assistenziali crescenti.

Questo settore rappresenta dunque il *luogo di incontro* tra una *domanda* che, una volta esaurite – o risultate insufficienti – le «capacità di cura» del nucleo familiare, cerca il modo per garantire assistenza sociosanitaria alle persone anziane, evitando loro il ricovero in istituto, o cure adeguate ai bambini, che le madri non possono più seguire come un tempo; e un'*offerta*, parimenti in crescita, di forza lavoro per lo più straniera e femminile, che trova in questa nicchia occupazionale un primo canale, per quanto precario e poco tutelato, di inserimento lavorativo e abitativo [Bonifazi 2007]. Anzi, proprio la disponibilità di un'offerta di lavoro abbondante, molto flessibile e a buon mercato, ha svolto un ruolo decisivo nel far emergere e strutturare in forme privatistiche la domanda di assistenza e accudimento a domicilio.

Per contro, la risposta del sistema pubblico a questa crescente domanda è stata generalmente ridotta e insufficiente. Al di là dei limiti delle normative, di fatto le politiche pubbliche di cura della non autosufficienza si riducono generalmente a qualche misura (più o meno cospicua e coerente, anche in funzione del contesto territoriale) di sostegno economico al soggetto in difficoltà e ai suoi familiari. L'«innovazione» rappresentata dalla crescente diffusione degli assegni di cura non fuoriesce da questa logica, giacché questi, senza alcuno specifico vincolo d'uso, fanno spesso da sussidio per l'acquisto di assistenza privata «in nero». Sul piano dei servizi, in generale

> si era forse pensato che i servizi di assistenza domiciliare, nelle loro varie forme, potessero bastare a supportare le famiglie nel compito gravoso di accudire gli anziani non autonomi; (...) invece questo genere di servizi rimane comunque sottodimensionato rispetto al bisogno, e il loro intervento, anche giornaliero, non può che interessare brevi periodi nell'arco della giornata, mentre molte persone hanno bisogno di assistenza continuativa [Castegnaro 2002, 15].

il problema della perdita di autosufficienza) il nostro paese si colloca agli ultimi posti.

Sul versante dell'assistenza agli anziani i limiti di questo modello di welfare sono particolarmente evidenti, giacché assistenza domiciliare pubblica e assegni di cura non bastano a fronteggiare i fabbisogni, e il ricovero in strutture protette comporta costi economici e sensi di colpa. Castegnaro [2002] ha parlato in proposito di una «cultura della domiciliarità». Non è soltanto la carenza di strutture residenziali per gli anziani bisognosi di assistenza, o il loro costo, a indurre le famiglie a ricorrere alla soluzione privatistica dell'assunzione (regolare o meno) di un'assistente domiciliare. Interviene anche il rifiuto di soluzioni istituzionalizzanti, il desiderio di mantenere l'anziano nel proprio ambiente di vita, di non sconvolgere i suoi ritmi e le abitudini invalse, di poterlo visitare liberamente, quando lo richiede o quando c'è un momento libero. L'adesione ad una cultura «liberante» nei confronti dell'anziano comporta paradossalmente l'instaurazione di un rapporto di lavoro costrittivo con la persona assunta per assisterlo (Castegnaro, come altri, non esita a parlare di una «condizione di tipo servile»; cfr. anche Carchedi, Mottura e Pugliese [2003]).

Si configura così un welfare non istituzionalizzato, familiare e informale, povero di professionalità ma percepito e vissuto come più «amichevole», deburocratizzato, flessibile, e naturalmente più governabile da parte degli utilizzatori-datori di lavoro. Le famiglie scambiano di fatto la rinuncia ad avvalersi di servizi istituzionali (che peraltro non riuscirebbero a rispondere ai loro bisogni), e anche ad un'assistenza professionalmente qualificata e razionalmente organizzata, con la libertà di gestire l'assistenza agli anziani entro lo spazio domestico, intaccando il meno possibile abitudini e ritmi quotidiani del congiunto, o in altri casi integrano interventi pubblici puntuali con un'assistenza continuativa assicurata dalla figura dell'assistente domiciliare [Costa 2007], senza però ricorrere all'istituzionalizzazione, se non in casi estremi.

Un'altra considerazione si colloca su un crinale più squisitamente teorico, che rimanda alle note categorie polanyiane di reciprocità, redistribuzione e mercato [Polanyi 1974; Cella 1997]: l'assistenza alle persone dipendenti è stata finora regolata nel nostro paese, in misura nettamente prevalente, secondo il registro della reciprocità, imperniata sulla solidarietà interna alle famiglie e sui compiti di cura tradizionalmente devoluti alle donne; misure redistributive di iniziativa pubblica (assistenza domiciliare, ricoveri in strutture protette) sono tuttora concepite come residuali e compensative, ossia destinate agli anziani indigenti e soli, privi di una rete familiare in grado di tutelarli. Più in generale, l'azione pubblica, come abbiamo osservato, ha preferito prendere la strada di trasferimenti di reddito volti a riconoscere e rafforzare le capacità assistenziali delle famiglie, cioè le strutture della reciprocità. Le famiglie però, grazie anche alle risorse economiche erogate dal sistema pubblico, hanno intrapreso una silenziosa ristrutturazione dal basso della regolazione dell'assistenza agli anziani, istituendo un mercato privato largamente informale delle cure a domicilio [cfr. Ranci 2001], mediante l'assunzione di persone (donne o anche uomini stranieri) chiamate a sostituire o integrare risorse intrafamiliari (e femminili) di reciprocità non più sufficienti. Si tratta di un fenomeno che, secondo stime recenti, coinvolge circa 700.000 lavoratrici (e lavoratori), di cui 620.000 stranieri [Costa 2007]. Ma non si tratta di una semplice sostituzione della reciprocità con il mercato: le assistenti domiciliari retribuite tendono ad essere incapsulate e inquadrate, a loro volta, entro i canoni di una sorta di reciprocità familiare allargata.

Approfondiamo questi aspetti con riferimento ad una ricerca empirica condotta in Lombardia [Ambrosini e Cominelli 2005][2].

Il lavoro di assistenza è generalmente il più faticoso ed esigente, tra quelli prestati in ambito domestico, anche in termini psicologici, soprattutto quando si tratta di accudire anziani con problemi di autosufficienza. Oltre ai normali compiti di cura della casa, che sono di solito l'oggetto principale del contratto esplicito, vengono richieste prestazioni di tipo assistenziale e parasanitario, come quelle di lavare, tenere in ordine, mettere a letto e alzare le persone assistite, tenere sotto controllo il loro stato di salute, a volte medicare, somministrare farmaci, prevenire e curare piaghe da decubito. Aspetti che solo con l'ultimo contratto nazionale delle collaboratrici familiari hanno

[2] La ricerca si è basata su interviste in profondità, condotte a Milano e a Brescia nel 2004, che hanno inteso porre a confronto i punti di vista dei diversi attori coinvolti: lavoratrici immigrate, anziani assistiti, *caregivers*-datori di lavoro (di solito i figli e specialmente le figlie degli anziani), agenzie di mediazione tra domanda e offerta di lavoro.

trovato un primo inquadramento in un profilo professionale specifico, ma di cui non si conosce l'effettiva applicazione.

Cruciale è poi la domanda di co-residenza, e quindi l'impegno ad accudire le persone anche di notte e possibilmente nei giorni festivi. In questo segmento del mercato è invalso l'impiego di donne immigrate in condizione irregolare, per la convergenza di diversi fattori: per la pesantezza delle condizioni occupazionali e la convivenza forzata con i datori di lavoro; perché la domanda di assistenza privata interessa anche anziani e famiglie con redditi modesti, che non potrebbero permettersi di ricorrere a personale contrattualmente in regola; infine perché, specialmente per le persone appena arrivate, un lavoro di questo genere consente di risolvere il problema abitativo, di rendersi pressoché invisibili nei confronti di eventuali controlli, e anche di risparmiare somme relativamente elevate da mandare in patria.

Come ha osservato Enzo Colombo [2007], il fatto che l'assistente domiciliare sia una donna immigrata rende possibile, da parte dei datori di lavoro italiani, giustificare il fatto di delegarle l'assistenza ai propri congiunti, attraverso argomentazioni basate sulla differenza e l'alterità: «L'essere straniero diviene infatti una delle caratteristiche che consente di ridurre le tensioni connesse all'asimmetria di potere di chi è nella condizione di far fare ad altri compiti che non è disposto personalmente a fare. L'asimmetria dello straniero giustifica l'asimmetria delle relazioni di potere» [*ibidem*, 117]. Le argomentazioni basate sull'alterità si articolano poi attorno a tre dimensioni: il *destino*, giacché la condizione di immigrate consente di essere libere da impegni sociali e familiari, di non avere altri vincoli; la *tradizione*, nel senso che si fa appello a presunte abitudini culturali che renderebbero più accettabile per le donne straniere il lavoro di cura, predisponendole ad atteggiamenti di amabilità e dolcezza verso la persona da assistere; il *sacrificio*, in quanto le donne immigrate, trovandosi in difficoltà, accettano di sacrificare se stesse, come fa ogni donna, per il bene dei propri cari.

L'asimmetria basata sull'alterità, che consente di istituire il rapporto di lavoro, non impedisce che si sviluppi nel corso del tempo una tendenza alla familiarizzazione del ruolo delle assistenti domiciliari, densa peraltro di ambivalenze e di sottintesi. Alterità e familiarizzazione appaiono come i due poli attorno a cui si struttura il rapporto tra assistiti e assistenti domiciliari straniere. Vale la pena approfondire questo aspetto. La familiarizzazione è un'attesa implicita, non un aspetto definito e definibile nel momento in cui si negoziano i contenuti del rapporto di lavoro: si assume una persona perché tenga in ordine la casa e dia un'occhiata all'anziano che vi abita, dando per scontato un coinvolgimento affettivo destinato a svilupparsi con il tempo. Inoltre, l'inquadramento cognitivo dell'assistente domiciliare immigrata come una persona di famiglia funziona più sul registro dei doveri che su quello dei diritti: può diventare una scusante per il mancato rispetto degli obblighi contrattuali, e comunque rappresentare una modalità tattica per addossarle compiti di compagnia, sorveglianza, accudimento, che travalicano orari e mansioni pattuite.

D'altronde anche la lavoratrice può ricercare e gradire la familiarizzazione, o almeno accettarla. Separata dal mondo degli affetti e dal proprio ambiente di vita, può trovare consolante che una famiglia le offra non solo un lavoro, ma un ambiente accogliente ed emotivamente ben disposto nei suoi confronti. Spesso le lavoratrici si affezionano veramente alle persone che assistono: il frequente impiego del tu o dell'appellativo «nonno» traduce non tanto una mancanza di riguardo o un ingenuo tentativo di manipolazione affettiva, quanto piuttosto il desiderio di sentirsi ed essere accettate come parte della famiglia.

Nella vita quotidiana, datori di lavoro-assistiti e assistente domiciliare molto spesso mangiano insieme, guardano insieme la televisione, escono a far compere o a passeggio: il rapporto di impiego deborda dall'alveo strettamente lavorativo per investire la sfera delle relazioni personali, trascinando con sé stati d'animo, emozioni, affetti, o almeno l'aspettativa che l'interesse per i discorsi, le preoccupazioni, i vissuti dei datori di lavoro sia sincero.

Naturalmente, l'ingresso in famiglia resta parziale e ambivalente. Qualora la lavoratrice si permettesse di comportarsi davvero come una persona di famiglia, esprimendo il proprio parere, magari dissentendo su opinioni o comportamenti degli altri, avanzando delle richieste giudicate non consone al suo status, verrebbe molto probabilmente ricondotta alla sua condizione contrattuale di lavoratrice alle dipendenze. Se poi, come accade, la sollecitudine dei datori di lavoro arriva a investire varie dimensioni della vita extralavorativa della donna immigrata, questo coinvolgimento, benché in certe circostanze richiesto e desiderato dalla persona interessata, comporta il rischio di un'indebita intromissione nella sfera della vita privata.

La familiarizzazione, quindi, è strettamente intrecciata con la convivenza, ne diventa un corollario per certi aspetti inevitabile; non è neppure priva di benefici per i diversi soggetti che la pongono in atto, ma rappresenta un terreno insidioso di reinterpretazione e confusione di quello che in definitiva rimane un rapporto di lavoro. Proprio la conclusione del rapporto, specialmente quando avviene per scelta della lavoratrice, svela le ambiguità della situazione: rompe l'involucro della familiarizzazione, e riconduce il rapporto ad uno scambio contrattuale. La lavoratrice, per quanto affezionata, non mancherà allora di far notare che ha una sua famiglia e a questa deve pensare, magari accettando un lavoro meglio retribuito, oppure cercando casa e ponendo le basi per un ricongiungimento.

Il bisogno di inquadrare l'assistente domiciliare, benché «altra», come una persona di famiglia, ha d'altronde a che fare con il significato che assume il rapporto di lavoro quando si colloca nella sfera della vita familiare, con la densità emotiva e relazionale che comporta. A causa del nesso con le attività e le relazioni interne alla famiglia, queste occupazioni, specialmente se riferite a compiti di natura assistenziale (ma lo stesso si potrebbe dire per l'accudimento dei bambini), comportano in effetti una richiesta di coinvolgimento affettivo, di sostituzione anche relazionale di congiunti che non riescono a essere presenti come forse vorrebbero, di mobilitazione dunque non solo di energie fisiche, ma della personalità nel suo insieme.

Non si vendono e si comprano soltanto delle ore di lavoro o delle prestazioni, ma un modo di essere, di atteggiarsi e di entrare in relazione. Si richiede compagnia, ascolto e sostegno emotivo, o in altri termini una disponibilità allargata a sostituire i familiari assenti nel sollevare il morale e far passare il tempo agli anziani o ai bambini assistiti. Questa domanda di coinvolgimento personale, presente anche in altri servizi alle persone, nell'ambito domestico-assistenziale diventa più incombente, per almeno due motivi: la marcata asimmetria di potere tra datori di lavoro e lavoratrici e la convivenza notte e giorno. Nel caso delle madri transnazionali, si richiede un attaccamento affettivo verso anziani e bambini delle nostre famiglie, quando esse hanno dovuto allontanarsi dai propri figli e genitori e vivere la propria condizione genitoriale in una situazione di distacco fisico e di perdita di interazioni dirette, partecipando a distanza alla loro crescita.

2. *Madri a distanza: la stratificazione internazionale delle opportunità di accudimento*

Il ruolo che le donne immigrate, spesso mogli e madri, rivestono nel nostro sistema di welfare informale mette sotto tensione i loro assetti familiari, obbligando i diversi soggetti a distacchi, faticosi riadattamenti e compensazioni di vario genere. In un mondo, nonostante tutto, più intrecciato e globalizzato anche nelle relazioni quotidiane, accade sempre più di frequente che anziani, bambini e ragazzi delle società più ricche beneficino delle cure di madri costrette ad affidare ad altri i propri figli, organizzando un menage familiare transnazionale. Si configura così una stratificazione internazionale delle opportunità di accudimento[3], al cui vertice stanno le famiglie abbienti dei paesi sviluppati, coadiuvate da domestiche, assistenti degli anziani e babysitter, e alla base le famiglie transnazionali dei paesi poveri, che si trovano a dover rimpiazzare con soluzioni-tampone la partenza delle madri che vanno all'estero a curare anziani e bambini, a volte mobilitando donne (e madri) più povere per sostituirle. Si tratta infatti di famiglie a loro volta differenziate e socialmente stratificate, in base alle risorse di cui dispongono per riuscire a far fronte al cosiddetto *care drain*[4]. Le disposizioni normative dei paesi riceventi rafforzano questa asimmetria: è relativamente facile importare una donna stra-

[3] Rielaboro qui il concetto di «stratificazione riproduttiva» proposto da Colen [1995].

[4] Durante un viaggio in Ecuador nell'ottobre 2005, ho potuto verificare da vicino quanto la partenza dei genitori, e in modo particolare delle madri di figli piccoli, venga percepita come una drammatica emergenza sociale nelle comunità dell'interno (la Sierra) più toccate dall'emigrazione verso l'estero: la chiesa cattolica del luogo, dai livelli più alti alle parrocchie dei villaggi, è impegnata in ingenti sforzi per accogliere ed educare i figli rimasti in patria, oltre a dispiegare molte energie per scoraggiare – apparentemente senza molto successo – nuove partenze verso gli Stati Uniti e l'Europa.

niera, formalmente o informalmente, per affidarle compiti di accudimento e cura in una famiglia italiana; ben più difficile è invece per lei ricongiungere la propria famiglia, dati i requisiti di regolarità dello status, di reddito dichiarato e di comfort abitativo che le sono richiesti, lasciando da parte i problemi di riconversione occupazionale che la gestione di una famiglia comporta; mentre risulta pressoché impossibile farsi raggiungere dai propri genitori o da altri parenti che potrebbero aiutarla ad assolvere meglio i compiti genitoriali.

Solo di recente si è sviluppata un'attenzione specifica al coinvolgimento dei contesti familiari nelle migrazioni internazionali, specialmente femminili[5]. Molta della letteratura sull'argomento ha posto in risalto il «dolore della genitorialità transnazionale» [Parreñas 2001], connesso a quello che abbiamo già definito *care drain*, un fenomeno analogo al più noto *brain drain* e allo storico drenaggio prima di risorse naturali, poi di manodopera, da parte dei paesi ricchi nei confronti delle ex colonie e dei paesi meno sviluppati: oggi le famiglie dei paesi ricchi sottraggono a quelli più poveri una risorsa più impalpabile e indefinibile, connessa ai tradizionali compiti femminili, fatta di dedizione, cure pazienti, attenzione costante ai bisogni degli altri, una risorsa che richiama l'amore [Ehrenreich e Hochschild 2004]. Alle madri transnazionali, l'emigrazione preclude invece la possibilità di interpretare i ruoli di genere (*to do gender*, nella pregnante espressione americana) secondo i canoni culturalmente prescritti: l'emigrazione si situa in un'opposizione diretta con i ruoli di fornitrici di cure e di custodi dei legami parentali nelle famiglie e nelle comunità di provenienza [Aranda 2003, 624], laddove invece per gli uomini, come abbiamo già ricordato, rappresenta una modalità, certo costosa ma culturalmente legittimata, per declinare il ruolo socialmente atteso di procacciatori delle risorse di cui la famiglia necessita.

Per questa ragione, una vasta pubblicistica e un discorso politico e mediatico che spazia dall'America Latina alle Filippine, ai più recenti casi dell'Europa orientale [Castagnone *et al.* 2007], hanno posto l'accento sui problemi dei figli delle madri emigrate, definiti da alcuni come «orfani sociali»: si lamenta l'insorgere di

[5] Un contributo anticipatore, nel caso italiano, è stato quello di Scabini e Donati [1993], rimasto però senza molto seguito.

fenomeni di solitudine, depressione, abbandoni scolastici, fino a casi-limite di suicidi; ma anche bullismo, consumi eccessivi e ostentati, uso di alcol e droghe, favoriti da disponibilità economiche non accompagnate da una guida educativa adeguata. È facile imputare tutto questo alle madri migranti, fino ad invitarle a tornare a casa per riprendere il proprio ruolo tradizionale[6].

Per di più, come ha osservato Bonizzoni [2007], le madri sono frequentemente colpevolizzate non solo dalla comunità, ma anche dai figli stessi, che vivono come abbandono la partenza della madre, ma non allo stesso modo la partenza o il disinteresse dei padri. Sono i figli stessi ad attendersi, quasi a pretendere, che le madri manifestino dolore per la lontananza e l'impossibilità di occuparsi materialmente di loro, attraverso il pianto, il tono della voce, il rifiuto del cibo, ecc. In compenso, alle madri non viene richiesto un ingente apporto in termini di invii di denaro, né la loro sollecitudine materna viene misurata in base all'entità e alla regolarità delle rimesse. Questo compito viene infatti attribuito ai padri, che si vergognano persino di telefonare ai figli, secondo la ricerca di Dreby [2006], se non hanno qualcosa da mandare a casa: «Quando le madri non mandano a casa denaro o doni, non necessariamente sentono di aver danneggiato la loro relazione con i figli. Ciò che conta è l'espressione di sollecitudine, anziché l'invio di beni materiali. Per i padri, al contrario, è ciò che mandano a casa che conta» [*ibidem*, 55]. Di conseguenza, mentre le madri raccontano la loro separazione dai figli in termini di sacrificio e dolore, per i padri non è così: l'allontanamento fisico non si contrappone al ruolo loro richiesto, anzi conferma la serietà con cui viene assunto.

La questione del rapporto tra madri espatriate e figli rimasti in patria rappresenta in ogni caso un nodo cruciale del fenomeno delle famiglie transnazionali. Lo affrontiamo a partire dalla ricerca di Rhacel Parreñas [2001] sulle madri transnazionali filippine a Los Angeles e a Roma. Secondo l'autrice, nell'eser-

[6] In realtà, come ha osservato Eve [2007], anche ammettendo che il problema dello smarrimento dei figli delle madri transnazionali sussista, l'imputazione causale non è semplice, giacché è impossibile isolare la partenza della madre da altri fattori, comunque presenti, che potrebbero essere alla base dei comportamenti socialmente riprovevoli. Tra l'altro, come attestano molte ricerche, la disgregazione o la crisi familiare può essere la causa e non l'effetto della partenza di donne sole [Banfi e Boccagni 2007].

cizio della responsabilità di genitori, si possono distinguere tre forme di accudimento attese per assicurare il funzionamento della famiglia: 1) cure morali, che consistono nell'attività di socializzazione e nella trasmissione della disciplina, grazie a cui si provvede alla formazione di buoni cittadini della società; 2) cure emotive, con cui si intende l'assicurazione di una stabilità emotiva, attraverso l'espressione di sentimenti di attenzione, calore, affetto; 3) cure materiali, ossia il farsi carico delle necessità fisiche dei figli, come il cibo, il vestiario, l'abitazione, ma in cui rientra anche l'educazione che li possa condurre a diventare soggetti produttivi. Nelle famiglie transnazionali, i genitori possono provvedere alle cure materiali con l'aiuto della famiglia estesa, anzi, i redditi conseguiti grazie al lavoro all'estero garantiscono ai figli una maggiore sicurezza economica, mentre si può immaginare che la fornitura di cure emotive basilari resti in certo modo inadeguata, considerando che il sostegno emotivo assicurato da altri parenti non può sostituire completamente quello dei genitori [*ibidem*, 118]. Delle cure morali Parreñas non tratta, ma si può immaginare che anche sotto questo profilo emerga qualche problema, giacché è difficile (soprattutto oggi) immaginare una trasmissione di valori morali al di fuori di un contesto di stretta relazione e di affetto.

Questo complesso di attese viene peraltro ricondotto dall'autrice, con quello che appare un cambiamento di registro, a «concezioni convenzionali» (standard) della famiglia, che portano con sé idee di intimità fisica, mentale ed emotiva e che nel caso filippino vengono rafforzate da tradizioni culturali in cui la solidarietà familiare occupa una posizione di primo piano. Successivamente però, riprendendo il filo dell'analisi delle interviste alle madri migranti, illustra la «penosa contraddizione di sentimenti» causata dalla separazione dai familiari, soffermandosi sulle tensioni emotive della genitorialità transnazionale, che includono sentimenti di ansietà, incapacità, perdita, colpa, solitudine. Benché questi sentimenti possano essere culturalmente determinati, l'autrice assume qui un tono di denuncia nei confronti di un'ingiustizia sociale, affermando che «nelle famiglie transnazionali, l'assenza di interazioni quotidiane nega la familiarità e diviene un'irreparabile lacuna nella definizione delle relazioni genitori-figli» [*ibidem*, 121]. Per fronteggiare la pena della separazione dai familiari, le madri ricorrono a tre fondamentali risposte: la mercificazione dell'amore, ossia la sostituzione degli atti di cura quotidiana con beni materiali, la repressione delle tensioni emotive, basata sull'enfasi sulle proprie sofferenze o sulla negazione dei costi emotivi della separazione, e la razionalizzazione della distanza, con la giustificazione che i guadagni economici superano di gran lunga i costi emotivi sopportati dalle famiglie, o con la motivazione che la distanza fisica può essere gestita grazie alla comunicazione regolare. In modo pungente, Parreñas osserva che i genitori emigrati, invece di pagare i propri debiti emotivi verso i figli passando più tempo insieme a loro, forniscono amore mediante abiti italiani o americani e materiale scolastico: «equiparano l'amore con le rimesse mensili» [*ibidem*, 124]. Quanto alla comunicazione a distanza, è vero che i genitori comprimono spazio e tempo della separazione telefonando o scrivendo lettere, ma la familiarità acquisita con questi mezzi, insieme alla razionalizzazione della distanza, può indurli a prolungare la separazione. In vario modo le madri cercano dunque di giustificare la separazione familiare e di occultare i costi emotivi della genitorialità transnazionale: non possono permettersi di confrontarsi con le tensioni emotive che minacciano le relazioni familiari. La maggior parte, tuttavia, ammette che la tecnologia non può rimpiazzare l'intimità e che solo un grande investimento in tempo e interazioni quotidiane può soddisfare le necessità della famiglia.

Alla sofferenza delle madri corrisponde la sofferenza del crescere in famiglie transnazionali. Anche i figli sono colpiti da solitudine, insicurezza, vulnerabilità. Privati dell'intimità delle interazioni quotidiane, lottano per comprendere i motivi che stanno dietro la decisione delle madri di allevarli da lontano. Tre conflitti tormentano le relazioni intergenerazionali: primo, i figli negano che i beni materiali siano sufficienti segni d'amore; secondo, non credono che le madri riconoscano i sacrifici che essi fanno per riuscire a mantenere gli equilibri familiari; infine, pur apprezzando gli sforzi delle madri per costruire ponti di affetto e di cura, pongono in questione la portata di tali sforzi. A quanto sembra, i figli non sono convinti che le cure emotive possano essere interamente fornite dalla rete parentale, dal sostegno finanziario delle madri e dalle telefonate settimanali. Qui di nuovo l'autrice chiama in causa l'influenza delle aspettative socialmente prodotte della maternità tradizionale, che aggravano i conflitti intergenerazionali delle famiglie transnazionali. Nel definire aspettative e desideri, i figli seguono la divisione consolidata dei ruoli di genere all'interno della famiglia, e questa costruzione ideologica non influisce soltanto sulle loro opinioni, ma anche sui sentimenti e le emozioni che riguardano la separazione familiare.

Sorprendentemente, Parreñas non contempla il ricongiungimento familiare come un'opzione possibile, pur avendo intervistato in Italia anche figli ricongiunti. I casi di ricongiungimento a cui accenna sono a loro volta vicende sofferte che vedono i protagonisti più come vittime degli eventi che come attori capaci di iniziativa. Si limita dunque a rilevare, con riferimento ad un singolo caso, che i filippini formano famiglie transnazionali anche per non ricongiungere i figli in una società xenofoba come quella italiana [*ibidem*, 106], e produce un ritratto della collettività filippina romana non solo come segregata, ma anche come composta di persone unicamente impegnate nell'accumulare denaro, affiancando al lavoro di collaboratrici familiari una miriade di attività informali, inclusa l'usura, tutte interne alla comunità dei connazionali: i ricongiungimenti probabilmente contrasterebbero quella «dislocazione della non appartenenza» che viene adottata come cifra interpretativa dell'esperienza delle donne filippine occupate nelle attività di cura.

Quanto al legame tra sofferenza emotiva e valori tradizionali, l'autrice sembra non rendersi conto che l'enfasi posta su questo nesso indebolisce la tesi fondamentale di un'ingiustizia su scala globale che grava sui figli delle famiglie transnazionali: se il problema fosse soltanto o prevalentemente ideologico, per rimettere le cose a posto basterebbe sostituire all'antiquato familismo di questi ragazzi, con appropriati investimenti comunicativi, un'ideologia più adeguata all'attuale contesto di *care drain*, in grado per esempio di convincere i figli che possono crescere altrettanto bene senza avere accanto i genitori. Così anche la richiesta di politiche più generose sui ricongiungimenti perderebbe terreno, a tutto vantaggio dei paesi riceventi e delle famiglie che drenano risorse di cura dai paesi più deboli.

Ad alcune delle questioni lasciate irrisolte, Parreñas tenta di rispondere con il successivo volume *Children of Global Migration* [2005]. Qui l'autrice, oltre a dedicare maggiore attenzione all'opzione dei ricongiungimenti familiari e alle difficoltà normative che incontrano anche in un paese con politiche migratorie apparentemente liberali come gli Stati Uniti, insiste sulle aspettative culturali che aggravano il fardello delle madri transnazionali, spingendole a sovracompensare la loro lontananza intensificando le cure a distanza: gli stessi figli sembrano più disposti ad accettare la separazione se percepiscono che le madri soffrono mentre cercano di allevarli stando altrove, mentre non biasimano altrettanto l'assenza e la deresponsabilizzazione dei padri, oggetto di reiterate critiche da parte di Parreñas. Persino le istituzioni che operano per promuovere normative più favorevoli ai ricongiungimenti familiari sono oggetto di critiche, giacché finiscono per confermare gli assetti familiari tradizionali, idealizzando la famiglia nucleare [*ibidem*, 54]. La soluzione al problema, ancora più chiaramente che nel libro precedente, è ricercata sul piano culturale e ideologico. Dopo aver quasi retoricamente (e senza molta enfasi) richiamato l'ingiustizia della stratificazione internazionale delle opportunità di accudimento, l'autrice propugna con ben altra insistenza l'esigenza che i ragazzi, i padri, le istituzioni e le società di provenienza in generale si adattino alla situazione, elaborando nuovi modelli familiari in cui si possa prescindere dalla presenza delle madri e fornire in altro modo le cure e la sicurezza emotiva di cui i figli necessitano.

Il libro segna invece una certa discontinuità con il precedente allorquando, nell'intento di contrastare la stigmatizzazione delle donne migranti come presunte responsabili della disgregazione delle proprie famiglie, della sofferenza emotiva e del disagio psicologico dei figli lasciati in patria, si allinea con il filone di letteratura che pone in maggiore rilievo i processi di riorganizzazione del sistema delle cure genitoriali nelle famiglie transnazionali, grazie alla mobilitazione delle reti parentali, delle figlie più grandi, ma anche di donne più povere salariate; nonché lo sforzo di mantenere viva una relazione familiare di cura e intimità malgrado le distanze, attraverso varie pratiche e rituali: telefonate settimanali ad orari precisi, messaggi Sms quotidiani all'ora del risveglio, consulenza a distanza per svariate necessità, dai problemi sanitari al menù della settimana.

Grazie a queste attenzioni, molte madri riuscirebbero a confermare il proprio ruolo e a conservare una relazione di affetto e intimità, malgrado le distanze, con i propri figli.

3. *Una tipologia delle famiglie transnazionali*

Approfondiamo la questione alla luce di alcune recenti ricerche relative al caso italiano. Un'indagine in Romania e in Ucraina [Castagnone *et al.* 2007; Piperno 2007] ha mostrato che, in seguito alla partenza della madre, la famiglia allargata si riorganizza, mobilitando altre figure della rete parentale (nonne, zie, ecc.) per compensarne l'assenza. Se questo non basta, si attiva una sorta di mercato privato della cura, in cui entrano in azione colf, babysitter, insegnanti, tutori, collegi religiosi, adulti che vanno a vivere con il minore ed esercitano un ruolo di accudimento in cambio dell'ospitalità. Anche scuole e Ong cominciano ad attivarsi, promuovendo iniziative di monitoraggio e sostegno ai figli rimasti in patria. Grazie alle strategie compensative poste in atto dalle famiglie transnazionali, l'impatto del *care drain* viene attutito, e, secondo gli autori, solo in una minoranza di casi il drenaggio di cura si trasforma in abbandono.

Malgrado questa articolata mobilitazione, permane tuttavia la sensazione di una carenza di cura (un *care shortage*), di una rete sotto sforzo, di una precarietà diffusa, anche a motivo del fatto che spesso la migrazione delle madri avviene in contesti familiari già di per sé provati da difficoltà e crisi di vario genere: le soluzioni escogitate non sempre reggono nel tempo, la differenza di età tra nonni e nipoti può rivelarsi troppo profonda, oppure il trasferimento da una città ad un villaggio rurale può risultare conflittuale; così parecchi minori si trovano a dover cambiare sistemazione e adulti di riferimento più volte.

In altri casi, l'affidamento a parenti o vicini di casa che si assumono il ruolo di tutori non si trasforma facilmente in una relazione di affetto e confidenza, sicché i figli lasciati in patria si vengono a trovare in una condizione intermedia tra quella di «ospiti» e quella di veri componenti della famiglia in cui sono venuti a vivere, una condizione che richiama l'ambigua familiarizzazione del ruolo delle madri nelle famiglie in cui lavorano.

La maggior parte dei minori, tuttavia, mostra di riuscire a reagire al senso di abbandono. Pur manifestando sofferenza e nostalgia profonda per la separazione dalle madri, i figli delle donne emigrate tendono a non dare di sé un'immagine di soggetti svantaggiati, bensì a porre l'accento sul ritrovamento di un equilibrio emotivo, nell'ambito di una nuova normalità di vita.

Un'altra ricerca, dedicata alle seconde generazioni filippine [Zanfrini e Asis 2006], fornisce alcuni spunti per l'analisi delle famiglie transnazionali, grazie anche ai riferimenti ad altre indagini realizzate dallo Scalabrini Migration Center. Se ne ricava, riprendendo alcuni risultati, che i figli di emigranti dichiarano comunque, in grande maggioranza, di essere accuditi primariamente dalle madri, anche quando queste sono emigrate all'estero. Inoltre, i ragazzi rimasti in patria hanno risultati scolastici migliori dei coetanei, grazie alla frequentazione di scuole private meglio attrezzate e con classi meno numerose. Per quanto concerne la mobilità, la traiettoria dei figli non segue sempre il tragitto convenzionale (nascita nel paese d'origine dei genitori e successivo ricongiungimento), ma contempla anche, per esempio, la nascita in Italia e il successivo trasferimento nelle Filippine per essere seguiti nella loro crescita dai nonni o da altri parenti. Anche in seguito, i genitori non auspicano, in parecchi casi, un ricongiungimento con i figli in Italia, per timore di un utilizzo sub-ottimale, o addirittura di una vanificazione, degli ingenti investimenti compiuti per la loro educazione. Quando il ricongiungimento avviene, può essere dovuto proprio al fallimento scolastico o alla caduta di motivazione nei confronti dell'istruzione. I figli, spesso orientati a loro volta ad emigrare, hanno una visione delle possibili mete che non pone al primo posto il nostro paese, anche quando vi sono insediati da anni i genitori, e pensano all'Italia più come a una destinazione per le vacanze che a un luogo dove poter trovare un lavoro soddisfacente. Si disegna dunque, nel complesso, un quadro in cui l'emigrazione non si contrappone alla coesione familiare, ma rappresenta piuttosto una scelta familiare condivisa, finalizzata alla promozione sociale della famiglia stessa, e in modo particolare dei figli. Una scelta che i figli sembrano comprendere e accettare, pur dichiarando ovviamente che preferirebbero che la famiglia rimanesse unita, o che, eventualmente, sarebbe più giusto che partissero i padri e non le madri. Il ritratto proposto, come si può arguire, pur confermando alcuni aspetti dell'analisi, attenua il pessimismo che sembra emergere dalla ricostruzione di Parreñas (soprattutto nel primo libro), in modo particolare per quanto attiene alla percezione del rapporto con le madri da parte dei figli.

I risultati di ricerca richiamati suggeriscono dunque che la realtà sociale delle famiglie transnazionali è tutt'altro che unitaria, e né le visioni catastrofiche né quelle consolatorie possono rendere conto adeguatamente della sua complessità.

Già la nostra ricerca sulle assistenti domiciliari [Ambrosini e Cominelli 2005] aveva proposto una tipologia articolata del fenomeno, in cui l'età, la condizione familiare, la distanza, il progetto migratorio e le risorse personali entravano in gioco, disegnando profili differenti:

• *esplorativo*, riferito a donne molto giovani, senza carichi familiari, arrivate in Italia e occupate nel settore in modo abbastanza casuale, interessate a sondare le opportunità che il contesto può offrire, a riprendere gli studi, a partecipare per quanto possibile alle forme di socialità dei coetanei italiani;

• *utilitarista*, relativo a donne di solito piuttosto avanti con gli anni (dai 45 anni in su), che provengono specialmente dall'Europa orientale e hanno lasciato in patria figli già grandi, dipendenti dalle loro rimesse ma non intenzionati a raggiungerle; poco interessate alla stabilizzazione e al ricongiungimento familiare, hanno praticato forme di migrazione pendolare, tornano abbastanza spesso al loro paese, sono inclini a lavorare e a risparmiare il più possibile, pensando di rientrare definitivamente in patria nel giro di qualche anno;

• *familista*, più vicino all'immagine delle madri transnazionali diffusa dalla letteratura: donne giovani-adulte, provenienti soprattutto dall'America Latina, con figli in età minorile lasciati in patria, che aspirano a ricongiungersi con loro e hanno come prospettiva quella di mettersi in regola, passare al lavoro di collaboratrice familiare a ore, trovare un'abitazione autonoma e ricomporre l'unità familiare, o almeno la vicinanza con i figli;

• *promozionale*, che riguarda donne della stessa fascia di età e di varia provenienza, dotate di alti livelli di istruzione, di esperienze professionali significative in patria, di aspirazioni a migliorare il proprio status, che sperimentano sentimenti di frustrazione per l'attuale collocazione occupazionale; per loro, quando hanno figli, la responsabilità genitoriale – richiedendo l'invio di rimesse costanti – rischia di inibire gli investimenti formativi e le azioni di ricerca di un'occupazione più vicina alle loro aspirazioni.

Le recenti ricerche italiane [Castagnone *et al.* 2007; Banfi e Boccagni 2007] si sono sviluppate nella stessa direzione: cogliere differenze e specificità delle diverse componenti migratorie che forniscono risorse di cura al nostro welfare informale, subendo processi di *care drain* in ambito familiare. Questi però assumono configurazioni variabili. Nella ricerca Cespi-Fieri, il caso rumeno differisce da quello ucraino, per via della minore età media delle madri, per la conseguente esigenza di provvedere a figli di età più giovane, per la maggiore complessità delle reti di riferimento, per la risorsa rappresentata dall'ingresso del paese nell'Unione Europea, con la maggiore facilità di ingresso e circolazione che comporta. Nell'analisi di Banfi e Boccagni troviamo un caso di circolazione migratoria, nell'immigrazione di donne polacche, ormai cittadine dell'Unione Europea, con frequenti viaggi di andata e ritorno, nonché visite in Italia per i familiari, con un prevalente orientamento al rientro, e non al ricongiungimento familiare in Italia; un caso di migrazione di donne mature, spesso giovani nonne che si fanno carico delle esigenze di più generazioni, interessate ad inviare rimesse ma non a ricongiungere figli già grandi, rappresentato anche qui dall'immigrazione ucraina, con la specificazione che per le protagoniste emigrare può significare sì una condizione di «apnea», ma anche di libertà per se stesse, inconcepibile in patria; un caso più vicino al modello delle madri a distanza, dove la lontananza geografica impedisce rapporti più frequenti e genera deprivazione emotiva, nell'esperienza dell'immigrazione ecuadoriana, divisa tra la prospettiva del ricongiungimento familiare e quella della rottura matrimoniale. Non si dà dunque un solo tipo di famiglia transnazionale, ma una pluralità di strategie di adattamento alla separazione e di fronteggiamento del *care drain*, in cui elementi biografici come l'età, fattori oggettivi come le distanze, risorse politiche come la cittadinanza, elementi peculiari come la composizione e la solidità della rete familiare allargata, definiscono il perimetro entro cui si esercitano gli sforzi delle famiglie separate dai confini per mantenersi in contatto e provvedere alle necessità dei figli.

In sostanza, come concludono Banfi e Boccagni, la vita familiare transnazionale si articola secondo modelli diversi, per estensione e intensità, mentre nel campo delle relazioni tra le generazioni (e soprattutto, specificherei, per la diade madri-figli) lo scenario complessivo mostra tratti molto più convergenti. La sollecitudine dei genitori (e, in maniera crescente, delle madri migranti) nel provvedere ai figli lasciati in patria, e per molti aspetti nel prendersi cura di loro, giustifica così l'impiego dell'etichetta «famiglie transnazionali».

Da queste considerazioni, nonché dai risultati delle ricerche citate, è possibile pervenire alla costruzione di un abbozzo di tipologia delle famiglie transnazionali. Si tratta, va precisato, di un cantiere aperto, riferito ad un campo di indagine in gran parte nuovo e in continua evoluzione. Disposizioni normative, come i provvedimenti di sanatoria per gli immigrati irregolari o gli allargamenti dell'Unione Europea verso Est, hanno notevolmente modificato, nel giro di pochi anni, non solo lo status giuridico, ma anche le possibilità di movimento e di permanenza, di cambiamento occupazionale e di ricongiungimento familiare, per molte madri migranti. La situazione, senza dubbio, cambierà ancora. Per esempio, come avviene in generale per tutti i flussi migratori, componenti nazionali che oggi presentano una prevalenza di orientamenti all'immigrazione temporanea, nel prossimo futuro tenderanno a stabilizzarsi. Nel caso dei nuovi paesi membri dell'Unione Europea, l'esperienza del passato fa pensare ad un prevedibile declino della propensione a emigrare e ad un futuro rientro di una parte degli emigrati. Con queste cautele, si può tentare di organizzare in forma di tipologia i risultati delle ricerche citate sulle famiglie transnazionali (tab. 3.1).

Nelle tre colonne distinguiamo dunque:

1) famiglie *transnazionali circolanti*, caratterizzate da mobilità geografica in entrambe le direzioni (dal paese di origine verso l'Italia e viceversa), con rientri abbastanza frequenti da parte delle madri, visite e vacanze dei figli in Italia, scarsa propensione al ricongiungimento;

2) famiglie *transnazionali intergenerazionali*, in cui le lavoratrici-madri sono in realtà spesso già nonne, hanno comunque un'età più matura e figli grandi, contano di rimanere in Italia soltanto qualche anno, cercando di massimizzare i benefici economici del loro lavoro, ma godendo anche di una libertà di movimento impensabile in patria;

TAB. 3.1. *Tipologia delle famiglie transnazionali (caso italiano)*

	Famiglie transnazionali		
	circolanti	intergenerazionali	puerocentriche
Protagoniste	Madri adulte e mature	Madri in età matura, giovani nonne	Madri in giovane età
Persone a carico	Figli di età diversa	Figli già cresciuti e spesso nipoti	Figli piccoli
Provenienza	Nuovi paesi Ue (p. es. Polonia, in prospettiva Romania)	Europa dell'Est non Ue (p. es. Ucraina, Moldavia)	Soprattutto paesi extraeuropei (America Latina, Africa, Filippine)
Rientri in patria	Frequenti	Abbastanza frequenti	Più rari (problema distanze e costi)
Ricongiungimenti familiari	Non auspicati	Non previsti	Desiderati o comunque praticati
Progetto migratorio	Orientato al pendolarismo	Orientato al ritorno	Orientato alla stabilizzazione in Italia (America Latina); all'investimento negli studi dei figli (Filippine)

3) famiglie *transnazionali puerocentriche*, più aderenti all'immagine che ne dà la letteratura sull'argomento: madri con figli ancora giovani, divise da essi da grandi distanze, impegnate nell'accudimento a distanza, orientate al ricongiungimento e alla permanenza in Italia (latinoamericane), oppure all'investimento negli studi dei figli in patria e nella mobilità internazionale (Filippine).

Quanto al nodo del rapporto tra madri transnazionali e figli rimasti in patria, e in modo particolare alla possibilità di crescere serenamente senza essere accuditi da vicino dalla figura materna, le ricerche (non molte) che hanno cercato di affrontare il tema al di fuori dei contesti patologici (come quelli intercettati dai servizi sociali, dove arrivano specialmente, come è intuibile, casi problematici) pongono l'accento sulla qualità delle diverse relazioni che esercitano un ruolo influente nel processo di aggiustamento: il rapporto tra genitori e figli prima della partenza, il rapporto tra il *caretaker* (colui o colei che si prende cura dei figli al posto della madre) e i figli, e il triangolo formato da *caretaker*, figli e genitori. Sorgono problemi quando la madre si sente minacciata dal ruolo assunto dal *caretaker*, o se il *caretaker* colpevolizza e delegittima la madre, o è depresso per la sua partenza. Quando invece le figure adulte riescono a collaborare efficacemente, le crisi sono meno frequenti e cresce la probabilità di conseguire adattamenti più efficaci [Suarez-Orozco, Todorova e Louie 2002]. Inoltre, malgrado le avversità derivanti dalla separazione forzata, i figli spesso dispiegano una notevole resilienza, in cui assumono un'importanza critica le modalità con cui danno senso alla separazione dalla madre o da entrambi i genitori. Se i figli sono ben preparati, se la separazione è vista come temporanea e necessaria, intrapresa per il bene della famiglia, si rivela molto più gestibile dei casi in cui i figli si sentono abbandonati [*ibidem*, 640].

4. *Accudire da lontano*

Sull'onda di queste ultime considerazioni, una direttrice di ricerca interessante consiste nello studio delle risorse e strategie che le famiglie transnazionali pongono in atto per cercare di porre rimedio alla separazione fisica e mantenere vivi i rapporti affettivi malgrado le distanze. Abbiamo già sottolineato l'importanza del ruolo del *caretaker*, come figura centrale nella mediazione del rapporto tra madri (e padri) all'estero e figli rimasti in patria. Per la delicatezza del compito e la fiducia richiesta, il *caretaker* preferito è la nonna materna. Quando si deve ricorrere ad altri parenti o a persone salariate, non mancano timori, sospetti e gelosie, circa l'uso del denaro e il rapporto instaurato con i figli [Hondagneu-Sotelo e Avila 1997].

Le rimesse assumono poi un valore che va al di là del loro significato economico, simboleggiando la persistenza del legame affettivo e di una responsabilità genitoriale che si disloca dal piano delle relazioni quotidiane, della corporeità e delle cure materiali per collocarsi sul livello di una sollecitudine per i figli che induce a partire proprio per potersi prendere cura di loro, assicurando i mezzi necessari per una vita migliore. In questo senso, vale anche per le madri migranti l'osservazione per cui, date le barriere che impediscono di fornire cure faccia a faccia, le rimesse incorporano un'espressione di cura che conferisce senso all'emigrazione [Aranda 2003, 621]. Ancora più carichi di risonanze simboliche sono forse i doni inviati in patria attraverso tutti i mezzi possibili, dai corrieri ufficiali a quelli informali, inclusi compaesani e parenti che tornano in visita. Talvolta inutili, spesso ridondanti, quasi sempre costosi, i doni – come insegna una lunga tradizione di studi antropologici – simboleggiano l'assente, ne trasmettono l'affetto, ne certificano lo sforzo di conoscere gusti ed esigenze di chi è rimasto, testimoniano del tempo che ha investito per trovare e spedire l'oggetto regalato; tanto più quando si tratta dei doni di una madre verso i figli che non può accudire direttamente.

Lettere e fotografie sono da oltre un secolo un altro mezzo comunemente utilizzato per rendersi reciprocamente presenti, manifestare sollecitudine e coinvolgimento nella vita dei propri cari, mantenere vivo il legame affettivo compromesso dalla distanza.

Anche il telefono svolge una funzione essenziale nella riscrittura delle relazioni familiari delle famiglie transnazionali. Se fino ai primi anni '90 i migranti, secondo una ricerca internazionale [Wilding 2006], preferivano affidarsi alle lettere per comunicare in modo regolare, considerando il telefono meno affidabile e più costoso, dalla metà del decennio il modello di comunicazione è cambiato, grazie al calo dei costi e alla maggiore diffusione del mezzo, tanto che, per citare una ricerca sul tema, «l'uso dei telefoni cellulari fornisce nuove possibilità di mobilità nel tempo e nello spazio e di integrazione sociale nella vita quotidiana» [Benítez 2006, 191], mentre altri hanno parlato con enfasi di «morte della distanza» [Cairncross 1997].

Schede telefoniche prepagate e telefoni cellulari stanno diffondendosi in tutto il mondo, anche in remoti villaggi, grazie soprattutto alle esigenze comunicative delle famiglie transnazionali. Sul piano tecnico, diversi paesi e regioni del cosiddetto Terzo mondo stanno saltando la fase della telefonia fissa, a cui avevano accesso con grandi difficoltà, per entrare direttamente nel mondo della comunicazione *wireless* [Vertovec 2004b]. Sul piano microsociale, il contatto personale, in tempo reale, consentito dalla telefonia a basso costo, starebbe trasformando la vita quotidiana dei migranti e delle loro famiglie: le discussioni che una volta si svolgevano intorno alla tavola, circa l'acquisto di un elettrodomestico, i comportamenti dei figli adolescenti o gli anziani da curare, ora si possono tenere per telefono. Questo mezzo agisce come collante sociale, consentendo ai familiari dispersi dall'emigrazione di mantenere un senso di collettività, di sentirsi e funzionare come famiglie [*ibidem*, 222]. Alcuni dati, sebbene non recentissimi, possono dare un'idea dell'espansione del ricorso al mezzo telefonico: il volume globale delle chiamate telefoniche è cresciuto da 12,7 miliardi di chiamate al minuto nel 1982 a 42,7 nel 1992, raggiungendo i 154 miliardi di chiamate nel 2001. Entrando nel dettaglio, tra il 1995 e il 2001 le chiamate dalla Germania alla Turchia sono cresciute del 54%; dal Regno Unito verso l'India del 439%, verso il Pakistan del 390%; dagli Stati Uniti verso il Messico (prima destinazione estera delle chiamate in partenza dagli Usa) del 171%, verso le Filippine del 452% [*ibidem*, 219 ss.].

Se le lettere consentono almeno in teoria l'espressione di un discorso più personale e profondo, il telefono offre la possibilità di un'interazione diretta e immediata, in cui è possibile trasmettere attraverso la voce sentimenti ed emozioni. Grazie ad esso, è possibile mettersi in comunicazione con i figli in momenti particolarmente carichi di significato (compleanni, giorni di festa, inizio della scuola, esami...).

Strumenti di comunicazione più avanzati, come la posta elettronica e la *webcam*, benché ancora accessibili a pochi (cfr. Banfi e Boccagni [2007], per il caso italiano), si stanno diffondendo tra i migranti come altri mezzi per rinsaldare i legami tra i membri delle famiglie transnazionali. Secondo Wilding, dalla fine degli anni '90 internet (utilizzato da circa un terzo delle famiglie intervistate nella sua ricerca) ha consentito un'ulteriore intensificazione della comunicazione, al punto che «l'introduzione della posta elettronica ha trasformato la famiglia transnazionale. Il primo vantaggio è che fornisce un senso di superamento del tempo e dello spazio, che contribuisce a sua volta a dare una percezione di intima connettività» [Wilding 2006, 138]. Negli ultimi anni, il diffuso ricorso ai messaggi Sms si è aggiunto alla cassetta degli strumenti della comunicazione a distanza, senza peraltro sradicare completamente la comunicazione per lettera. La stessa autrice, tuttavia, osserva che, accanto a contatti più frequenti e ad un innalzamento dei sentimenti di prossimità nella vita quotidiana, a volte la comunicazione regolare intensifica, anziché diminuire, il senso di distanza: «l'incapacità di avere un contatto faccia a faccia è resa talvolta più pungente dal fatto che la comunicazione a lunga distanza ha fatto sentire la relazione molto più intimamente connessa» [*ibidem*, 138-139]. Per altro verso, secondo un'altra analisi più attenta agli aspetti strutturali [Benítez 2006], starebbe emergendo una forma di *digital divide* tra le reti familiari transnazionali che per dotazione economica, tecnologica e culturale sono in grado di servirsi degli strumenti di comunicazione più avanzati e quelle che rimangono indietro.

Mentre Parreñas [2005] ribadisce la possibilità di essere vicini ai figli grazie al telefono e ai suoi derivati, facendo sentire la propria presenza di genitori nei momenti salienti della crescita, altre analisi hanno posto l'accento sulla reticenza e l'insincerità della comunicazione a distanza: può prevalere, in vari frangenti critici, da una parte e dall'altra, il desiderio di non far preoccupare i familiari, che non potrebbero comunque essere di aiuto; oppure ci si sente a disagio a comunicare certi problemi personali per telefono o per posta elettronica. Con il tempo e il protrarsi della lontananza, poi, le cose da dirsi tenderebbero a diminuire, e la comunicazione rischierebbe di ridursi a formule brevi e stereotipate.

Accanto agli sforzi per mantenere i contatti ed educare a distanza i propri figli, le ricerche segnalano varie forme di adattamento alla separazione. Oltre a quelle già ricordate seguendo Parreñas (mercificazione dell'affetto, repressione delle tensioni emotive, razionalizzazione della distanza), una delle più significative consiste nel trasferimento dell'attaccamento affettivo ai bambini accuditi in terra di emigrazione, compensando così l'impossibilità di veder crescere i propri figli. Non mancano neppure forme di rimprovero e di competizione latente nei confronti delle madri del Primo mondo, giudicate troppo affaccendate, distratte da molteplici interessi, poco disponibili nei confronti dei figli [Hondagneu-Sotelo e Avila 1997].

Un altro interrogativo riguarda le differenze di genere nella gestione della genitorialità a distanza. Benché siano poche le ricerche che confrontano gli stili di relazione di madri e padri in emigrazione, Dreby [2006] formula un'osservazione interessante: l'emigrazione pone sullo stesso piano i due genitori, e di fatto i mezzi e la frequenza della comunicazione non sembrano essere diversi. È semmai la rottura matrimoniale a rimescolare le carte e a ridefinire forme, contenuti e ritmi della comunicazione con i figli, a volte nel senso di una maggiore intensità, anche da parte dei padri, altre volte di una rarefazione, fino alla cessazione. È indubbio però che siano diverse le aspettative e le percezioni legate ai ruoli genitoriali: dalle madri i figli si attendono affetto e calore emotivo, mentre per i padri il ruolo atteso, come si è già visto, è quello di *breadwinner*.

La separazione forzata tra i familiari conduce dunque allo sviluppo di varie strategie attraverso le quali le famiglie transnazionali si sforzano di mantenere i legami malgrado la separazione fisica. Secondo la concettualizzazione spesso citata di Bryceson e Vuorela [2002], una prima strategia può essere denominata *frontiering*, e denota i mezzi usati dai membri delle famiglie transnazionali per rinsaldare rapporti familiari e legami affettivi attraverso le frontiere, in situazioni in cui i rapporti di parentela sono relativamente dispersi. I confini politici cessano così di essere considerati barriere rigide e pressoché invalicabili, e diventano spazi attraversati in vario modo dai rapporti familiari. La seconda strategia è definibile come *relativizing*, e si riferisce ai vari modi in cui gli individui stabiliscono, mantengono o troncano i rapporti con altri membri della famiglia. Nelle famiglie transnazionali, si riduce la convivenza mentre si espandono le relazioni a distanza, di cui le rimesse sono un'espressione tangibile. Si ridefiniscono, si surrogano o si sopprimono i tradizionali ruoli familiari di padre, madre, figlio, sorella, fratello, così come i ruoli tipici della famiglia estesa, di zii, zie, cugini, e così via: alcuni legami si perdono, altri si acquistano o si rafforzano, per esempio inventando forme di parentela fittizia (come l'appellativo di «zio» attribuito ad un conoscente autorevole e benefattore) o stabilendo rapporti di padrinato. A fronte di un'esperienza di impoverimento dei contatti con i congiunti, sorge il bisogno di spiegare perché e come quei familiari e parenti lontani, o alcuni di loro, sono tuttavia parte della propria famiglia. Si ripensano e si ricodificano i legami emotivamente significativi, riscrivendo in qualche misura la propria storia familiare[7].

[7] Un'analisi specifica [Thompson e Bauer 2005, 16-17] ha individuato quattro tipiche forme di mutuo aiuto nelle famiglie transnazionali, allargando lo sguardo al di là della cura dei figli, e considerando entrambi i versanti degli scambi generati dai processi migratori: 1) assistenza pratica nella migrazio-

Le ricerche empiriche riprese nelle pagine precedenti pongono però al centro dell'attenzione una terza strategia, che riflette la principale preoccupazione delle famiglie migranti con figli in giovane età, e può essere definita come *caring* a distanza: gran parte degli investimenti, delle relazioni, della stessa sollecitudine nei confronti della famiglia estesa, in realtà ruota attorno alla necessità di assicurare ai figli lasciati in patria un contesto di cure materiali e di protezione affettiva. La gestione delle relazioni familiari attraverso le frontiere e la geometria variabile dei rapporti con la rete parentale sono spiegate proprio dal bisogno di privilegiare i legami con i congiunti in grado di farsi carico dell'educazione dei figli. La relazione madri-figli, nelle sue varie declinazioni, va ribadito, è il nocciolo duro attorno a cui ruota la complessa organizzazione delle famiglie transnazionali.

L'omissione di questo aspetto conduce invece Bryceson e Vuorela a trarre dalla loro analisi una conclusione estrema e discutibile: la famiglia, al pari della nazione e dell'etnia, non sarebbe altro che una «comunità immaginata», dunque un costrutto ideologico e astratto. Mi pare invece che proprio il paragone con la nazione mostri il contrario: l'apparato politico e ideologico che ha costruito e consolidato le nazioni ha fatto sì che gli individui si sentano in qualche misura emotivamente solidali con altri, che neppure conoscono, per il fatto di condividere un'identità ancestrale che li rende figli della medesima terra, ma non sono in molti a percepire un'obbligazione ad adottare comportamenti effettivi, impegnativi e personalmente costosi, per rendere operante questo senso di solidarietà collettiva. Azioni come pagare le tasse allo Stato, o fino ad anni recenti ottemperare agli obblighi militari, hanno bisogno di un apparato costrittivo per ottenere l'obbedienza dei cittadini, senza il quale sarebbero largamente disattese. Al contrario, la grande maggioranza dei migranti (e specialmente delle madri

ne (pagamento di biglietti, sistemazione abitativa iniziale, aiuto nel cercare lavoro); 2) invio di rimesse ai familiari nel paese di origine (sotto forma di denaro e di doni); 3) aiuto nell'accudimento di figli, per consentire ad una giovane madre di emigrare e lavorare; 4) presa in carico dell'assistenza di parenti anziani: un aspetto emergente, giacché anche nei paesi meno sviluppati sta aumentando l'incidenza della popolazione anziana, con i connessi fabbisogni assistenziali.

migranti) è partecipe di incessanti e sofferti sforzi per mantenere vivi i legami familiari, per provvedere ai propri figli rimasti in patria, per ricongiungerli allorquando se ne presenta l'opportunità. Questi sforzi si rivolgono a persone concrete e intimamente conosciute, con cui sussistono legami biologici e sociali, sono intrapresi volontariamente e sono sorretti da obblighi morali interiorizzati: i legami con i figli restano profondi, cogenti, densi di significato, anche in circostanze avverse e quando, nella distanza, non sussistono istituzioni in grado di imporli. I genitori, e specialmente le madri, continuano a sentirsi responsabili dei propri figli e legati ad essi, anche quando la separazione fisica si protrae nel tempo. La riscrittura delle relazioni familiari, con il rafforzamento di alcuni legami e l'attenuazione e la soppressione di altri, si colloca su un piano subalterno, finalizzato alla cura dei figli, e opera semmai nel quadro delle famiglie estese (che fra l'altro anche in contesti di stanzialità conoscono in una certa misura fenomeni analoghi); investe molto meno il nucleo centrale delle relazioni familiari, e in modo particolare la relazione madre-figli.

Sostenere che la famiglia è un'istituzione dinamica, che conosce adattamenti, rielaborazioni, negoziazioni e fallimenti, non mi sembra possa condurre a rubricarla come una costruzione sociale artificiosa e «immaginata». Se prendiamo sul serio, raccogliendo l'invito di Semi [2007], gli *accounts* degli attori (ossia le interpretazioni della realtà che forniscono) e le loro pratiche sociali, non possiamo disconoscere la centralità dei legami familiari, e particolarmente del rapporto con i figli, nei racconti e nella miriade di sforzi che le madri migranti compiono per cercare di conservare, nonostante tutto, una presenza attiva nella vita dei loro cari. Il discorso costruzionista di Bryceson e Vuorela, se condotto con coerenza fino alle estreme conseguenze, comporta poi l'effetto di sminuire il carico di ingiustizia insito nella stratificazione internazionale delle opportunità di accudimento e la richiesta politica di maggiore liberalità verso i ricongiungimenti familiari: se la famiglia fosse davvero soltanto una «comunità immaginata», gli immigrati se ne potrebbero tutto sommato immaginare un'altra, o immaginarla diversamente, mentre avrebbero meno titoli per insistere sul diritto a vivere insieme a quella che continuano a sentire profondamente come propria.

La vicenda delle famiglie transnazionali, ponendo al centro la figura delle madri a distanza, ribadisce poi il carattere delle migrazioni come fenomeno sociale *gendered*, ossia influenzato dai rapporti di genere, e *gendering*, ossia costruttore di nuovi rapporti di coppia [Hondagneu-Sotelo 1992]. Nel caso specifico, la configurazione delle relazioni di genere nelle famiglie transnazionali assume caratteri peculiari, ad un tempo sofferti e innovativi.

Nella separazione fisica si alterano le tradizioni patriarcali e in molte situazioni le donne diventano più competenti e autonome, per esempio nella gestione del denaro e degli affari economici. Diminuisce l'autorità dei mariti e aumenta l'influenza delle mogli. La stessa divisione del lavoro domestico tende ad essere rivista, giacché gli uomini imparano forzatamente a svolgere compiti tradizionalmente femminili, come cucinare, lavare, stirare, tenere in ordine la casa, e le donne, quando rimangono in patria, imparano ad esercitare prerogative maschili, come guidare auto e furgoni, assumere lavoratori per coltivare le terre di famiglia, comprare sementi e vendere raccolti, come ha notato Pribilsky [2003] in un contesto rurale ecuadoriano. Le donne, nel caso studiato, sviluppano anche più intense relazioni con altre donne, scambiandosi risorse e promuovendo forme di aiuto reciproco. Assumono talvolta anche ruoli pubblici nelle comunità locali, lasciati vacanti dalla partenza dei mariti.

Qualcosa del genere accade anche quando sono le donne a emigrare da sole: non solo devono rendersi autonome nella gestione del denaro e degli spostamenti, ma non di rado danno vita a circuiti di scambio e mutuo aiuto, promuovono e gestiscono l'arrivo e l'inserimento di parenti e connazionali, attivano forme di prestiti a rotazione, si impegnano in ambito associativo, assurgendo a ruoli di leadership [per alcuni riscontri nel caso milanese, cfr. Ambrosini e Abbatecola 2004]. A quest'ultimo proposito, è stato spesso notato che, per alcune componenti migratorie ad alta femminilizzazione, come quella filippina, l'intensa vita associativa, favorita dal rapporto con le istituzioni cattoliche (e per una minoranza, evangeliche), sembra avere un ruolo compensativo nei confronti della segregazione occupazionale nell'ambito dei servizi domestici e affini (imprese di pulizie, custodia di edifici e simili).

Si formano anche reti migratorie distinte per genere, a cui le donne possono appoggiarsi per controbilanciare il potere dei mariti: per esempio, nel forzare ricongiungimenti a cui i partner si mostrano recalcitranti.

Gli studi sul tema convergono però nel mostrare anche l'altra faccia della maggiore autonomia e dell'*empowerment* acquisito attraverso il distacco dalla famiglia: le donne migranti avvertono più acutamente la frustrazione derivante dai vincoli che si frappongono ad un esercizio ritenuto appropriato delle proprie responsabilità di cura, specialmente quando si trovano a fronteggiare passaggi critici delle biografie familiari, come divorzi, nascite, malattie, decessi [Aranda 2003]. Reggere insieme un ruolo professionale, tanto più se impegnativo, e un ruolo familiare tradizionale, suscita tensioni emotive e aspettative irrealistiche, che producono sentimenti di inadeguatezza e depressione [Dion e Dion 2001].

La lontananza della rete familiare allargata incide poi sia sugli aspetti pratici, sia sulla dimensione emotiva delle attività di cura loro richieste. Nello stesso tempo, come si è visto, sono di solito le reti familiari del versante femminile della coppia a compensare l'assenza delle madri, consentendo loro di assicurare a distanza i compiti genitoriali attesi. Qualcosa del genere avviene anche nel caso emergente della cura dei parenti anziani, seppure non senza tensioni e ambivalenze [Baldassar 2007].

Sono sempre le donne, poi, ad essere più attive nella comunicazione a distanza con i familiari, specialmente per lettera o per telefono [Wilding 2006], sviluppando quello che vent'anni fa di Leonardo [1987] aveva definito *kinwork*, ossia il compito di mantenere le relazioni familiari.

Nuovi ruoli economici e antichi ruoli di cura familiare, dunque, si sovrappongono, si ridefiniscono e si ricollocano nello spazio transnazionale, promuovendo una crescita dell'autonomia e del potere decisionale delle donne migranti, ma provocando nello stesso tempo anche sentimenti di ansia e frustrazione.

5. *Separazione, distanza, ritrovamento: le tre famiglie dei migranti*

Va colta però a questo punto la dimensione dinamica delle migrazioni familiari, in cui si inscrive il fattore transnazionale. Poche famiglie immigrate in realtà arrivano già formate e al completo nelle società riceventi, e quando avviene si tratta solitamente di casi situati ai poli estremi della stratificazione sociale delle migrazioni: i migranti altamente qualificati, manager, professionisti, ricercatori, imprenditori, che si spostano all'estero – per qualche anno o definitivamente – portando con sé l'intero nucleo familiare; oppure, nel caso opposto, i richiedenti asilo che fuggono da guerre e persecuzioni con i loro cari. Nei casi più frequenti, la migrazione familiare è un processo a più stadi: la famiglia che vive insieme al paese di origine deve affrontare la prova di una separazione, allorquando parte colui (o colei) che ha maggiori possibilità di oltrepassare i confini e trovare un lavoro; poi viene il tempo della lontananza e dei legami affettivi a distanza, rinsaldati ma anche deformati dai ritorni, più o meno frequenti, in occasione delle vacanze; infine arriva il momento del ricongiungimento e della ricomposizione del nucleo, o mediante il ritorno in patria, o più spesso oggi con il trasferimento dei familiari nella società ricevente, se appena il (o la) primomigrante riesce a conseguire un accettabile livello di integrazione a livello economico e abitativo. È la dinamica che alcuni hanno descritto nei termini delle «tre famiglie» dell'immigrato [Esparragoza 2003]. In ogni caso, «la migrazione implica processi di frammentazione e raggruppamento dell'unità familiare che abitualmente provocano cambiamenti strutturali sostanziali nel funzionamento della famiglia» [Torrealba Orellana 1989, cit. in Lagomarsino 2006, 185][8].

Per cominciare, la decisione di emigrare si colloca in uno spazio che sta tra la scelta condivisa dei coniugi, e con il sostegno di una rete familiare più ampia, in funzione dell'accrescimento del benessere del gruppo, e la scelta individuale di rottura, contro il parere e gli interessi del gruppo familiare. Nel caso di donne che partono sole, come abbiamo già rilevato, l'emigrazione può essere anche l'esito di una crisi matrimoniale esplicita o sotterranea, giacché offre un'opportunità socialmente legittimata per uscire da situazioni matrimoniali considerate non più sopportabili: per esempio, nelle Filippine, viene popolarmente definita come «il divorzio filippino».

La famiglia ricongiunta è poi ben diversa da quella lasciata in patria anni prima, e non solo perché i figli sono cresciuti,

[8] Un primo identikit della famiglia immigrata in Italia è stato proposto dalla pionieristica ricerca di Simoni e Zucca [2007].

ed è pure diversa da quella vagheggiata nel tempo della separazione forzata, o rivista durante i brevi ritorni in patria. Nel frattempo è cambiato il migrante, è cambiato il coniuge rimasto al paese, sono cambiati gli equilibri e i rapporti all'interno e all'esterno della coppia. Tornare a vivere insieme, in una realtà sociale profondamente diversa da quella in cui i coniugi si erano incontrati e avevano costruito il legame familiare, in cui solo uno dei due conosce almeno un po' la società ospitante, la lingua, il funzionamento delle istituzioni e delle pratiche sociali quotidiane, in cui è carente (o manca del tutto) il sostegno della rete parentale, alleviando per le donne il duplice peso del lavoro retribuito e non retribuito [Aranda 2003], in cui l'inserimento scolastico e sociale degli eventuali figli è un cammino delicato e denso di incognite, è una nuova fonte di stress che mette alla prova la saldezza della coppia.

Nei confronti dei figli emergono altri problemi. Anzitutto, questi sperimentano il più delle volte una drastica contrazione, e talvolta un crollo, delle loro condizioni materiali di vita e di consumo, passando dallo status di ragazzi abbienti e con possibilità di spesa superiori a quelle della media dei coetanei, in quanto beneficiari delle rimesse dei genitori, a quello di giovani di classe popolare, con redditi familiari modesti e situazioni abitative anguste e poco confortevoli, anche senza mettere nel conto le forme di discriminazione e razzismo di cui possono essere oggetto nel nuovo contesto di vita.

In secondo luogo, l'assenza prolungata e la perdita di intimità e conoscenza reciproca rendono difficile per i genitori legittimare la propria autorità e palesano l'insufficienza della dimensione economica, così vitale nel tempo della lontananza, come base per la ricodifica del rapporto, una volta che tutta la famiglia si ritrova sotto lo stesso tetto in una nuova terra [Hondagneu-Sotelo e Avila 1997; Bonizzoni 2007].

In terzo luogo, la letteratura mostra che, pur agognando di raggiungere i genitori nella terra promessa dell'emigrazione, i figli devono poi affrontare il dolore della separazione da chi si è preso cura di loro, a volte per degli anni [Suarez-Orozco, Todorova e Louie 2002], oltre che dal gruppo dei pari, che in assenza dei genitori diventa spesso un punto di riferimento ancora più importante che per gli adolescenti in generale.

Non mancano pertanto i ricongiungimenti falliti e i ritorni in patria. Aspetti come l'età, la durata della separazione, il ruolo assunto dal *caretaker* e il suo rapporto con i genitori, entrano certamente in gioco nell'influenzare questa e altre dimensioni del ricongiungimento dei figli [cfr. ancora Bonizzoni 2007]. In ogni caso, il legame a distanza non rappresenta soltanto una parentesi di separazione forzata, bensì una fase evolutiva che influenza profondamente gli sviluppi successivi delle relazioni familiari.

I figli devono poi fare i conti con le aspettative dei genitori, spesso avvertite come contrastanti tra la spinta ad acquisire atteggiamenti e competenze favorevoli alla mobilità sociale e la volontà di trasmettere codici di comportamento e valori morali tradizionali: una tensione particolarmente acuta nel caso delle figlie [Dion e Dion 2001], verso le quali il controllo e le attese di conformità nei comportamenti sono solitamente più pressanti. Non va dimenticato che per i migranti, collocati nelle società riceventi ai gradini inferiori della stratificazione sociale, il rango acquisito all'interno della comunità dei connazionali è una risorsa morale di grande rilievo. Per rafforzarla, un comportamento delle figlie ritenuto appropriato è un fattore saliente, per esempio ai fini della loro collocazione nel mercato matrimoniale. Anche nella riproposizione dei modelli morali dei contesti di origine può essere ravvisata una sorta di transnazionalismo, sia pure soltanto simbolico.

Infine, non va dimenticato che anche i figli sono coinvolti nella dinamica delle tre famiglie, con il sovraccarico delle tensioni e dei conflitti adolescenziali. La famiglia unita prima della partenza, quella tenuta viva e idealizzata nella separazione, nel tempo in cui la munificenza prende il posto della presenza fisica dei genitori, subisce un brusco ritorno alla realtà quando si ritrova nel nuovo contesto sociale e deve riapprendere quasi da zero a vivere insieme [Zontini 2004], a negoziare regole e stili di vita, a cercare un equilibrio tra recupero del passato (magari vagheggiato) e proiezione verso il futuro.

Alcune varianti possono intervenire a complicare questi processi: quando il ricongiungimento avviene con ruoli rovesciati, ossia con la donna come protagonista attiva [cfr. Lagomarsino 2006], i mariti sperimentano di frequente sentimenti di frustrazione, sotto forma di perdita di ruolo, nonché di autorevolezza e prestigio all'interno della famiglia. La loro identità di genere si è costruita solitamente su presupposti di maschilismo tradizionale, nutrito di idee come quelle della responsabilità primaria del marito nel lavoro extradomestico e nel mantenimento economico dei propri congiunti, del primato della sua autorità quando si tratta di prendere decisioni e di orientare la vita della famiglia, di prerogative di maggiore conoscenza e dimestichezza con le istituzioni pubbliche e con la società esterna alla casa, di una netta divisione dei ruoli che vede la donna come custode della sfera domestica, devota e subalterna al marito. Tutti presupposti sempre più contraddetti dalle trasformazioni sociali, anche nei luoghi di origine e specialmente nei contesti urbani, ma non di meno culturalmente ancora condivisi. Il ricongiungimento a guida femminile altera profondamente questo modello di rapporti di genere: sono le mogli a procurare le risorse economiche per il sostentamento della famiglia; sono esse a promuovere il ricongiungimento, decidendone tempi e modi; sono sempre le donne a fare da guida nell'inserimento nella nuova società, disponendo di una padronanza almeno basilare della lingua e di una certa dimestichezza con la società ricevente. È difficile in realtà che i mariti ricongiunti non si sentano esautorati e privati di un ruolo socialmente rispettabile, costretti a dipendere dalle mogli sotto ogni aspetto[9].

Va aggiunto che i ricongiungimenti rovesciati si verificano solitamente in correnti migratorie a dominanza femminile. Nella ricerca del lavoro i network costruiti dalle donne, essendo composti da persone occupate nei servizi domestici e assistenziali, possono raggiungere una certa efficacia nel proporre pure agli uomini lavori analoghi, ma raramente possono aiutarli a inserirsi in ambiti diversi. Anche questo fatto contribuisce a deprimere i mariti ricongiunti, rendendo più lunga e complicata la ricerca di un'occupazione accettabile. Senza voler giungere a conclusioni deterministiche, esiti infelici dei ricongiungimenti di questo genere, con problemi di alcolismo,

[9] Stupisce che un libro di psicologia sociale esplicitamente dedicato a «migrazioni e famiglie» [Gozzoli e Regalia 2005], pur offrendo un'ampia panoramica della questione, trascuri questa dimensione problematica dei ricongiungimenti familiari.

liti, violenza domestica, rotture matrimoniali, sono purtroppo abbastanza diffusi. In altri casi, invece, avvengono processi di ridefinizione dei ruoli: i mariti accettano di assumere le incombenze domestiche e di occuparsi dei figli [Lagomarsino 2006]. I più anziani, i soggetti fisicamente più fragili e inidonei a svolgere lavori pesanti e precari come quelli edili, quanti hanno bisogno di un reddito stabile, si inseriscono nelle medesime occupazioni delle mogli, nell'ambito domestico e assistenziale: cominciamo ormai a trovare anche un certo numero di assistenti domiciliari maschi, richiesti quando si tratta per esempio di assistere degli uomini con problemi di deambulazione.

I ricongiungimenti non avvengono senza problemi neppure allorquando ricalcano le modalità più note, in cui le mogli arrivano al seguito dei mariti: il confinamento nello spazio domestico, senza il sostegno della rete parentale e di vicinato, può provocare depressione e frustrazione, soprattutto oggi, quando le mogli non di rado hanno ricevuto un'istruzione e hanno avuto esperienze di lavoro in patria (cfr., per il caso egiziano a Milano, Ambrosini e Abbatecola [2004]).

Altre volte, i ricongiungimenti sono parziali, specialmente nel caso di donne separate o vedove che decidono di farsi raggiungere dai figli, e non di rado li accolgono nell'ambito di una nuova unità familiare, in cui possono essere nati altri figli [Suarez-Orozco, Todorova e Louie 2002]: non sempre i figli *left behind* ne erano stati messi al corrente, subendo all'arrivo contraccolpi emotivi che si sommano alle tensioni del nuovo inizio. Non mancano poi i casi di separazioni, anche successive al ricongiungimento, e di formazione di nuove unioni [cfr. Dreby 2006], che complicano un quadro in cui la famiglia è sempre più spesso, anche per gli immigrati, un soggetto diversificato, fragile e cangiante. Dopo un iniziale disorientamento, tuttavia, i dati di ricerca suggeriscono che il ricongiungimento può sviluppare un accresciuto sentimento di prossimità e di intimità, sospinto dal bisogno di recuperare il tempo perduto [*ibidem*, 640].

6. *Famiglie transnazionali e globalizzazione dal basso*

Ritengo che la problematica delle famiglie transnazionali abbia sollevato questioni cruciali, che occorre ora riepilogare.

Anzitutto, se mai ce ne fosse bisogno, pochi fenomeni come la stratificazione internazionale delle opportunità di accudimento e il connesso *care drain* rendono evidente quanto l'immigrazione sia profondamente incorporata nelle dinamiche e nei fabbisogni della nostra società. Per quanto si possa essere diffidenti od ostili nei confronti dell'immigrazione straniera, pare difficile sostenere che si tratti, come molti continuano a pensare, di un fenomeno essenzialmente esogeno, provocato dalla povertà e dal sottosviluppo, in cui paesi quali il nostro sono coinvolti loro malgrado, come luoghi d'approdo di torme di disperati, o peggio, di famelici predatori. Il welfare informale e nascosto basato sul lavoro delle donne immigrate svolge ormai una funzione insostituibile nel funzionamento quotidiano delle nostre società[10]. Per questa via si offusca anche la distinzione tra immigrati regolari, tollerabili e magari utili, e immigrati irregolari, pericolosi e da respingere, giacché sono proprio le famiglie dei paesi riceventi, in moltissimi casi, a dare lavoro a donne (e anche uomini) prive dei necessari documenti, favorendo di fatto l'immigrazione non autorizzata.

Si apre così la grande questione delle famiglie separate da distanze e confini, e specialmente delle madri transnazionali, impegnate malgrado la lontananza in una incessante attività di *caring* nei confronti soprattutto dei figli, ma anche di altri familiari lasciati in patria (genitori anziani, fratelli, ecc.), nonché in un lavoro di ricodifica e mantenimento dei legami con le figure dei *caretakers* che ne compensano l'assenza e con altri componenti della famiglia allargata. Due dimensioni appaiono cruciali. La prima riguarda la densità emotiva ed esistenziale che continua a rivestire, nonostante la separazione, il rapporto

[10] Ciò non significa che lo si debba lasciare così com'è, senza immaginare ipotesi di miglioramento delle condizioni di lavoro delle persone occupate e della qualità dell'assistenza fornita. Al di là della formazione o degli albi, il passaggio fondamentale consisterebbe nell'introdurre un soggetto terzo, come datore di lavoro, tra la famiglia che richiede il servizio e le persone disponibili a svolgerlo. Ho sviluppato altrove questa proposta: Ambrosini e Cominelli [2005]; Ambrosini [2005b].

madre-figli: motivazione della partenza, in nome del benessere e del futuro dei figli stessi, e matrice degli sforzi dispiegati, nei vari modi possibili, per riaffermare i legami e accudire a distanza i propri cari. La sollecitudine del *caring* resta fondamentale nel vissuto dei protagonisti, pur non potendosi esercitare in condizioni di prossimità fisica e presenza quotidiana, e non può essere derubricata a mera impalcatura ideologica, come vorrebbero le posizioni più radicalmente costruzioniste.

La seconda dimensione riguarda la tessitura di legami transnazionali. Quale che sia la valutazione delle teorie del transnazionalismo, sembra difficile negare che sul piano microsociale la dislocazione dei componenti delle unità familiari in paesi diversi e soprattutto l'esperienza della maternità a distanza segnino un incremento saliente della frequenza e della densità delle relazioni e degli scambi che travalicano i confini. Le molteplici opportunità offerte dalle tecnologie della comunicazione, antiche e recenti, intervengono ad agevolare in misura mai conosciuta prima d'ora le relazioni a distanza tra i familiari separati dall'emigrazione.

Sappiamo però che tutto questo non basta. In misura crescente, benché stranamente trascurata dai maggiori studi sulle famiglie transnazionali, i membri delle famiglie disperse desiderano tornare a vivere insieme nel paese di immigrazione. Le resistenze politiche e le difficoltà economiche possono rallentare questi processi ma, quanto meno sotto i regimi liberali dell'Occidente, non riusciranno ad arrestarli.

Ne derivano tre implicazioni in termini di *policies*. La prima deriva dall'osservazione della differenziazione delle famiglie transnazionali. Se non possiamo fare a meno, nell'orizzonte prevedibile, del lavoro di cura delle donne immigrate, sarebbe preferibile orientare le politiche di reclutamento verso le donne in età matura, sgravate da responsabilità di cura nei confronti di figli in tenera età, ma interessate ad aiutare con il proprio lavoro le generazioni più giovani, come di fatto sta già avvenendo in alcune componenti migratorie. Anche nel *care drain* si possono individuare forme e gradi diversi, con ripercussioni più o meno gravi per gli equilibri delle famiglie di provenienza.

La seconda implicazione si riferisce propriamente ai ricongiungimenti familiari. Socialmente, infatti, la trasformazione dell'immigrazione di individui in immigrazione familiare rappresenta un fattore di normalizzazione della presenza di popolazioni immigrate, e dunque di rassicurazione della maggioranza autoctona; politicamente, invece, il ricongiungimento familiare viene concesso solo allorquando l'immigrato dia prova di aver raggiunto un sufficiente livello di integrazione, economica e abitativa. Una condizione che dovrebbe essere favorita, perché vista come un fattore di contenimento di comportamenti anomici e indesiderabili, viene di fatto contrastata per la prevalenza di un altro ordine di considerazioni, relative alle possibili implicazioni in termini di spesa pubblica del paventato arrivo di famiglie non economicamente autosufficienti[11]. Di conseguenza, si pone un problema di filosofia politica non banale: gli immigrati poveri non hanno diritto a vivere con la propria famiglia? E anche dal punto di vista delle politiche pubbliche, sorge un dilemma: le famiglie immigrate sono un onere sociale da contenere, oppure un investimento da promuovere, in quanto costruttrici di un'immigrazione più integrata? Quanto al punto più sensibile della questione, la separazione dei figli in età minorile dalle madri, anziché delegittimarne le sofferenze come espressione di una ideologia della famiglia e della maternità inadeguate ai tempi (per le famiglie povere del Terzo mondo, giacché per quelle ricche del Primo il modello sembra più che mai in auge), appare molto più convincente la posizione di Hondagneu-Sotelo e Avila [1997], che chiedono di consentire alle madri migranti di poter decidere autonomamente le modalità con cui desiderano organizzare i propri compiti materni. Questo, aggiungono le due studiose, sarebbe l'inizio di politiche del lavoro e della famiglia veramente giuste, di fronte alle disuguaglianze non solo di genere, ma anche di razza, di classe e di cittadinanza [*ibidem*, 568].

[11] La visione dell'immigrato come fattore di disordine sociale si riferisce tipicamente alla popolazione maschile. La donna immigrata sola (e magari irregolare) è invece implicitamente considerata più flessibile, meno esigente, disponibile ad accettare condizioni di convivenza con i datori di lavoro; non è ritenuta socialmente pericolosa, tranne eventualmente la componente invischiata nella prostituzione. Riesce però difficile immaginare politiche pubbliche orientate a favorire il ricongiungimento per la popolazione immigrata maschile e non per quella femminile, sorde alle domande di persone che non sono sempre disposte ad accettare all'infinito la condizione di convivenza con i datori di lavoro e di separazione dai propri cari.

La terza implicazione rimanda ai problemi di riorganizzazione delle cure a domicilio, nel senso di una maggiore attenzione alla vita e al benessere delle lavoratrici, e dunque di orari e condizioni di lavoro più vicine a quelle degli altri lavoratori. I ricongiungimenti rappresentano un cospicuo fattore di sollecitazione in tale direzione, sia nel senso di immaginare diversi regimi organizzativi, sia nella direzione della ricerca di possibili vie d'uscita dalla convivenza, quanto meno verso l'assistenza non convivente e il lavoro in strutture residenziali per anziani.

Abbiamo visto che il ricongiungimento non è il lieto fine di una storia di separazione e di ritrovamento, di sofferenza e di speranza. Semmai è un nuovo inizio, denso a sua volta di incognite e di sfide evolutive. Non si può tuttavia disconoscerne la portata di trasformazione societaria: attraverso le ricomposizioni familiari e la crescita di una nuova generazione che, lo si voglia o no, è destinata a diventare una componente stabile e legittima della società ricevente, si modifica la composizione etnica e culturale della popolazione. La globalizzazione dal basso, iniziata con la pragmatica assunzione di donne straniere per assistere anziani, accudire bambini, occuparsi delle nostre case, rendere più funzionale l'organizzazione della nostra complessa vita quotidiana, non è un teorema, ma una forza sociale destinata a trasformare la società in cui viviamo.

CAPITOLO QUARTO

RELIGIONI GLOBALIZZATE: MINACCIA O RISORSA?

Un'altra dimensione della globalizzazione dal basso della società in cui coabitiamo con chi viene da altrove consiste nell'irruzione sulla scena pubblica delle religioni professate dalle popolazioni immigrate. Anche su questo versante si verifica un'espansione dei legami transnazionali e dell'ubiquità dei riferimenti identitari dei migranti che interpella le società riceventi: le interroga sul piano del rispetto dei diritti umani, mentre le rende guardinghe nei confronti della lealtà politica dei nuovi vicini di casa. Anzi, le appartenenze religiose tendono ad essere lette da una diffusa pubblicistica e da ampi settori dell'opinione pubblica come il segno più visibile dell'alterità culturale delle minoranze straniere, suscitando reazioni allarmate, in nome tanto dell'identità religiosa storica dell'Occidente, quanto della sua tradizione laica e delle sue istituzioni secolarizzate.

1. *Un interesse ritrovato*

Il problema in realtà non è nuovo, non deriva soltanto dall'insediamento in Occidente di una consistente immigrazione islamica, né tanto meno dalla sinistra minaccia del terrorismo islamista che si è manifestata agli albori del nuovo secolo.

Va piuttosto osservato, sotto il profilo dell'analisi, che dopo un lungo oblio, il tema dei significati della religiosità e dell'appartenenza confessionale degli immigrati per i processi di integrazione è tornato alla ribalta. Molto dibattuto, come vedremo, nell'esperienza americana dell'800 e del primo '900, è stato poi trascurato nel dopoguerra su entrambe le sponde dell'Atlantico, ma specialmente in Europa. In alcuni casi il problema era rimosso, giacché gli immigrati erano visti come una presenza temporanea, a cui si ricorreva per saturare determinati fabbisogni del mercato del lavoro, ma non si prevedeva né si desiderava che potessero mettere radici e introdurre diversità culturali ed «etniche» già allora paventate. In altri casi, come quello francese, prevaleva la convinzione che la società «moderna», con le sue istituzioni (la fabbrica per gli adulti, la scuola per i minori, la politica per i nuovi cittadini), avrebbe più o meno rapidamente ridotto alla sfera privata e poi cancellato identità ancestrali e residui tradizionali. Dalle sue origini, l'*ethos* repubblicano ha proposto l'appartenenza alla nazione come «madre comune di tutti i cittadini»: tutte le lealtà parziali, come quelle religiose ed etniche, erano (e forse sono tuttora) considerate forze che ostacolavano l'identificazione nazionale e quindi la «fraternità» tra i cittadini.

Conduceva al medesimo risultato, nella società industriale che si affermava tra '800 e '900, l'idea che l'adesione al movimento operaio, le lotte sindacali, la partecipazione politica, funzionassero come forze assimilative, che concorrevano a elidere le differenze, in nome dei comuni interessi della classe lavoratrice. Leader politici, responsabili sindacali, dirigenti pubblici e intellettuali erano convinti dell'inopportunità di sottolineare, o anche soltanto di rilevare a fini statistici, differenze etniche e religiose, che ufficialmente anche da questo versante erano consegnate alla sfera delle scelte personali, e implicitamente si consideravano in via di (auspicato) superamento.

I processi di secolarizzazione influivano su questi orientamenti: tutti gli indicatori sembravano deporre a favore di una crescente irrilevanza della dimensione religiosa nella vita sociale, e anche personale, delle società «moderne», e gli immigrati venivano agevolmente inscritti nella medesima traiettoria evolutiva.

Vale dunque anche per l'Europa, e a maggior ragione, il giudizio di Hagan ed Ebaugh [2003] sul dibattito americano: nonostante la diversità e l'importanza delle credenze e delle pratiche religiose tra gli immigrati, gli studiosi, sia dell'immigrazione, sia delle religioni, hanno trascurato il ruolo della religione e della spiritualità nei processi delle migrazioni internazionali. Le spiegazioni focalizzate sulle motivazioni economiche delle migrazioni hanno tralasciato i contesti culturali in cui le scelte migratorie vengono assunte e perseguite, tra i quali vanno ricordate le risorse spirituali che le religioni forniscono, e gli effetti psicologici che ne discendono sulla capacità di resistenza dei migranti di fronte alle avversità e alle prove a cui sono esposti. Aggiungerei: oltre alle risorse *spirituali*, le istituzioni religiose hanno fornito ai migranti risorse *materiali*, sotto forma di assistenza e sostegno nelle difficoltà dei processi di insediamento, e risorse *sociali*, fungendo da catalizzatrici, e non di rado da promotrici, di reti di relazioni basate sulla duplice appartenenza, confessionale ed etnica. Il loro ruolo è stato dunque rilevante su un duplice versante: quello della salvaguardia, o piuttosto come vedremo della ricostruzione, dell'identità culturale, e quello dell'inserimento nel nuovo contesto.

Nei termini della riflessione proposta in questo libro, occorre rilevare che si sta attualmente riscoprendo che le religioni sono state e continuano a rappresentare un terreno privilegiato di coltivazione di processi transnazionali di identificazione personale e collettiva, nonché di produzione di istituzioni, in cui i migranti cercano di recuperare quanto ritengono vitale del proprio patrimonio ancestrale mentre si sforzano di inserirsi nel nuovo contesto di vita. Anziché opporsi, i due aspetti tendono a intrecciarsi e rafforzarsi vicendevolmente: ieri come oggi, molti immigrati sono diventati cittadini della nuova società, in cui hanno scelto di riporre le speranze di una vita migliore, anche grazie alle risorse che l'adesione religiosa ha fornito loro.

2. *L'esperienza americana*

Per inquadrare il fenomeno, dobbiamo però partire da lontano. Mi rivolgerò anzitutto alla storia della ricezione della diversità religiosa in America, una vicenda che può fornirci alcuni interessanti spunti di riflessione per analizzare, comprendere e affrontare le questioni di oggi.

Anzitutto, l'America delle origini coloniali non era affatto tollerante e pluralista come oggi si compiace di rappresentarsi. A metà '600 due quaccheri furono impiccati in Massachusetts per aver rifiutato di lasciare il paese. Ma i maggiori problemi riguardavano la diversità religiosa allora più rilevante, costituita dal cattolicesimo. I cattolici erano meno dell'1% della popolazione, concentrati per lo più nel Maryland, e al di fuori godevano della libertà religiosa soltanto in Rhode Island e in

Pennsylvania. Nelle altre colonie era loro vietato praticare pubblicamente la fede che professavano. In Massachusetts i preti cattolici sorpresi due volte sul territorio erano passibili di pena capitale, e in Virginia i cattolici erano esclusi dagli uffici pubblici [Hirschman 2004]. La tolleranza si è affermata storicamente come regola interna ai rapporti tra congregazioni protestanti in lotta, prima di estendersi, con notevole ritardo e non poca fatica, ai cattolici e agli ebrei.

Più tardi, all'epoca della grande migrazione irlandese, iniziata intorno al 1830, il pregiudizio religioso anticattolico ha avuto un ruolo di primo piano nella costruzione cognitiva della diversità dei nuovi arrivati. Tra la maggioranza anglosassone e protestante era diffusa l'idea che gli irlandesi, a causa delle loro convinzioni religiose, non potessero integrarsi nella civiltà democratica americana. Essendo cattolici (anzi, papisti, come si diceva comunemente in senso spregiativo), obbedivano a un capo religioso straniero, aderivano ad una confessione gerarchica e autoritaria, non erano assuefatti alla libera discussione delle congregazioni protestanti, che veniva riconosciuta come la matrice della democrazia americana [Zolberg e Litt Woon 1999].

Il pregiudizio razziale che colpiva gli irlandesi, considerati all'epoca i «negri d'Europa», aveva dunque precise connotazioni religiose, e la convinzione dell'impossibilità di un'integrazione pacifica si basava sulla percezione delle differenze confessionali. Agli irlandesi occorsero anni di sofferenze e notevoli sforzi per «diventare bianchi», secondo il titolo eloquente di un libro sull'argomento [Ignatiev 1995], e poter essere accettati come membri a pieno titolo della società americana. Così pure gli ebrei faticarono ad essere ammessi a far parte della «razza bianca» nella società americana.

A partire all'incirca dagli anni '40 del XIX secolo, la crescita della componente cattolica nella popolazione americana (7,5% sul totale nel 1850, ma con una concentrazione marcata nelle grandi città) suscitò vibranti reazioni, con la costituzione di movimenti e associazioni di difesa dell'identità protestante della società americana contro l'invasione cattolica, a cui si accompagnarono anche moti popolari. Si possono ricordare per esempio i tre giorni di rivolta di Kensington, sobborgo di Filadelfia, nel maggio 1844, che culminarono nell'incendio di due chiese e altre proprietà riconducibili alla chiesa cattolica. Ma quello non fu che uno dei molti incidenti che negli anni '40 e '50 dell'800 devastarono chiese e conventi.

Quegli attacchi ottennero però l'effetto opposto, come spesso accade. Contribuirono infatti a rafforzare la motivazione degli immigrati cattolici a costruire luoghi di culto e opere sociali e a radunarsi presso di esse, allo scopo di trovare protezione contro l'ostilità della popolazione autoctona: «Il primo vantaggio dell'affiliazione religiosa era quello di istituire una comunità protetta in cui gli immigrati e le loro famiglie non dovevano sopportare gli insulti quotidiani» [Hirschman 2004, 1222]. Le chiese rappresentavano dunque non solo dei luoghi di culto, ma anche dei centri di socializzazione, con varie associazioni e gruppi, attività educative e per il tempo libero, servizi assistenziali e associazioni mutualistiche (come i «Sons of Italy», che garantivano benefici assicurativi in caso di malattia e morte). Fornivano poi, agli immigrati più dotati, l'opportunità di assumere ruoli di leadership e di partecipazione civica, che non erano accessibili all'esterno. La possibilità di identificarsi come cattolici offriva coesione interna e status sociale agli immigrati, di fronte all'ostilità e al pregiudizio che incontravano nell'ambiente circostante. Per citare un libro ormai classico sull'immigrazione in America, «la chiesa era la prima linea di difesa dietro alla quale questi immigrati potevano organizzarsi e con cui potevano preservare la loro identità di gruppo» [Warner e Srole 1945, 160].

Seguendo l'esempio irlandese, le chiese rinsaldavano altresì l'identità nazionale degli immigrati, specialmente per le minoranze che non disponevano di uno Stato nazionale a cui fare riferimento. Sebbene anche i luterani fossero organizzati secondo linee «etniche» (tedeschi, svedesi, norvegesi...), il fenomeno fu particolarmente rilevante per la chiesa cattolica, formata quasi interamente da successive componenti di recente immigrazione. Al suo interno si manifestò presto – nonostante l'universalismo dichiarato – un atteggiamento latentemente xenofobo, che si dirigeva di volta in volta verso gli ultimi arrivati. Per reazione, i vari gruppi «etnici» di religione cattolica tendevano a sviluppare un intenso nazionalismo e a istituire proprie chiese «nazionali» all'interno della chiesa cattolica americana [Herberg 1960]. Istituendo parrocchie «nazionali» oltre che territoriali, le chiese consentivano di conservare la lingua della madrepatria: nel 1916, circa metà dei cattolici frequentavano chiese in cui il linguaggio usato nelle prediche era diverso dall'inglese [Vecoli 1969].

Va notato che molti immigrati, fino al XX secolo inoltrato, non avevano alla partenza un chiaro concetto della propria identità nazionale: si sentivano originari di un villaggio, al più di una regione. Fu l'esperienza dell'immigrazione in America a insegnare loro a superare le differenze tra dialetti e usi locali, e a valorizzare la lingua che poteva consentire di comunicare tra loro. L'enfasi sulla lingua ha gradualmente definito il nuovo carattere dei gruppi etnici e contribuito a fornire una risposta al problema dell'identità: «la nuova forma di identificazione e autoidentificazione era stata il prodotto della realtà *americana* e dell'esperienza *americana*, e rappresentava il primo frutto della loro americanizzazione» [Herberg 1960, 15]. In questo contesto, le chiese che trascendevano i particolarismi locali e raggruppavano i fedeli secondo criteri linguistico-nazionali, divennero un fattore saliente della costruzione dell'identità «etnica» degli immigrati, dotandola di una dimensione culturale e simbolica.

Analogamente, per gli immigrati di religione ebraica le sinagoghe hanno svolto un ruolo fondamentale nel ricostituire e mantenere vivi i legami comunitari, secondo la millenaria tradizione della diaspora: lo stesso termine ebraico per «sinagoga» (*Beth Haknesseth*) significa letteralmente «luogo di riunione» [Min 2002b].

Per i figli degli immigrati, le scuole parrocchiali formavano poi un sistema educativo alternativo al clima di disprezzo che incontravano nella società esterna, e specificamente alle *public schools* improntate alla cultura protestante: una simile opportunità risultava particolarmente interessante per l'emergente classe media immigrata. Questo fatto si inscrive in un contesto più ampio. Con l'insediamento più stabile e il faticoso miglioramento delle condizioni di vita, l'appartenenza ad una confessione religiosa diventa in America un simbolo di rispettabilità. La partecipazione religiosa si correla positivamente con il livello sociale e, controintuitivamente, tende a crescere nelle seconde generazioni rispetto alle prime[1]. Anche per questa

[1] Questo aspetto è oggi più controverso, anche per effetto della maggiore fluidità delle identificazioni e delle pratiche religiose, specialmente nel caso

via, il mantenimento o il ritrovamento di un'identità religiosa ha consentito a milioni di immigrati e figli di immigrati di «diventare americani», pur conservando un legame con il contesto culturale di provenienza: un legame forse più simbolico che fattuale, ma non meno denso di significato. La religione è dunque un antico fattore di identificazione in forme miste e composite, che nei termini attuali potremmo definire transnazionali, secondo modalità virtuali e puramente immaginarie, ma anche effettivamente operanti attraverso la mediazione delle istituzioni ecclesiastiche.

In altri termini, come già notavano Thomas e Znaniecki [1968] nel loro studio sull'immigrazione polacca dei primi del secolo, chiese e organizzazioni a base religiosa (educative, mutualistiche, ricreative, ecc.) hanno formato, per molte ondate di nuovi immigrati, una sorta di camera di compensazione, che consentiva agli immigrati di adattarsi al nuovo contesto di vita senza perdere il rapporto con le loro radici identitarie e con le reti sociali dei connazionali. Forse, più di quanto credessero i due grandi studiosi, questo ruolo si è rivelato duraturo e capace di transitare da una generazione all'altra.

Il grado relativamente elevato di pratica religiosa di cui la società americana tuttora dà prova, tanto da costituire un'eccezione nel panorama delle società sviluppate, si spiega non solo con la concorrenza tra le denominazioni religiose, ma anche con il peculiare rapporto istituito con le diverse correnti migratorie. Ancora oggi, in uno scenario religioso sempre più variegato, questo legame resta vivo e si ripropone in diverse forme.

3. *Il «problema italiano»*

Questo circolo virtuoso tra riaffermazione di un'identità religiosa minoritaria e integrazione nella società ricevente, tuttavia, non ha funzionato altrettanto bene per tutti. Proprio

delle nuove religioni. I dati disponibili [Portes e Rumbaut 2006] mostrano inoltre cospicue differenze in base alla provenienza: i giovani di origine latinoamericana sono più religiosi degli asiatici, con l'eccezione dei filippini; i giovani caraibici di colore (haitiani, giamaicani, ecc.), anche per effetto del bisogno di assistenza, raggiungono i livelli più alti di pratica religiosa.

gli italiani, in America, hanno rappresentato per molti decenni un serio cruccio per i vescovi americani: si parlava in proposito, esplicitamente, di un «problema italiano». Provenendo per lo più dalle zone rurali del Mezzogiorno, molti si portavano dietro un retaggio di religiosità popolare intrisa di elementi magici, di devozioni locali che davano luogo a feste chiassose (per il santo patrono, per la Madonna venerata in un certo santuario...), di scarsa pratica religiosa canonica, di diffusa ignoranza del catechismo, di sorda diffidenza verso l'istituzione ecclesiastica, conosciuta nei luoghi di origine come proprietaria terriera o alleata dei latifondisti che per secoli li avevano sfruttati. Le vicende risorgimentali e la predicazione socialista fomentavano il distacco e non di rado forme esplicite di anticlericalismo.

In America gli italiani incontravano un clero cattolico di origine per lo più irlandese, con cui i rapporti erano difficili: i parroci non nascondevano i pregiudizi e persino il disprezzo verso questi nuovi arrivati, la loro scarsa devozione e le loro pratiche superstiziose; gli italiani si sentivano umiliati e incompresi. Al fondo, la severa religiosità cattolica trapiantata nel contesto americano attraverso la mediazione di una gerarchia e di un clero di marcata impronta irlandese aveva poco a che fare con le devozioni popolari e contadine dei villaggi rurali da cui provenivano gli immigrati italiani.

L'importazione di clero secolare italiano, per diverse ragioni, tra cui anzitutto gli scarsi numeri e la modesta qualità del personale inviato oltreoceano, non diede grandi risultati [Vecoli 1969].

Si comprende così il valore dell'intuizione di Giovanni Battista Scalabrini, vescovo di Piacenza, quando fondò nel 1887 una congregazione esplicitamente rivolta alla formazione di religiosi da inviare in missione tra gli italiani all'estero. I primi religiosi scalabriniani, arrivati a New York nel luglio 1888, cominciarono a costruire chiese, scuole, orfanotrofi, ospedali, e altre istituzioni al servizio degli immigrati. Nel 1889 fu la volta di madre Francesca Cabrini, accompagnata da sei consorelle, anch'essa ispirata da monsignor Scalabrini. Quando nel 1901 questi visitò gli Stati Uniti, salutato come il Padre degli immigrati, si sentì rivolgere queste parole dall'arcivescovo di Cincinnati: «prima che i vostri preti arrivassero, noi credevamo che gli italiani non fossero migliori degli animali, refrattari ad ogni predicazione di bene, e così li avevamo abbandonati a se stessi: oggi dobbiamo ammettere che la colonia italiana è migliore di ogni altra» [cit. in Vecoli 1969, 255]. Diverse altre congregazioni religiose contribuirono alla rievangelizzazione degli immigrati italiani in America, gesuiti, francescani, serviti e altri: in generale, i religiosi erano più accetti del clero secolare, anche perché difendevano più vigorosamente il loro diritto a provvedere alla cura spirituale degli italiani, istituendo missioni e cappellanie «italiane», autonome dal clero locale, che resisteva all'erezione di parrocchie nazionali.

Accanto all'assistenza spirituale e alla realizzazione di opere sociali, nel clima della *Rerum Novarum* i più coraggiosi tra i religiosi italiani si dedicarono alla lotta contro lo sfruttamento a cui erano sottoposti i lavoratori, da parte di «boss» e «banchisti» connazionali che approfittavano della loro debolezza. Ciò significava schierarsi contro i «prominenti», ossia gli esponenti più in vista della minoranza italiana. Le campagne contro il cosiddetto bossismo hanno rappresentato una delle pagine più significative dell'impegno dei religiosi italiani a fianco dei migranti.

Nei confronti della chiesa e della società americana, la grande sfida era invece quella di dimostrare che la salvaguardia della lingua e dell'identità nazionale non si contrapponeva alla lealtà verso gli Stati Uniti d'America. Nonostante gli strascichi dolorosi della questione romana, i religiosi italiani si sentivano custodi della cultura nazionale, ed esortavano gli italiani ad esserne fieri. Davano quindi risalto all'insegnamento della lingua e della storia d'Italia nelle scuole loro affidate, affinché i figli degli immigrati imparassero ad amare Dio e la patria da cui provenivano i loro genitori[2]. Contro le pressioni della stessa chiesa americana verso un'americanizzazione forzata, che significava di fatto una subordinazione alla prassi religiosa e alla gerarchia ecclesiastica irlandese («il cattolicesimo di un'altra razza», come si espresse un prete italiano dell'epoca),

[2] L'attaccamento all'italianità dei religiosi scalabriniani e la confluenza di sentimento nazionale e sentimento religioso furono in seguito abilmente favoriti e politicamente sfruttati dal regime fascista [Smith 2003]. Sarebbe fuorviante considerare la loro multiforme attività pastorale come una zelante propaganda di regime, ma il fatto sta a ricordare che la sovrapposizione tra appartenenza religiosa e identità nazionale non è a sua volta priva di pericoli.

la pastorale dei missionari italiani mirava a costruire un'integrazione nella nuova società che non avesse come presupposto la rimozione (e persino la vergogna) delle proprie radici. Se per un verso l'idea di essere «italiani» si venne costruendo, almeno in parte, nell'esperienza migratoria, mediata da una seconda appartenenza minoritaria, riferita alla chiesa cattolica, per altro verso la sinergia tra cattolicesimo e italianità ha agevolato, e non ostacolato, l'integrazione degli immigrati italiani in America [Smith 2003].

Sebbene la scarsità delle forze abbia impedito di raggiungere risultati più ragguardevoli (nel 1918 operavano in America soltanto 710 tra preti secolari e religiosi italiani, su una popolazione di oltre tre milioni di persone italiane o di origine italiana), la vicenda resta emblematica del fatto che istituzioni religiose percepite come estranee, lontane, irte di pregiudizi, difficilmente riescono a raggiungere gli immigrati; mentre al contrario, la loro adesione religiosa è spesso intrisa di attaccamento alla terra d'origine, di memoria di vecchie tradizioni, di senso di appartenenza collettiva, di orgoglio nazionale da rivendicare: in termini sociologici, si incontra con il bisogno di ricostruire un'identità sociale nel nuovo ambiente di vita, entra in un rapporto di mutuo rafforzamento con manifestazioni di appartenenza etnica più o meno ritrovate o reinventate, adattandole alle mutate condizioni di vita; risponde infine a bisogni psicologici e anche materiali. Si colloca dunque in un quadro di riferimento per forza di cose transnazionale, pur diventando una via per inserirsi con la propria storia nella società ricevente.

4. *Le religioni degli immigrati nell'America di oggi*

Fino ad un passato abbastanza recente il pluralismo religioso americano, come quello europeo, era limitato al ventaglio delle confessioni cristiane, a cui si era aggiunto l'ebraismo. Herberg [1960], in luogo di un unico convenzionale *melting pot* in cui sarebbero dovuti confluire gli immigrati, ne individuava tre, in corrispondenza delle tre principali componenti religiose del paese: protestante, cattolica, ebraica.

Con il declino dell'immigrazione dall'Europa e la crescita della popolazione non europea, si sta affermando un pluralismo religioso ancora più articolato. I buddhisti provenienti dai paesi asiatici sono più di tre milioni. Le persone di origine indiana, in larga parte indù, sono quasi due milioni[3]. La popolazione di religione musulmana negli Stati Uniti è stimata in sei milioni di persone, composte per lo più di lavoratori qualificati con le loro famiglie, con livelli di istruzione, di collocazione professionale e di reddito maggiori della media americana [Zolberg e Litt Woon 1999].

Anche all'interno delle confessioni cristiane e dello stesso cattolicesimo, l'arrivo di credenti provenienti dalle Filippine, dall'America Latina, dalla Corea o dallo Stato indiano del Kerala introduce varianti della pratica religiosa (feste, devozioni, culti particolari) che rendono ancora più variegato e complesso il paesaggio religioso americano. Pure i nuovi arrivati tendono a fondare proprie istituzioni religiose, che diventano luoghi di aggregazione e punti di riferimento per la coltivazione dell'identità culturale. In un certo senso la storia si ripete, abbracciando in questo caso anche le religioni non cristiane: «gli immigrati asiatici contemporanei hanno utilizzato le loro congregazioni religiose per fornire servizi sociali ai nuovi arrivati, per mantenere rapporti di amicizia con i membri coetnici e per trasmettere le loro tradizioni culturali ai figli» [Min 2002a, 5]. Nel caso dei rifugiati provenienti da paesi tragicamente coinvolti in guerre, repressioni e dominazioni totalitarie, le religioni hanno assunto una funzione ancora più decisiva nella ricostituzione di un ordine morale e di pratiche sociali che gradatamente ridanno senso alla vita quotidiana, fungendo da fattore di riaggregazione di popolazioni sradicate e disperse [Zhou, Bankston III e Kim 2002].

Il contesto americano, a sua volta, influenza le modalità istituzionali e organizzative che le religioni adottano. Le stesse religioni orientali, incorporate nel *frame* istituzionale americano, tendono ad assumere una fisionomia più simile a quella delle congregazioni protestanti: il tempio buddhista, per esempio, si costituisce come un'organizzazione *nonprofit*, promossa e finanziata da laici e in cui i laici detengono un cospicuo potere decisionale. Sono essi che chiamano uno o più monaci da altri

[3] Nella sola regione metropolitana di New York-New Jersey negli ultimi trent'anni sono sorti una cinquantina di templi indù e sikh [Min 2002a].

templi americani e si fanno carico del loro mantenimento. Lo status del monaco, che nel buddhismo è una condizione provvisoria a cui ogni maschio può accedere per un certo periodo della vita, tende a diventare una professione istituzionalizzata e permanente, simile a quella del ministro di culto cristiano.

In maniera analoga nel cattolicesimo, pur sussistendo una salda organizzazione gerarchica, sotto l'influenza americana anche nelle parrocchie «etniche» sono i laici a occuparsi di molti aspetti sociali ed economici della vita parrocchiale, in contrasto con il clericalismo che ancora caratterizza l'organizzazione della vita religiosa nelle società di provenienza [*ibidem*]. Dunque anche istituzioni religiose millenarie e apparentemente arroccate nella conservazione delle rispettive tradizioni, sono in realtà in vario modo coinvolte nei processi di integrazione delle comunità dei fedeli e sollecitate ad adattarsi alle nuove domande che scaturiscono dagli spostamenti attraverso le frontiere.

Un altro terreno interessante in cui interagiscono tradizioni religiose, riappropriazioni identitarie e adattamenti al nuovo contesto, è costituito dal ruolo attribuito alle donne nelle istituzioni religiose in terra di immigrazione. Nelle congregazioni indù reinventate in America, le donne, avvantaggiate dalla possibilità di ottenere impieghi qualificati (infermiere soprattutto, ma anche medici, contabili, informatiche...), rivestono ruoli di rilievo, e li usano per riplasmare attivamente i contenuti della tradizione culturale affinché riflettano il loro status accresciuto. In altri termini, immettono principi femministi nella cultura etnica indù [Hondagneu-Sotelo 1999]. Altre ricerche hanno invece notato, all'opposto, il tentativo degli uomini di riaffermare, in ambito religioso, una supremazia che nella società di immigrazione è contrastata sul piano culturale e contraddetta sotto il profilo strutturale dai successi professionali delle donne migranti. Kurien [2002] osserva sottilmente in proposito che le congregazioni da lei studiate sono dirette da uomini, ma che le donne svolgono ruoli cospicui, come educatrici e incaricate della trasmissione della cultura tradizionale. Grazie alle loro capacità pedagogiche, queste donne riescono a proporre un'interpretazione più egualitaria dei tradizionali costrutti di genere, mettendo a fuoco le responsabilità femminili come contrappeso dell'enfasi sulle obbligazioni maschili. Le ragazze a loro volta sono incoraggiate a puntare al successo accademico e professionale, pur nella conformità ai modelli di ruolo definiti dalla comunità.

Le religioni non si limitano dunque a conservare e a trasmettere una presunta identità «etnica», ma contribuiscono a ridefinirla, influenzando le modalità con cui gli immigrati si adattano e si trasformano nel processo di inserimento nelle società riceventi. Chen [2006] lo ha osservato con riferimento all'educazione dei figli nelle famiglie taiwanesi convertite alle nuove denominazioni evangelicali. Questi genitori lottano per trasmettere i principi familiari confuciani ai loro figli che crescono in America, e il cristianesimo evangelicale offre loro un nuovo attraente modello di morale familiare, passando dal linguaggio dei «doveri filiali» a quello del discepolato religioso: parecchi valori tradizionali vengono reinterpretati e riproposti entro un nuovo *frame* cognitivo e con una diversa terminologia. Nello stesso tempo, la conversione al cristianesimo induce un processo di ristrutturazione familiare, favorendo la democratizzazione dei rapporti tra genitori e figli e promuovendo l'autonomia dei figli stessi: sebbene l'idea di comportarsi da amici verso i propri figli sia estranea alla mentalità della maggior parte degli immigrati taiwanesi, l'avvicinamento a questo modello di comportamento occidentale diventa più accettabile sotto l'egida di una chiesa cristiana cinese, con la mediazione di connazionali formati in campo psicologico, piuttosto che sotto l'impulso delle istituzioni secolari americane. Gli immigrati imparano così, attraverso la chiesa e all'interno di essa, che le famiglie solide non si costruiscono più su sentimenti di obbligo e di debito morale, bensì sviluppando comunicazione e affetto reciproco. Naturalmente, questa strategia non è priva di costi: come i genitori possono utilizzare gli insegnamenti biblici per giustificare le proprie decisioni, così anche i figli possono ricorrervi per difendere la propria autonomia, o per sfuggire alle eccessive aspettative di rendimento scolastico dei genitori. Una perdita di controllo genitoriale è inevitabile.

In definitiva, si può affermare che «il cristianesimo evangelicale non sradica la gerarchia, ma la addolcisce; né rigetta la pietà filiale, ma ne preserva lo spirito» [*ibidem*, 598]. Le chiese cristiane, anche quando hanno una specifica denominazione «etnica» (così come, lo abbiamo visto, le istituzioni religiose induiste), non sono dunque meri bastioni della conservazione delle tradizioni ancestrali, ma possono contribuire a modificarle.

Il contributo di Chen richiama inoltre l'attenzione sul fatto che l'arrivo di contingenti numerosi di immigrati dall'Asia sta ponendo in rilievo un fenomeno che, sebbene non nuovo, non aveva conosciuto nel passato grandi dimensioni quantitative: quello delle conversioni. Tra gli immigrati coreani, il 75% è affiliato a una chiesa cristiana, per lo più protestante, contro il 25% circa in patria, con forme di partecipazione attiva nelle chiese «etniche» che superano probabilmente quelle di ogni altra componente migratoria. Tra i cinesi, uno su cinque aderisce a una chiesa cristiana, specialmente alle nuove denominazioni evangelicali. Tra i rifugiati vietnamiti, i cattolici erano sovrarappresentati già all'arrivo (contavano da un terzo a due quinti del totale), e altri si aggiungono in seguito, quando le parrocchie cattoliche diventano le più importanti istituzioni «etniche» della comunità.

Per molti immigrati che hanno abbracciato il cristianesimo, l'acculturazione alla società americana è dunque mediata da influenze etniche e insieme dalla partecipazione religiosa.

Il fenomeno è evidentemente complesso, e si inscrive in un panorama culturale in cui la conversione, nelle sue diverse accezioni, è un evento oggi più frequente che in passato, come effetto di un crescente soggettivismo degli orientamenti e delle appartenenze religiose, oltre che dell'attivismo delle nuove confessioni: diventa così, quanto meno nel contesto occidentale, assunzione di un'identità personalmente scelta e capace di rispondere a molte domande esistenziali [Hervieu-Léger 2003]. Per molti immigrati asiatici, aderire ad una confessione cristiana è un passaggio decisivo nel processo di ridefinizione della propria identità e insieme di integrazione nel nuovo contesto di vita. Come ha mostrato Ong [2005], studiando da vicino il fenomeno delle conversioni dei giovani rifugiati cambogiani al protestantesimo e in modo particolare alla chiesa mormone, questa esperienza religiosa – autenticamente e profondamente americana – è una forza efficace nel convertire gli immigrati poveri alla «rispettabilità bianca», ossia a un «ethos di pulizia, lavoro e successo tipico del ceto medio americano» [*ibidem*, 218]. I rifugiati cambogiani, e specialmente i giovani, sono infatti alla ricerca di guide per sviluppare un sé moderno, adeguato al nuovo contesto in cui si trovano a vivere, e dunque «americano». A loro – nuovi arrivati indigenti – le istituzioni religiose offrono cure compassionevoli, ma anche le basi per sviluppare una disciplina morale e una responsabilità individuale di stampo americano, nonché l'opportunità di essere accolti in un ambiente sociale a maggioranza bianca e di classe media[4]. Avviene quindi, negli itinerari di conversione alla chiesa mormone, un intreccio tra assimilazione culturale e invenzione di sé, tra emancipazione dalla famiglia e socializzazione interetnica (nello sport, nelle occasioni di incontro, nelle feste da ballo organizzate mensilmente), tra la riaffermazione dei valori patriarcali e della disciplina familiare e i principi americani della moralità rigorosa, del duro lavoro e del successo individuale. I rifugiati e i loro figli, così come i cittadini dei paesi asiatici che si affacciano sul Pacifico, «travolti da trasformazioni sociali destabilizzanti, hanno ritrovato la sicurezza e una struttura dentro la cornice del mormonismo» [*ibidem*, 226].

A questo schema generale si aggiunge, nel caso considerato, una specificazione di genere. Per le giovani di origine cambogiana, la conversione religiosa rappresenta un canale di mobilità sociale, consentendo di acquisire le pratiche quotidiane e i rituali delle donne americane bianche, di differenziarsi dall'«arretratezza» degli uomini cambogiani e di aumentare le opportunità di contrarre un matrimonio con un partner americano bianco: «le giovani donne speravano che la chiesa mormone avrebbe dato loro le chance di acquisire le forme del capitale culturale necessario per salire nella scala sociale. Sposare un mormone bianco avrebbe avuto un ulteriore effetto "sbiancante" per loro, perché avrebbe elevato il loro status e la loro dignità di americane» [*ibidem*, 239].

[4] Vale la pena ribadire che l'incontro con gli immigrati e con le minoranze etniche tende a trasformare le stesse istituzioni religiose. Il mormonismo è un caso emblematico per quanto concerne il rapporto con gli afroamericani. Un tempo radicalmente antiabolizionista, poi passato ad una concezione discriminatoria, che vietava ai neri di accedere ai ministeri ecclesiastici di rango elevato, solo nel 1978, in seguito ad una rivelazione avuta dal presidente della chiesa, ha concesso agli adepti di origine africana la possibilità di essere ammessi tra i ministri di culto. Questa innovazione ha favorito un notevole successo della predicazione missionaria mormone nel mondo [Ong 2005, 224].

La maggiore sensibilità verso la dimensione transnazionale e processuale delle migrazioni induce poi ad ampliare il fuoco dell'analisi al ruolo che le religioni rivestono non solo nei luoghi di destinazione, ma in tutto l'arco dello spostamento delle persone attraverso i confini. In una ricerca su una comunità maya guatemalteca di religione evangelica pentecostale, di cui una parte dei membri si sono trasferiti in Texas e altri aspirano a raggiungerli, Hagan ed Ebaugh [2003] hanno analizzato il ruolo svolto dalla religione in sei fasi del processo migratorio: 1) la decisione; 2) la preparazione del viaggio; 3) il viaggio; 4) l'arrivo; 5) il ruolo della chiesa «etnica» nell'insediamento; 6) lo sviluppo di legami transnazionali.

Un insieme di riferimenti, pratiche, aiuti sanciscono il ruolo pervasivo dell'istituzione religiosa e dei suoi ministri in tutte queste fasi, sia sul piano dell'accompagnamento spirituale, sia su quello del sostegno operativo. I consigli e la benedizione del pastore accompagnano la fase preparatoria; la preghiera comunitaria segue da lontano il viaggio. Se il migrante viene catturato durante il passaggio dei confini, di nuovo interviene il pastore, che attiva contatti e conoscenze per cercare di farlo liberare. Le chiese sorelle in Texas, al di fuori di regolamentazioni formali, favoriscono l'incontro tra i correligionari già insediati e i nuovi arrivati, promuovendo l'inserimento di questi in reti sociali in grado di aiutarli nel trovare casa e lavoro. Il sostegno è talmente efficace che molti maya di religione cattolica si convertono al protestantesimo pentecostale poco dopo l'arrivo.

Le chiese pentecostali, anche in questo caso, assumono il compito di riprodurre la cultura maya nel contesto di immigrazione, insieme alle pratiche religiose della madrepatria. Come concludono le due studiose, «ignorare le religioni significa ignorare un fattore saliente che influisce sulla decisione di emigrare, così come nel provvedere importanti risorse per il viaggio e il processo di insediamento» [*ibidem*, 1159].

Possiamo a questo punto cercare di cogliere in sintesi i diversi ruoli svolti storicamente dalle religioni (e dalle loro istituzioni) nei confronti dei processi di integrazione degli immigrati, in un rapporto dialettico con le istituzioni politiche e con gli atteggiamenti delle società riceventi, in modo particolare quella nordamericana [Portes e DeWind 2004].

Anzitutto, le istituzioni religiose possono aiutare i migranti nella fase di preparazione del viaggio[5]. Dopo l'arrivo, svolgono una funzione di facilitazione dell'insediamento: sul piano culturale, contrastando gli atteggiamenti xenofobi; sul piano politico, favorendo politiche di inclusione; sul piano sociale, fornendo servizi alle persone, e in modo particolare agli strati più deboli. Quando gli immigrati cominciano ad organizzarsi autonomamente, le istituzioni religiose da essi promosse o gestite diventano capisaldi della difesa del loro patrimonio culturale e della rielaborazione di un'identità soggettivamente significativa e consapevolmente accettata, in cui elementi importati e ricostruiti si mescolano con altri, appresi a contatto con la società ricevente. In questo senso, le istituzioni religiose sono un punto d'appoggio per i processi di «acculturazione selettiva» [Portes e Rumbaut 2001] che mediano tra contesti di origine e società riceventi, cercando altresì di fornire sostegno all'educazione familiare e di evitare che le seconde generazioni entrino in spirali di esclusione sociale. La figura 4.1 riepiloga le diverse funzioni delle religioni nei diversi stadi dei processi di integrazione dei migranti, ponendone in rilievo le interazioni con le società riceventi.

Possiamo a questo punto collocare il fenomeno della religiosità degli immigrati nel contesto più ampio del rapporto tra partecipazione religiosa e spirito civico: secondo Putnam, «si può dire che le comunità di fede, nelle quali le persone partecipano insieme alle funzioni religiose, siano il deposito di capitale sociale più importante d'America» [Putnam 2004, 80]. Le chiese sono infatti «importanti incubatrici di capacità e norme civiche», luoghi di formazione a responsabilità pubbliche, dove è più facile che le persone si mostrino disponibili anche ad altre forme di impegno sociale, cosicché «l'appartenenza a gruppi religiosi si è configurata come l'elemento connesso più strettamente ad altre forme di impegno civico come il

[5] Il punto è peraltro controverso e suscettibile di approfondimenti in rapporto ai diversi contesti. In genere, le minoranze religiose nella società di origine hanno tassi di emigrazione superiori alla media (così avviene anche oggi per i cristiani in Medio Oriente e in alcuni paesi asiatici). Le chiese locali però cercano di contrastare la propensione a emigrare dei propri membri, temendo la perdita delle componenti più giovani e intraprendenti e il conseguente impoverimento delle comunità.

VERSANTE SECOLARE	VERSANTE RELIGIOSO
1. Condizioni economiche e politiche predispongono individui e famiglie ad emigrare	1. Chiese, sinagoghe, ecc. nei paesi di origine guidano i migranti e facilitano la partenza
↓	↓
2. Le società riceventi adottano atteggiamenti differenti verso i nuovi arrivati, variando dalla simpatia e dal sostegno all'aperta ostilità	2. Le istituzioni religiose nelle società riceventi sostengono un'accoglienza positiva e controbilanciano gli atteggiamenti negativi
↓	↓
3. Gli Stati riceventi adottano varie politiche per incorporare o escludere i nuovi arrivati, influendo sulle loro scelte rispetto all'inserimento successivo	3. Le organizzazioni religiose collaborano con le autorità civili nel promuovere l'integrazione, proteggendo al contempo gli immigrati dalle politiche di esclusione
↓	↓
4. Intervengono pressioni da parte della società civile sui gruppi di immigrati già insediati verso una rapida assimilazione nel *mainstream* linguistico/culturale	4. Gli immigrati aderiscono a chiese, sinagoghe, ecc., cercando di difendere il proprio patrimonio culturale, mentre apprendono il linguaggio e la cultura della società ricevente
↓	↓
5. Gli Stati riceventi e la società civile favoriscono la naturalizzazione e il completo abbandono delle lealtà politiche passate	5. Le istituzioni religiose supportano un'acculturazione selettiva e legami transnazionali
↓	↓
6. Le seconde generazioni emergono e crescono in condizioni di relativo vantaggio o svantaggio	6. Chiese, moschee, ecc., sostengono gli sforzi dei genitori per superare le discriminazioni e altre barriere che ostacolano il successo dell'inserimento dei loro figli

FIG. 4.1. Religione e integrazione dei migranti: effetti di interazione.

Fonte: Portes e DeWind [2004].

voto, la partecipazione a una giuria, a progetti di comunità, a discussioni con i vicini e ad attività di carità» [*ibidem*]. Di importanza cruciale per la minoranza afroamericana, dove l'impegno religioso si è intrecciato strettamente con quello civile, l'adesione ad una chiesa si sta rivelando altrettanto decisiva per l'integrazione dei latinoamericani, per i quali «la chiesa cattolica sta svolgendo ancora una volta un importante ruolo nel mettere in comunicazione gli immigrati con la più ampia società americana» [*ibidem*, 95].

Va però segnalato, concludendo, un limite della letteratura storico-sociale riguardo al ruolo delle religioni nell'integrazione degli immigrati in America: appare insufficiente la considerazione per le dimensioni strutturali del fenomeno. L'integrazione di milioni di immigrati di origine europea è stata infatti favorita da decenni di sviluppo economico e da consistenti interventi di welfare, che hanno prodotto processi di mobilità sociale forse senza precedenti nella storia (almeno per la popolazione riconosciuta come «bianca»).

Oggi l'America continua ad attrarre ogni anno centinaia di migliaia di immigrati, ma il circolo virtuoso tra inserimento nel mercato del lavoro, mobilità sociale, aggregazione intorno alle istituzioni religiose, integrazione nella società, sembra ancora funzionare bene soltanto, o prevalentemente, per le consistenti correnti di immigrazione qualificata, specialmente di origine asiatica. Non è poco, ma non è abbastanza. Per i messicani, e altri immigrati di origine latinoamericana, che formano lo strato inferiore della popolazione immigrata di oggi, l'integrazione è molto più problematica, nonostante anche per essi la partecipazione religiosa e le istituzioni ecclesiastiche svolgano, come abbiamo ricordato, importanti funzioni di accoglienza e mediazione; non a caso, occupa un posto centrale nel dibattito la preoccupazione per la formazione di isole linguistiche «ispanofone», composte in realtà da immigrati poveri e mal integrati. E in una certa pubblicistica riaffiorano, qua e là, persino i vecchi pregiudizi anticattolici, che inducono a contrapporre i *latinos* ai virtuosi asiatici, ispirati da una fantomatica cultura confuciana.

5. *Che cosa cercano i migranti nelle religioni*

Questo excursus tra storia e attualità ci ha consentito di intravedere alcune delle ragioni per cui la dimensione religiosa, collocata in uno spazio che trascende i confini nazionali, è una componente importante nel vissuto individuale e nelle esperienze collettive dei migranti. Cerchiamo ora di metterle a fuoco con maggiore precisione.

Hirschman [2004] sintetizza le funzioni della religione nell'accompagnare i percorsi dei migranti con la formula delle tre «R»: rifugio, rispetto, risorse.

Anzitutto, la dimensione del *rifugio*: le chiese e altre organizzazioni religiose «svolgono un importante ruolo nella creazione di comunità e come fonti di assistenza sociale ed economica per chi si trova nella necessità (...) L'idea di comunità – di valori condivisi e di un legame durevole – è spesso sufficiente a motivare le persone a fidarsi e ad aiutarsi reciprocamente, anche in assenza di prolungate relazioni personali» [*ibidem*, 1207]. L'aggregazione intorno a un'istituzione religiosa può prendere il posto della famiglia estesa, e fornire una base per rapporti di amicizia e scambio sociale. Probabilmente, in una prima fase tende a prevalere la ricerca di aiuto e sostegno; successivamente, si può immaginare che si irrobustisca l'aspettativa di trovare un ambiente comunitario, che favorisca i contatti interpersonali e i rapporti sociali. La combinazione di conforto spirituale, assistenza materiale in caso di bisogno, possibilità di costituire reti di relazioni, rende il concetto di «rifugio» ampio e polisemico, innalzando in definitiva l'attrattiva dell'adesione alle confessioni religiose.

In secondo luogo, il *rispetto*: la partecipazione religiosa ha a che fare con la ricerca di riconoscimento e di un'immagine sociale positiva. Ancora oggi, resta vero quanto abbiamo osservato per la storia passata: «per molti immigrati che patiscono umiliazioni nel lavoro che sono costretti ad accettare nel nuovo paese, i ruoli sociali resi disponibili per essi nelle comunità religiose (...) possono aiutarli a rivendicare l'onore negato nella società ricevente» [Warner 2000, 1]. In altri termini, le organizzazioni comunitarie collegate alle chiese offrono la possibilità di assumere ruoli di responsabilità e forme di riconoscimento sociale, difficilmente accessibili nella società esterna[6].

Certamente nel caso americano, ma probabilmente anche in Europa, la partecipazione religiosa ha poi una relazione positiva con la mobilità sociale. Una volta che i migranti si sono insediati, hanno ricongiunto o formato una famiglia, hanno cominciato a consolidare le loro condizioni economiche e sociali, la frequentazione di un'istituzione religiosa diventa

[6] Rispetto all'immigrazione filippina in Italia, come abbiamo già rilevato, è stato notato che l'intensa vita comunitaria, composta di associazioni e *community groups* sorti all'ombra di parrocchie e istituti religiosi, con l'istituzione di cariche formali (presidente, vicepresidente, tesoriere...) e l'organizzazione di molteplici attività e occasioni di incontro, sembra avere una funzione compensativa rispetto alla scarsa mobilità sociale sperimentata nel mercato del lavoro.

un simbolo di rispettabilità e un'opportunità per allacciare contatti utili ai fini di nuovi avanzamenti nella scala sociale. La partecipazione religiosa rafforza la coesione familiare, i legami intergenerazionali, la conformità alle norme sociali: si collega, esplicitamente o implicitamente, ai tradizionali stili di vita della classe media. Per le seconde generazioni, l'investimento nell'istruzione fornita dalle scuole religiose è poi visto tuttora in molti paesi come un passaporto per l'ingresso in università prestigiose e in professioni qualificate. I dati di ricerca americani, come abbiamo già rilevato, suggeriscono una tendenza inaspettata: le seconde generazioni sembrano essere più osservanti delle prime [Hirschman 2004].

Dall'analisi svolta, discende come conseguenza il fatto che le istituzioni religiose non sono per gli immigrati soltanto luoghi che rispondono a esigenze spirituali. Di fatto, esplicitamente o implicitamente, direttamente o indirettamente, forniscono vari tipi di *risorse* che consentono di fronteggiare molte delle difficoltà che gli immigrati incontrano nel processo di insediamento in una società aliena. Ancora oggi, «gli immigrati e le loro famiglie vanno in chiesa per acquisire informazioni riguardo all'alloggio, alle opportunità di lavoro e ad altri problemi. Le chiese sostengono corsi per aiutare gli immigrati a imparare l'inglese, a trattare con i loro figli americanizzati, e a ottenere benefici per i genitori anziani. I giovani immigrati o le seconde generazioni possono frequentare la chiesa per essere aiutati nei compiti, per partecipare ad attività sociali o per incontrare possibili partner matrimoniali che probabilmente otterranno l'approvazione dei genitori» [*ibidem*, 1229]. Va ribadito poi che la partecipazione religiosa, soprattutto in confessioni minoritarie, può consentire di accumulare capitale sociale, utile per progredire professionalmente, e in certi casi offre la possibilità di assumere ruoli di responsabilità e di intraprendere vere e proprie «carriere» in ambito pastorale: anzitutto, come ministro di culto.

Possiamo osservare che funzioni di sostegno analoghe sono svolte dalle istituzioni religiose anche in Italia, con una differenza: mentre in America l'aiuto fornito dalle chiese segue per lo più linee di solidarietà intraconfessionale (e persino etnica, specialmente nelle nuove denominazioni evangelicali), in Italia parecchi aiuti di natura sociale sono forniti secondo criteri solidaristici a quanti ne hanno bisogno, compresi gli immigrati in condizione irregolare e i non cristiani [Ambrosini 2005a]. Questa scelta rafforza l'immagine della chiesa cattolica, e sarebbe d'altronde difficile persino immaginare un'impostazione diversa; ma va comunque osservato che essa tende a istituire una certa separazione tra i servizi di aiuto e la normale attività parrocchiale, tra i bisognosi aiutati e i praticanti attivi che fanno parte a pieno titolo della comunità. Così quei circuiti positivi di inclusione, crescita di rispettabilità, costruzione di legami sociali, promozione della mobilità, che sono associati in America alla partecipazione religiosa, da noi appaiono più stentati. Bisognerà comprendere se nel tempo l'evoluzione delle forme di organizzazione della vita religiosa degli immigrati, per esempio con l'arrivo di clero coetnico e la costituzione di comunità relativamente autonome, modificherà questo stato di fatto.

Allo schema sintetico delle tre «R» possiamo però aggiungere qualche specificazione. Anzitutto, va posto l'accento sul significato della fede religiosa per la definizione dell'identità personale del migrante, al di là della dimensione difensiva del «rifugio». La migrazione è un'esperienza straniante. L'individuo, benché abbia di solito scelto volontariamente, e anche aspirato ardentemente a partire, si trova strappato dal contesto in cui è nato e cresciuto, dai punti di riferimento che gli sono sempre serviti per orientarsi, dalle relazioni interpersonali e familiari che hanno strutturato la sua vita. Le domande esistenziali si acuiscono. Come notava diversi anni fa Herberg, in uno studio sulla religiosità americana divenuto classico, sorge in termini nuovi il problema dell'autoidentificazione e dell'autocollocazione, espresso dalla domanda: chi sono? [Herberg 1960, 12]. In questa chiave, la migrazione può essere definita come un'esperienza «teologizzante» [Warner 2000], nel senso che induce a porsi questioni profonde e a cercare di scandagliare il mistero della vita: «la religione svolge un ruolo cruciale nella costruzione dell'identità, nella produzione di significati e nella formazione di valori» [Levitt 2003, 851].

La domanda sull'identità personale ne comporta un'altra, relativa all'appartenenza. Una domanda molto viva per un emigrato, che ha perso per definizione il suo ancoraggio nel contesto sociale in cui è nato e cresciuto. Già Herberg, nel suo classico lavoro, aveva posto in rilievo questo aspetto, affermando recisamente che, «per vivere, il migrante deve "appartenere". Per appartenere, deve essere in grado di collocare se stesso in un più ampio contesto sociale, di identificarsi agli occhi propri e a quelli degli altri» [Herberg 1960, 12]. Non solo: nella separazione da molti altri aspetti della loro vita precedente, gli immigrati sovente si aggrappano alla religione come elemento di continuità che sopravvive allo sradicamento e al trasferimento in un contesto alieno: «lottando contro pesanti svantaggi per salvare qualcosa dei vecchi modi di vivere, gli immigrati dirigevano verso la fede l'intero peso del loro grande desiderio di restare collegati con il passato» [Handlin 1973, 117]. Nelle istituzioni religiose, ancora oggi trovano uno spazio accogliente e amichevole, che assomiglia almeno un po' alla madrepatria, «una piccola porzione di Sion nel bel mezzo di Babilonia» [Warner 2000, 1].

Studi più recenti, come quello già ricordato di Hagan ed Ebaugh [2003], hanno poi insistito sulla religione come fonte di sostegno emotivo nelle diverse fasi del processo migratorio, soprattutto in un'epoca in cui molti spostamenti avvengono in maniera irregolare, non di rado affrontando gravi rischi per l'incolumità personale.

Lo schema delle tre «R» non sembra poi rendere conto adeguatamente del fatto che l'esperienza religiosa è costruttrice di legami comunitari e senso di appartenenza. Come notava ancora Herberg, a proposito della tendenza dei diversi gruppi nazionali a fondare e sostenere proprie chiese «nazionali», «una nuova unità ha cominciato a emergere, un'unità definita primariamente dalla lingua, un'unità largamente sconosciuta nel Vecchio Mondo, ma rapida nel diventare la loro autentica identità nel nuovo. La chiesa immigrata è stata la prima espressione di questa unità» [Herberg 1960, 11]. Benché la chiesa cattolica abbia respinto l'idea, avanzata da alcuni cattolici tedeschi verso la fine dell'800, di istituire in America delle diocesi «etniche», ha accolto di fatto, come abbiamo ricordato, varie domande di salvaguardia dell'identità «etnica» degli immigrati entro lo schema dell'istituzione ecclesiastica. Ha costruito una struttura sociale capace di organizzare, regolare e preservare la cultura di particolari gruppi «etnici», o più precisamente nazionali, elaborando uno schema che consente ancora oggi di accogliere i nuovi immigrati di religione cattolica. Questa funzione della religione, come baricentro dell'identità personale e come cemento e catalizzatore dell'appartenenza sociale, si ripropone attualmente anche nel caso dell'insediamento di nuove religioni: «Qui siamo indù migliori», recita il titolo di uno studio su religione ed etnicità tra gli indiani immigrati in America [Kurien 2002]. Molti degli intervistati affermano di essere diventati più religiosi dopo l'arrivo, avendo dovuto per la prima volta riflettere sul significato della loro identità religiosa, che potevano dare per scontata in India. Ma, al di là di questo aspetto, mentre l'attività religiosa organizzata in gruppi non è tipica dell'induismo tradizionale tranne che nelle occasioni di festa, una delle principali ragioni per lo sviluppo di gruppi a base religiosa fra immigrati che non avevano mai fatto esperienze analoghe in patria è il bisogno di comunità. L'immigrazione separa gli individui, ed eventualmente la loro famiglia, da parenti e amici. Gli incontri mensili allora diventano importanti, perché rappresentano spesso l'unica occasione per incontrare altri indiani. Insegnamento della tradizione culturale induista ai figli, possibilità di approfondire e discutere le dottrine e i libri sacri, insieme all'opportunità di coltivare rapporti sociali e di frequentare altri indiani professionalmente qualificati, formano il mosaico delle motivazioni che sostengono la partecipazione.

Emerge in proposito un aspetto di rilievo. Nel rapporto con i figli gli immigrati si devono confrontare con il problema della riproduzione culturale, specialmente a partire dal momento in cui entrano a scuola. La religione funge allora da veicolo per trasmettere aspetti ritenuti essenziali del proprio patrimonio identitario, per fornire ai figli delle ragioni in grado di spiegare le differenze di cui fanno esperienza nel confronto con i compagni, nonché per proporre delle risposte, con l'aiuto degli specialisti del culto, alle difficili domande che i figli stessi pongono [Warner 2000]. Ma sarebbe riduttivo limitare il ruolo della religione alla riproduzione dell'identità culturale: le opportunità educative offerte dalle istituzioni religiose possono anche aiutare le famiglie, come abbiamo visto con riferimento a Chen [2006], a rivedere gli stili genitoriali e a renderli più coerenti con il nuovo contesto, favorendo un adeguamento dei modelli comportamentali che ne salvaguardi i principi di fondo.

La dimensione comunitaria dell'esperienza religiosa, così avvertita dai migranti, ha un'altra conseguenza: quella di fornire un terreno favorevole e un incentivo per l'impegno politico. Le chiese interessate dall'arrivo di cospicui afflussi di correligionari immigrati hanno offerto storicamente un importante sostegno alle organizzazioni e alle campagne di mobilitazione per i diritti degli immigrati, svolgendo un ruolo di sensibilizzazione verso la società ricevente e di coscientizzazione dei migranti stessi[7]. Non da oggi (pensiamo agli irlandesi in lotta per l'indipendenza nazionale e agli italiani in America nell'immediato dopoguerra) hanno esercitato pressioni politiche nei confronti dei governi a favore dei paesi di origine. Oggi le istituzioni religiose continuano a rappresentare luoghi di apprendimento e di socializzazione alla partecipazione politica nelle società riceventi, ma hanno anche, tramite le organizzazioni dei migranti sorte al loro interno, un crescente rilievo in relazione alle vicende politiche dei paesi di origine (come nel caso messicano), nel solco del transnazionalismo politico analizzato nel capitolo II. Accade così che istituzioni religiose nei paesi di emigrazione e organizzazioni collegate nei paesi di provenienza finanzino associazioni, cooperative e gruppi locali, negozino con le autorità civili progetti di sviluppo, organizzino la partecipazione elettorale degli emigrati, prendano posizione su determinate tematiche o sostengano dei candidati. Sul versante dei paesi riceventi, le comunità diasporiche, raccolte spesso intorno alle proprie istituzioni religiose (pensiamo non solo al caso ebraico, ma anche a quelli armeno o libanese), sono nello stesso tempo agenzie di sensibilizzazione delle società riceventi circa le rivendicazioni e le necessità della loro patria ancestrale.

Nell'economia di questo lavoro, va infine posto l'accento sul fatto che le religioni sono altresì, e sempre più, un ponte che rafforza contatti e legami transnazionali tra il luogo di provenienza, quello di insediamento e altri eventuali nodi dei

[7] Lo si è visto in America, negli ultimi anni, con la mobilitazione dei vescovi cattolici contro le norme restrittive proposte dall'amministrazione Bush, e a favore della regolarizzazione dei milioni di residenti non autorizzati (in gran parte *latinos*, messicani e altri, di religione cattolica), di fatto stabilmente insediati nel paese ormai da anni. In molte grandi città sono sfilati imponenti cortei di immigrati, alla cui testa marciavano vescovi e cardinali, all'insegna dello slogan «We are Americans».

flussi diasporici: un aspetto che innesta le pratiche religiose degli immigrati nel vivo del dibattito sul transnazionalismo [Levitt 2003]. Anche per le religioni, incluse quelle che non hanno di per sé una modalità organizzativa gerarchica, l'odierna compressione spaziotemporale ha moltiplicato le possibilità di contatto e interazione, abbattendo i costi dei viaggi e delle comunicazioni. Le religioni sono quindi coinvolte nell'attuale evoluzione transnazionale dei processi migratori, alimentandola ed essendone al tempo stesso influenzate. Come sintetizzano Portes e Rumbaut, «se le risorse monetarie e di altro genere fluiscono in una direzione, la guida morale e spesso il personale religioso si muove nell'altra» [Portes e Rumbaut 2006, 313], facendo delle istituzioni religiose un fattore trainante delle dinamiche transnazionali, malgrado l'opposizione dei «nativisti» che, anche in America, vedono questi processi come una minaccia per l'integrità culturale della nazione.

Ancora una volta, non si tratta tuttavia di fenomeni inediti. Il caso ebraico rappresenta in proposito un classico paradigma, in cui comunità etnico-religiose fra loro indipendenti e non organizzate secondo schemi gerarchici sono riuscite a mantenere rapporti capaci di travalicare le distanze spaziotemporali.

La chiesa cattolica ha proposto storicamente un altro modello organizzativo che possiamo definire transnazionale, con la sua articolazione tra centralizzazione mondiale e capillare ramificazione nei contesti locali, con l'attività delle congregazioni missionarie e con la stessa organizzazione della pastorale dei migranti. Oggi, in varie forme questi legami si espandono e si intensificano, nelle diverse istituzioni e denominazioni religiose: fondazione di centri religiosi «affiliati»; partecipazione a movimenti religiosi transnazionali che funzionano come *membership card* per essere riconosciuti e accolti anche all'estero; visite di leader spirituali provenienti dalla madrepatria e richiesta di ministri di culto per l'assistenza pastorale dei migranti; organizzazione di collette e invii di aiuti verso le comunità religiose di provenienza; pratica dei pellegrinaggi verso luoghi santi oltre i confini: sono questi alcuni degli esempi dei legami transnazionali che le religioni istituiscono nell'esperienza dei migranti[8].

[8] Una ricerca sulle comunità cristiane cinesi della diaspora [Yang 2002] distingue in proposito tre tipi di reti transnazionali: i contatti tra singoli

Gli immigrati possono poi essere inseriti in varia misura nelle istituzioni religiose dei paesi ospitanti, in quelle delle comunità «etniche» di appartenenza e ancora, almeno in alcune circostanze altamente simboliche, in quelle dei luoghi di origine. Agiscono quindi, anche inconsapevolmente, come veicoli di contatto, di influenza reciproca e, in ultima analisi, di trasformazione delle modalità espressive, organizzative e cultuali dell'esperienza religiosa, trasferendo da un contesto all'altro conoscenze teologiche, logiche organizzative, pratiche devozionali, innovazioni liturgiche e dottrinali. Attraverso i legami interpersonali e organizzativi si forma quello che è stato definito come «spazio religioso transnazionale negoziato» [Yang 2002, 859], un aspetto di quella *network society*, teorizzata da Castells [2002][9], flessibile, decentrata e attraversata da connessioni multiple, in grado di offrire agli individui i servizi personalizzati di cui hanno bisogno. Per gli individui e le famiglie, queste forme di appartenenza a diversi livelli possono altresì rappresentare un modo per collegare la dimensione locale della pratica religiosa con lo spazio globale dell'identificazione ecclesiale.

6. *Perché il modello americano non funziona in Europa*

Il rapporto tra identificazione religiosa e integrazione degli immigrati appare decisamente più problematico in Europa. Nel nostro continente, dove pure in vari paesi (dalla Gran Bretagna anglicana alla Prussia luterana, alla Francia laica e repubblicana) gli immigrati cattolici sono stati a lungo gli «altri», etichettati spregiativamente e colpiti da vari pregiudizi e discriminazioni, l'alterità religiosa ha oggi il volto temuto dell'Islam.

Per inquadrare la questione, due premesse sono necessarie. La prima richiama l'attualità del pensiero di Tocqueville, quando

individui, i rapporti tra singole chiese, le attività delle organizzazioni internazionali paraecclesiastiche.

[9] Questo aspetto assume evidentemente un'ampiezza diversa in una chiesa gerarchicamente organizzata e dotata di un centro riconosciuto, come quella cattolica, rispetto alle forme organizzative più lasche delle chiese protestanti e alle esperienze di radicamento nei contesti occidentali delle religioni che non sono neppure organizzate in forma ecclesiastica, come quelle orientali.

osservava che la democrazia americana si nutre di premesse di natura religiosa, e ne viene rafforzata, mentre quella francese si è costituita in opposizione all'altare, visto come alleato del dispotismo. Pur con alcune varianti, la visione francese della laicità dello Stato come esclusione del dato religioso dalla sfera pubblica ha largamente informato le istituzioni politiche del nostro continente, come si è visto anche in occasione del dibattito sulla Carta costituzionale dell'Unione Europea. Dal punto di vista politico-istituzionale, l'irruzione nel paesaggio europeo di una religione che, nella visione corrente, non conosce la separazione dallo Stato e che non è dotata, di per sé, di istituzioni rappresentative con cui negoziare degli accordi, costituisce un problema ingombrante. Anche dal punto di vista culturale, è difficile negare che, nel contesto europeo di secolarizzazione e privatizzazione della dimensione religiosa, «diviene molto difficile concepire che il riferimento al religioso possa occupare un posto fondamentale tanto nelle scelte individuali quanto in quelle societali di persone insediate nelle società europee» [Maréchal 2002, 579].

In secondo luogo, va ricordato che le nazioni europee sono definibili in ampia misura come «nazioni etniche», a differenza dei grandi paesi sviluppati extraeuropei, popolati da immigrati delle più diverse provenienze. Hanno cioè storicamente incorporato nel loro processo di autoidentificazione un substrato di omogeneità comunitaria a base etnico-nazionale, divenuto nel tempo implicito e quasi naturalizzato. La base della loro solidarietà interna risente ancora, in modo sotterraneo, degli equilibri faticosamente raggiunti con la pace di Augusta (1555), basata sul principio *cuius regio, eius religio*: per riuscire a stare insieme in modo pacifico in un determinato territorio, è necessario condividere la medesima religione, quella che il potere politico decide di adottare.

Anche gli istituti, tipicamente europei, delle chiese di Stato e dei patti concordatari, sono un'eredità di questo passato e, nonostante la progressiva perdita di rilevanza normativa, hanno contribuito a consolidare l'identificazione tra appartenenza nazionale e confessione religiosa. Pure i cittadini secolarizzati delle democrazie europee continuano in una certa misura a pensare che una componente della loro identità sociale rimandi per qualche aspetto ad un'appartenenza religiosa [Hervieu-

Léger 2003], soprattutto quando sono posti a confronto con l'affermazione nella sfera pubblica di religioni «estranee».

L'insediamento ormai irreversibile di minoranze islamiche che rivendicano diritti collegati alla sfera religiosa sembra quindi contraddire nello stesso tempo il principio di laicità e l'identificazione storica delle nazioni europee con diverse espressioni del cristianesimo [Zolberg e Litt Woon 1999]. Anzi, il crescente pluralismo di credenze e comportamenti e l'evidente smarrimento di un'omogeneità culturale, incontrandosi con la sfida dell'ingombrante alterità islamica, inducono talvolta a individuare nel cristianesimo la cifra di un'identità collettiva vacillante[10].

Mentre in America la flessibilità istituzionale del rapporto tra Stato e religioni, forgiata dal confronto con il cattolicesimo e con l'ebraismo, consente oggi ai musulmani, nonostante la crisi dell'11 settembre 2001, di costruire moschee e scuole secondo i diritti riconosciuti alle altre religioni[11], in Europa la crescente visibilità dell'immigrazione musulmana è invece recepita con preoccupazione e disagio, talvolta con aperta avversione.

Può essere interessante notare che questo sentimento di alterità non si era manifestato agli inizi del processo di insediamento di immigrati di religione islamica, come sembrerebbe normale. I primi arrivati erano uomini soli, la cui integrazione era limitata all'occupazione di ruoli subalterni nella sfera economica. Le loro pratiche religiose, quando sussistevano, erano viste come questioni private, confinate nel tempo libero. La

[10] È interessante notare che la sovrapposizione tra cultura occidentale e religione cristiana è propugnata da esponenti politici e da alcuni intellettuali (spesso personalmente non credenti), mentre le autorità religiose si guardano bene dallo scivolare su un terreno così ambiguo, specialmente nel caso di una religione con pretese universali come il cattolicesimo. La rivendicazione delle radici cristiane dell'Europa ha potuto fomentare la confusione al riguardo, ma questa non significa adesione all'idea di identificare il cristianesimo con l'identità occidentale, facendone una sorta di religione «etnica» dei popoli privilegiati del pianeta: implicherebbe, per le chiese cristiane, porsi come «altre» nei confronti dei popoli non occidentali, che rappresentano tra l'altro porzioni numericamente sempre più ingenti della comunità dei fedeli.

[11] Negli ultimi anni tuttavia anche in America si avverte una crescita di ostilità e allarme sociale nei confronti della minoranza islamica, specie se originaria dei paesi arabi, a cui il governo federale ha corrisposto con un aumento della sorveglianza e una restrizione delle autorizzazioni all'ingresso [Portes e Rumbaut 2006].

percezione della provvisorietà del soggiorno, sia per la società ricevente sia per i lavoratori provenienti da paesi musulmani, contribuiva a sua volta ad accantonare un delicato confronto sulle differenze religiose.

La questione islamica ha cominciato a imporsi con la chiusura delle frontiere negli anni '70, quando il blocco di nuova immigrazione per lavoro ha prodotto il fenomeno dei ricongiungimenti familiari e la stabilizzazione della popolazione musulmana, stimata oggi in 11-12 milioni di persone. Con l'avvento delle famiglie, le dimensioni culturali sono salite alla ribalta: la trasmissione del patrimonio culturale e religioso islamico, l'educazione dei figli, la conservazione di un appropriato stile di vita familiare, hanno richiesto l'apertura di un processo di negoziazione con le società ospitanti che non ha ancora raggiunto un assetto stabile. Ha anzi assunto toni drammatici in seguito agli attentati terroristici che, dopo aver colpito gli Stati Uniti nel 2001, hanno insanguinato il nostro continente in questi primi anni del nuovo millennio. Le società europee si sentono sfidate da costumi alieni e ne paventano il riconoscimento normativo, mentre gli immigrati musulmani lamentano discriminazione e negazione pratica di quei principi di libertà religiosa di cui l'Occidente si fa paladino. Predicatori intolleranti, su entrambe le sponde, infiammano gli animi ed esasperano il confronto. Il fatto poi che l'Islam degli immigrati si organizzi generalmente dal basso con modalità spontaneistiche, in cui i più intraprendenti e meglio attrezzati istituiscono e prendono in mano i luoghi di culto, aggrava i problemi di interazione, negoziazione e anche di controllo della presentazione del messaggio religioso, accrescendo diffidenze e ostilità. Così, «dall'essere invisibile, l'Islam si avvia a diventare indesiderato» [Cesari 2005a, 1018].

Questa autrice distingue in proposito due forme globalizzate dell'Islam. La prima fa riferimento alle comunità degli immigrati provenienti da paesi islamici, proponendo una «rilocalizzazione» delle comunità religiose che salvaguarda e rafforza i legami con i luoghi di provenienza, talvolta irrigidendo i riferimenti islamici in una «riproduzione "eternizzante" dell'Islam tradizionale» [Cesari 2005b, 5]. Qui emergono leader locali definiti «parrocchiali», legati al gruppo etnico-nazionale, spesso privi di un'adeguata formazione. La seconda forma di Islam globalizzato si lega invece ai movimenti teologici e politici che pongono in risalto il legame universale con la comunità dei credenti (*umma*), una comunità immaginata e costantemente rinnovata, fondata sulla percezione di un destino comune [*ibidem*, 7]. Qui si colgono tendenze fondamentaliste, antintellettuali e antimoderne. Nuove generazioni di intellettuali musulmani, provenienti dalle classi medio-alte urbanizzate e formati in Europa, danno invece vita ad un'élite islamica cosmopolita dai caratteri specificamente europei, capaci di una relazione più personale e critica con la tradizione islamica, oltre che di una sensibilità alle differenze forgiata nel confronto con altre religioni e con i contesti secolari. Perciò, «l'obiettivo principale dell'élite cosmopolita consiste nel preservare i riferimenti islamici all'interno del pluralismo europeo, mettendoli in grado di coesistere con altri sistemi religiosi e filosofici» [*ibidem*, 11]. In una religione che manca di gerarchie e istituzioni rappresentative, i membri dell'élite cosmopolita sono definiti weberianamente da Cesari «imprenditori indipendenti che operano nel settore della redenzione» [*ibidem*, 10]. Il panorama dell'Islam europeo, come confermano varie altre ricerche, si presenta quindi differenziato e composito, attraversato da movimenti di ripiegamento, ma anche di rielaborazione critica e di riappropriazione soggettiva.

La vicenda francese del velo riflette il groviglio di nodi problematici che si attorcigliano intorno al rapporto tra società secolari e minoranze musulmane. La laicità istituzionale della sfera pubblica si è sentita attaccata dall'ingresso nella scuola di allievi nel cui abbigliamento comparivano simboli di appartenenza religiosa («ostentati», come dicono i sostenitori del divieto), e li ha ritenuti lesivi della presunta neutralità delle istituzioni educative pubbliche, trascinando nella contrapposizione anche simboli cristiani ed ebraici finora pacificamente accettati. È passata così una riedizione della visione patologica delle religioni come minaccia per lo spirito pubblico, che sembrava un residuato ottocentesco, a cui si oppone una laicità chiusa e attestata sulla difensiva. Senza entrare nel merito di una questione complessa, si può osservare che la decisione francese ha avuto l'effetto controproducente di indurre i credenti nell'Islam a sentirsi vittime di una discriminazione istituzionale da parte di chi vorrebbe insegnare loro la lezione dei diritti umani. Su un piano più generale, avendo colpito per scrupolo di uguaglianza anche le altre religioni, l'approccio francese ha comunicato un messaggio di chiusura verso le risorse delle religioni come fattore di coesione sociale in società che faticano a trovare elementi di aggregazione.

Non va trascurato peraltro il contesto sociale in cui si situa la questione islamica. Mentre in America i sei milioni di musulmani sono dispersi sul territorio e appartengono in ampia misura, come abbiamo ricordato, agli strati professionalmente qualificati (si tratta di tecnici, scienziati, medici, uomini d'affari), in Europa gli immigrati provenienti da paesi musulmani anzitutto portano con sé, in molti casi, il retaggio della provenienza coloniale, e poi si concentrano nelle posizioni inferiori del mercato occupazionale, sono colpiti da disoccupazione e precarietà e si trovano in gran parte alloggiati in quartieri degradati delle periferie metropolitane. I giovani sono i più esposti a questa condizione: cresciuti in Occidente, ne hanno acquisito stili di vita, modelli di consumo e gerarchie delle occupazioni desiderabili. Non sono più disponibili ad accollarsi le mansioni umili e malpagate dei loro genitori, ma stentano ad accedere alle posizioni qualificate a cui aspirano [cfr. al riguardo Ambrosini 2005a].

La discriminazione, inoltre, non riguarda tutti gli immigrati allo stesso modo. I soggetti con determinate caratteristiche o provenienze ne sono più gravati degli altri. «I *gatekeepers* non svalutano tutti gli estranei allo stesso modo; costruiscono una gerarchia di preferenze, classificando i candidati di determinate origini più favorevolmente di altri» [Model e Lin 2002, 1063]. Come un tempo i lavoratori provenienti da paesi cattolici, oggi sono i musulmani a subire maggiormente i pregiudizi dei datori di lavoro. Questo problema appare particolarmente grave in Europa: dalla ricerca comparativa di Model e Lin [*ibidem*] risulta per esempio che il 38,3% dei musulmani nel Regno Unito è colpito dalla disoccupazione, contro il 15,0% in Canada (dove i più discriminati sono i Sikh). I musulmani inglesi sono anche molto meno istruiti (solo il 3,8% ha completato l'istruzione superiore, contro il 28,5% del Canada)[12]. I nuovi arrivati e le

[12] Frisina [2007], sulla base di altre ricerche, presenta dati che vanno nella stessa direzione: a Berlino tra i giovani di origine turca la disoccupazione raggiunge il 50%; nel Regno Unito i giovani di origine pakistana hanno un tasso di disoccupazione doppio rispetto ai loro coetanei bianchi, e nel caso dei bangladeshi si arriva addirittura al triplo.

seconde generazioni trovano scarso sostegno nelle reti sociali dei correligionari, composte per lo più da lavoratori manuali arrivati nel periodo dello sviluppo industriale e oggi colpiti dalla deindustrializzazione. Considerazioni simili valgono per i turchi in Germania [Ambrosini e Abbatecola 2004] e per gli algerini in Francia.

L'aggregazione dei giovani intorno ad identità religiose ed etniche («arabi», «maghrebini») e l'insorgere di manifestazioni anche violente di conflitto sociale nelle periferie ad alta concentrazione di popolazioni immigrate, come è avvenuto nell'autunno 2005 nelle *banlieues* francesi, vengono quindi interpretati, in Francia e altrove, come l'effetto di questa dissonanza tra socializzazione culturale (e anche politica) implicitamente riuscita e marginalità socioeconomica: «È solo perché la proclamazione di una volontà di uguaglianza è stata presa sul serio e costituisce un orizzonte condiviso penetrando nello spirito delle persone, che l'esperienza concreta della marginalizzazione sociale e spaziale, unita a quella delle discriminazioni razziali, ha finito per diventare intollerabile» [Lagrange e Oberti 2006, 234-235][13].

In questo senso la diversità religiosa, riscoperta come tratto identitario e oppositivo, può diventare il catalizzatore di una condizione di esclusione, una sorta di razionalizzazione e riappropriazione soggettiva della marginalità (non trovo un buon lavoro perché mi discriminano, mi discriminano perché sono musulmano, ma io non voglio integrarmi in questa società e la rifiuto). L'autoidentificazione con l'Islam può quindi assumere i tratti di una reazione all'ostilità o al disprezzo degli ambienti circostanti [Cesari 2005c].

Può essere però anche vissuta in altri casi in modo più dinamico, come il luogo di formazione di nuove identità e pratiche sociali, che aiutano a reggere la discriminazione e a recuperare una visione positiva di se stessi:

> collocati in una situazione oggettiva di esclusione economica e sociale, questi giovani si sentono «detestati» da una società che non riserva loro alcuno spazio. L'islamizzazione serve loro prima di tutto per

[13] Per un'accurata ricostruzione della questione delle *banlieues* francesi e delle mobilitazioni dei giovani di origine immigrata, cfr. Body-Gendrot e Wihtol de Wenden [2007].

riorganizzare il senso della vita. Diventare musulmano significa aumentare l'autostima e dotarsi di un'identità socialmente riconoscibile [Hervieu-Léger 2003, 103].

Sia pure in modo faticoso e contrastato, anche tra i musulmani europei l'identificazione religiosa accompagna l'integrazione sociale, anziché contrapporsi ad essa. In diversi paesi, le seconde generazioni hanno dato vita a numerose associazioni musulmane, impegnate non solo in ambiti strettamente religiosi, ma anche in campo sociale, politico ed educativo: si dedicano all'insegnamento dell'arabo, organizzano corsi di recupero scolastico, si occupano di famiglie in difficoltà, gestiscono librerie e case editrici, propongono attività sportive, animano il tempo libero [Maréchal 2002]. Le stesse moschee, la cui erezione è oggetto di conflitto aperto in diverse città europee, sono al pari di chiese e sinagoghe, centri di vita comunitaria, che promuovono reti di solidarietà, forniscono aiuto a chi si trova nel bisogno, aiutano le comunità lasciate in patria [Cesari 2005a]. Le ricerche mostrano poi che anche tra i musulmani insediati in Europa la pratica religiosa è soggetta a processi di rielaborazione e reinvenzione che riflettono una crescente autonomia soggettiva nei confronti della tradizione ereditata. Si parla anzi di un progressivo distacco dall'Islam etnico e di un affermarsi della logica individuale nel rapporto con la dimensione religiosa [Pacini 2005, XV], confermata anche dal fatto che il tasso di frequenza abituale presso le moschee europee si aggira tra il 5 e il 12%.

Opinione pubblica, istituzioni politiche e studiosi[14] stentano tuttavia a cogliere differenze interne, significati e funzioni sociali delle espressioni religiose degli immigrati, Islam compreso. Nella sua grande inchiesta sugli immigrati e i loro figli in Francia, basata su circa 13.000 interviste, Tribalat [1995] nota a più riprese, con malcelato compiacimento, che i giovani di origine maghrebina sono in realtà in gran parte secolarizzati, poco praticanti, distanti dall'osservanza dei precetti dell'Islam. L'intento è probabilmente quello di rassicurare le istituzioni committenti e l'opinione pubblica circa la scarsa consistenza di un movimento giovanile islamico in Francia. Come spiega

[14] Eccettuati pochi specialisti del settore, come Pace [2004] o Saint-Blancat [2005].

l'autrice nell'Introduzione, giustificando la scelta del termine «assimilazione», il suo studio analizza la condizione degli immigrati in rapporto al modello francese, «laico ed egualitario nei suoi principi», rispetto al quale «lo sviluppo di corpi intermedi basati sull'etnia o l'origine etnica è antagonistico» [*ibidem*, 13]. L'assimilazione sarebbe pertanto definibile come «una riduzione delle specificità attraverso la mescolanza delle popolazioni e la convergenza dei comportamenti» [*ibidem*]. Nelle conclusioni, volendo dissipare il timore di una crescita impetuosa del fondamentalismo religioso, osserva che gli immigrati algerini (i più numerosi) sono i meno praticanti fra i musulmani. I loro figli nati in Francia mostrano un'indifferenza religiosa pari a quella dei coetanei autoctoni e frequentano molto raramente i luoghi di culto. Il loro attaccamento al Ramadan e al rispetto delle interdizioni alimentari «riflette più la volontà di conservare una certa fedeltà alle origini e alla cultura dei genitori che un'assiduità religiosa».

Che in questo quadro l'abbandono della pratica religiosa venga salutato come un successo dell'assimilazione, è discutibile, ma molto eloquente. Purtroppo però Tribalat non coglie una dimensione che la ricerca sociologica ha ampiamente rilevato: i giovani che frequentano ambienti religiosi sono più ligi alle norme e meno inclini alla devianza degli altri, e di solito sono meglio inseriti nella scuola e nel lavoro. Nella loro grande ricerca longitudinale sui figli di immigrati in America, Portes e Rumbaut [2006, cap. 9] hanno ravvisato (per l'ennesima volta verrebbe da chiosare, giacché il dato è tutt'altro che sorprendente) una correlazione positiva della pratica religiosa (in particolare, nell'ambito delle grandi religioni istituzionalizzate) con il successo scolastico e professionale e una significativa correlazione inversa tra pratica religiosa e vari indicatori di assimilazione verso il basso (disoccupazione, arresti, incarcerazioni, gravidanze precoci, ecc.)[15]. Più i giovani sono praticanti, meno rischiano di incorrere negli incidenti di percorso che rivelano un'assimilazione verso condizioni di emarginazione e subculture devianti. La relazione risente certo dell'influenza di

[15] Fanno eccezione soltanto i giovani buddhisti, il che si spiega con la povertà e la marginalità nel mercato del lavoro sperimentate da molti giovani di origine laotiana e cambogiana.

altre variabili, come lo status familiare, ma anche tenendone conto, «essere membro di una religione istituzionalizzata è fortemente e positivamente associato con più elevati risultati scolastici e con un maggiore prestigio occupazionale, ed è significativamente e negativamente correlato con gli incidenti della *downward assimilation*» [*ibidem*, 323].

Alla luce di questi risultati, si può cogliere una difficoltà di inquadramento del significato dell'esperienza religiosa per le seconde generazioni anche nell'analisi di Barbagli e Schmoll [2007]. Pur avendo l'indubbio merito di aver messo a tema, tra i primi in Italia, il fenomeno della religiosità dei ragazzi e dei giovani di origine immigrata al di fuori di un'unilaterale focalizzazione sul problema islamico, i due autori si limitano a considerare due tesi contrapposte: quella dell'assimilazione religiosa (ossia, di fatto, della secolarizzazione della mentalità, in linea con gli atteggiamenti diffusi tra i giovani autoctoni) e quella della religiosità «reattiva» (ossia come esito di un ripiegamento difensivo e oppositivo di fronte alle avversità incontrate). L'idea della religione come risorsa per l'integrazione non entra nello schema interpretativo.

Va invece ribadito che, anche per le seconde generazioni, la partecipazione religiosa è un fattore di organizzazione della propria identità, di integrazione sociale e anche di contenimento dei comportamenti devianti. Semmai, seri problemi possono sorgere dalla conservazione di certi simboli religiosi come simulacri identitari, inalberati come segni di appartenenza minoritaria e vessilli di distinzione oppositiva contro una società percepita come ingiusta e ostile, ma svuotati di consistenza normativa e privati di rapporti organici con una vasta comunità di credenti, nel solco di quella «etnicità reattiva» di cui hanno parlato Portes e Rumbaut [2006]. In sintesi: nelle recenti rivolte dei giovani maghrebini delle periferie francesi non c'è troppa religione, ma semmai troppo poca.

7. *Pluralismo religioso, globalizzazione dal basso e convivenza culturale*

Il riferimento alle *banlieues* parigine non è isolato. Il nesso istituito tra appartenenza islamica e mancata integrazione sociale rivela che nello scenario europeo sembrano scaricarsi sulla dimensione culturale, e sulle differenze che ne risultano, le tensioni irrisolte che scaturiscono dal versante strutturale dell'inclusione delle popolazioni immigrate. In altri termini, in un contesto meno dinamico di quello dell'America (o della stessa Europa dello sviluppo postbellico), stanno venendo a galla i mediocri risultati conseguiti sul versante dell'integrazione socioeconomica, specialmente con riferimento alle seconde generazioni. La crescita di comunità separate e l'incipiente insorgere di aggregazioni fondamentaliste sono comunemente ricondotti alla riaffermazione di identità religiose ostili all'Occidente, o semmai al fallimento di politiche multiculturali troppo tolleranti, eludendo la questione delle modalità e delle prospettive con cui gli immigrati sono stati accolti nelle società riceventi. Leggendo il fenomeno in termini di integrazione culturale, non si presta sufficiente attenzione al fatto che lo scarso dinamismo delle economie europee, la contrazione degli investimenti nei sistemi di welfare e le pratiche discriminatorie nel mercato del lavoro hanno prodotto ridotte opportunità di mobilità sociale, esercitando un'influenza rilevante sul confinamento degli immigrati ai margini della società, di cui la formazione dei ghetti metropolitani rappresenta un'icona eloquente.

Le stesse minacce del settarismo e del fanatismo religioso, sebbene non possano essere lette in modo semplicistico unicamente come una conseguenza della povertà e della discriminazione, sarebbero più efficacemente contrastate se gli immigrati musulmani trovassero altri sbocchi professionali e maggiori occasioni di riconoscimento sociale.

Anche per effetto di questa lettura inadeguata dei processi in atto, la lezione americana considerata nelle pagine precedenti stenta a far breccia nel nostro continente, sovrastata dal clamore degli attacchi terroristici e dalla diffidenza ansiosa verso manifestazioni di appartenenza religiosa che sfidano identità nazionali sempre più incerte e traballanti, e perciò più indotte a difendersi e a chiudersi che a negoziare e integrare i «diversi». Certo, molti problemi restano aperti, come quelli del reclutamento e della formazione dei responsabili religiosi, dell'influenza di finanziamenti esterni e di movimenti fondamentalisti nella gestione dei luoghi di culto, dell'identificazione di interlocutori rappresentativi con cui sottoscrivere accordi, della regolazione di materie come l'insegnamento religioso o l'apertura di scuole. Come per altre minoranze religiose nel passato, e forse in maniera ancora più acuta, sono proprio i legami transnazionali della galassia delle aggregazioni islamiche a essere considerati minacciosi. Ma un conto è affrontare e discutere questioni anche spinose, un altro identificare una religione e i suoi credenti con le correnti settarie, con l'espressione di un'alterità irriducibile o con la minaccia del terrorismo.

Sarebbe più saggio, ad avviso di chi scrive, adottare una visione diversa – e sociologicamente più fondata – nei confronti del possibile ruolo dell'Islam, come delle altre grandi religioni: «una delle sfide principali è la riabilitazione della funzione sociale delle religioni, attraverso la quale la spiritualità e la sollecitudine verso i valori sarebbero percepite come i catalizzatori di un'integrazione positiva e partecipativa, e potrebbero dunque funzionare realmente come fattori di dinamismo individuale e collettivo. A profitto di tutti» [Maréchal 2002, 598].

Anche il crescente pluralismo religioso indotto dall'immigrazione contribuisce alla globalizzazione dal basso delle nostre società. Moschee e pagode non sono più soltanto esotici rimandi a mondi lontani, minacciosi o fiabeschi, ma elementi che stanno entrando a far parte del paesaggio urbano delle città occidentali. Festività e riti descritti dagli antropologi reduci da viaggi in paesi mal conosciuti vengono importati e riproposti in mezzo a noi, talvolta anche in spazi pubblici e luoghi simbolici.

Il desiderio di ritrovare qualche elemento della propria storia, di ridare un senso alla vita quotidiana in terre lontane, di incontrarsi con i propri connazionali, di trasmettere ai figli qualche elemento delle tradizioni ereditate, spinge molti immigrati a fare delle pratiche e delle istituzioni religiose luoghi cruciali per la ridefinizione della propria identità, traendone sostegno morale e risorse sociali su cui poter contare nel percorso di inserimento nel nuovo ambiente di vita. Tra richiami simbolici e legami effettivi di vario genere, i contesti religiosi diventano così luoghi in cui si elaborano processi di identificazione, pratiche sociali e vissuti emozionali imbevuti di riferimenti transnazionali. Più di altri ambiti di esperienza, come quelli economici e politici, il campo religioso consente a chiunque di coltivare rapporti che travalicano i confini e connettono mondi diversi. Più del transnazionalismo degli affetti familiari, il campo religioso sollecita a sentirsi parte di comunità più ampie e composite, unite malgrado le distanze.

Questi processi, che non dovrebbero in teoria suscitare troppo scalpore in società abbondantemente secolarizzate, governate da istituzioni programmaticamente laiche (benché imperfettamente, e non solo in Italia), sono diventati invece la posta in gioco di conflitti identitari incandescenti. Con varie motivazioni, in realtà già prima del 2001, ma certo con rinnovato vigore dopo l'avvento della minaccia islamista, molti governi e società civili europei rischiano di venir meno ad uno dei capisaldi della nostra civiltà giuridica, quello della libertà di culto per tutti.

Un mondo globalizzato, persino nelle pieghe dei rapporti di vicinato e dell'utilizzazione degli spazi urbani, non è un mondo sereno, pacifico e agevole da governare, ma la politica della chiusura e del rifiuto non sembra la più idonea a costruire un futuro di convivenza pacifica. Una diversa visione dei fenomeni religiosi potrebbe invece contribuire a sviluppare processi di integrazione pluralistica e reciprocità solidale.

CAPITOLO QUINTO

INTEGRAZIONE CONTRO MULTICULTURALISMO: UNA DICOTOMIA SUPERATA?

La crescente attenzione ai processi di globalizzazione dal basso e ai legami transnazionali dei migranti ha conseguenze non marginali sulle visioni del rapporto tra società riceventi e nuovi residenti, sulle modalità di trattamento della diversità etnico-culturale e dunque sulle politiche per gli immigrati. In altri termini, la prospettiva transnazionale contribuisce a porre in questione la coppia concettuale contrapposta integrazione-multiculturalismo, la cui popolarità nel dibattito politico e pubblicistico del resto da tempo non trova più un solido retroterra negli studi specialistici.

Prendiamo le mosse, in questa discussione, dal concetto di integrazione (degli immigrati), da anni oggetto di critiche. Si è cercato di sostituirlo con altri concetti, considerati meno intrisi di implicazioni normative, come quelli di incorporazione, inclusione, e simili. Vedremo che anch'essi non sono privi di difetti.

Il termine ha una tradizione linguistica prevalentemente europea e specialmente francese, ed è stato inteso a lungo come una versione – forse più mite – dell'americano «assimilazione». Con il tempo si è però affermata, specialmente nell'ambito sociologico, un'accezione più flessibile, processuale e dialogica del concetto [cfr. Caponio e Sciortino 2007]. Ad essa intendo rifarmi, mostrando che il concetto di integrazione, opportunamente aggiornato e reinterpretato, può rappresentare tuttora uno schema cognitivo utile per comprendere sia i processi di inserimento degli immigrati nelle società riceventi, sia le politiche destinate ad agevolarne l'adattamento, senza implicare la rescissione dei legami transnazionali e la rinuncia a riferimenti culturali e appartenenze avvertite come costitutive dell'identità personale.

1. *Tre assimilazionismi*

Occorre prendere anzitutto in considerazione il concetto di assimilazione, per via della sua influenza sul dibattito americano e internazionale sull'immigrazione, legato come è noto agli studi pionieristici della scuola di Chicago nel periodo tra le due guerre mondiali.

Il concetto ha anzitutto un contenuto descrittivo: gli immigrati al loro arrivo si attestano sui gradini più bassi della stratificazione sociale, accollandosi i lavori più sgraditi e abbandonati dalla forza lavoro nazionale. Con il tempo però si inseriscono nella nuova società, ne apprendono la lingua e la cultura, abbandonando retaggi e consuetudini dei luoghi di origine e identificandosi con il nuovo ambiente, fino a diventare difficilmente distinguibili, sotto il profilo socioculturale, dalla popolazione nativa [Gordon 1964]. Questo processo è prettamente individuale, mentre appartenenze etniche e identità ascritte sono intese prevalentemente come ostacoli da rimuovere, anche se alcuni degli studiosi più avvertiti, come Thomas [1997], valorizzavano il ruolo dell'associazionismo «etnico» come camera di compensazione e ponte di collegamento tra la vecchia e la nuova società.

L'assimilazione è concepita nella sostanza come un processo organico, univoco, lineare: sono gli immigrati che si assimilano nel nuovo contesto sociale, assumendone gli abiti mentali e gli stili di vita, e diventando simili ai nativi, fino a confondersi con essi, nelle varie dimensioni della vita quotidiana. Lo conferma implicitamente la classica definizione di assimilazione formulata da Park e Burgess: «un processo di interpenetrazione e fusione in cui persone e gruppi acquisiscono le memorie, i sentimenti e gli atteggiamenti di altre persone e gruppi e, condividendo le loro esperienze e la loro storia, sono incorporati con essi in una vita culturale comune» [Park e Burgess 1924, 735].

Va anche notato che l'assimilazione culturale rappresenta la precondizione che rende possibile l'avanzamento nel mercato del lavoro e quindi nella stratificazione sociale. L'assimilazione in questo senso dà luogo a un incessante movimento di successione, in cui gli immigrati ormai insediati salgono nella scala sociale e lasciano i posti che occupavano ai nuovi arrivati, destinati a percorrere lo stesso cammino. A livello urbano, il miglioramento delle condizioni economiche si riflette nello spostamento residenziale, dai ghetti etnici verso aree più pregiate, con una conseguente dispersione sul territorio, che favorisce a sua volta l'assimilazione.

Il concetto assume però anche un contenuto normativo: possiamo parlare al riguardo di un secondo assimilazionismo. L'assimilazione è un processo non solo inevitabile, ma anche auspicabile e in una certa misura obbligato: prima gli immigrati perdono i tratti culturali e le pratiche sociali che li distinguono dalla popolazione nativa, prima riusciranno a farsi accettare e a progredire nella scala sociale. Gli immigrati avrebbero pertanto il dovere e il compito di assimilarsi al più presto, per il loro stesso bene, oltre che per l'equilibrio complessivo della società ricevente. L'assimilazione non viene vista tanto come un impegno della società ricevente, quanto piuttosto come un obbligo individuale per gli immigrati.

Questa dimensione normativa ha rappresentato nel dibattito successivo l'aspetto più critico del concetto, a fronte della crescente consapevolezza del pluralismo culturale, arrecata dalle rivendicazioni delle minoranze e dalla stessa ricerca antropologica sulle culture «altre». Portes e Rumbaut [2006] parlano al riguardo di «assimilazionismo forzato», un orientamento che guarda al passato per cercare i modi con cui separare gli immigrati dalle loro eredità culturali per uniformarli alla maggioranza. Le politiche che derivano da questa visione hanno due conseguenze: delegittimano lingua e cultura dei genitori delle famiglie immigrate, indebolendone l'autorità e gli sforzi per preservare i figli dagli aspetti meno desiderabili dell'assimilazione culturale (ne abbiamo parlato al cap. I); in secondo luogo, privano gli interessati e il paese nel suo complesso della risorsa rappresentata, in sistemi economici e culturali sempre più aperti e interdipendenti, da un bilinguismo fluente, nonché, si potrebbe aggiungere, dalla capacità di comporre e rimescolare in modi nuovi riferimenti culturali diversi: ne vediamo i frutti nella letteratura e nelle arti, ma anche nel mondo degli affari.

La tendenza all'assimilazionismo normativo peraltro ricompare più o meno esplicitamente ogniqualvolta ci si interroga sulla volontà e sulla capacità degli immigrati di integrarsi nelle società avanzate, pensate ancora una volta come contesti culturalmente omogenei e compatti. Ed è contro questa tendenza che si appuntano gli strali degli alfieri del transnazionalismo.

Vi è poi un sottinteso, non auspicato né avallato dai teorici della scuola di Chicago, ma largamente assunto in quella che potrebbe essere definita come «ricezione diffusa» dell'idea di assimilazione/integrazione degli immigrati, che diventa di fatto una terza versione del concetto stesso: è l'assegnazione di una posizione subalterna nell'organizzazione sociale e nel mercato occupazionale, con la sottomissione a una gerarchizzazione implicita, tale per cui gli immigrati sono per definizione adibiti a mansioni rifiutate dai nativi e destinati a trovare alloggio in quartieri e abitazioni abbandonati dai vecchi abitanti. In questo senso, l'immigrato cognitivamente inquadrato come «integrato» non è tanto quello diventato davvero simile alla popolazione autoctona, per competenze linguistiche, aspirazioni, codici normativi, concezione del lavoro e del benessere, quanto piuttosto quello che rinuncia a competere con i nativi, non pone in discussione il trattamento che la società ricevente gli riserva e si ritiene pago della posizione che gli viene assegnata [cfr. in proposito Ambrosini 2005a].

2. *La prima critica: l'impossibilità dell'integrazione e la mixofobia*

Il concetto di integrazione così inteso è stato criticato da opposti versanti.

Il primo filone critico può essere definito come una visione pessimistica circa la possibilità dell'integrazione. Anche questa posizione ha una lunga storia, che in America, come si è visto al capitolo IV, rimanda almeno all'arrivo di contingenti numerosi di immigrati cattolici (soprattutto irlandesi) a partire dal 1830 circa.

Quanto agli italiani, specialmente se meridionali, come riferiscono Perlman e Waldinger [1997], era diffusa nel dibattito americano, anche colto, l'idea che avessero nelle vene «sangue saraceno», e che i loro caratteri fisici li facessero assomigliare più agli africani che ai bianchi caucasici. Ancora nel 1945, alcuni studiosi distinguevano caucasici (ossia popoli bianchi europei) «chiari» e «scuri»: questi ultimi, considerati di sangue misto, europeo e mongolo, erano ritenuti assimilabili solo molto lentamente, non prima della sesta generazione[1].

Dopo la seconda guerra mondiale e la presa di coscienza degli orrori del nazismo, questa concezione è divenuta insostenibile. Ma secondo Taguieff [1994; 1999], il razzismo ha assunto una nuova veste, prendendo a prestito una serie di argomenti dell'antirazzismo. Diventa infatti centrale l'idea della differenza culturale, e allo screditato termine «razza» si sostituisce quello di «etnia» o anche di «cultura». Taguieff parla dunque di «razzismo differenzialista». In questa chiave, le popolazioni immigrate insediate nelle società occidentali vengono così paventate soprattutto come una minaccia per l'identità culturale delle maggioranze autoctone. Come nota Beck, «ci si appiglia strategicamente ad un ipotetico essenzialismo della propria appartenenza etnica per ristabilire confini che stanno svanendo e mescolandosi, tra dentro e fuori, tra noi e loro» [Beck 2003, 11].

Il razzismo differenzialista prende allora la forma di un'esaltazione delle differenze e di una preoccupazione per la loro preservazione. Memorie, tradizioni, modi di vita peculiari possono essere salvaguardati solo al prezzo della separazione da altri gruppi umani, concepiti come portatori di culture diverse. Le identità culturali vengono dunque concepite come rigide, non modificabili, mentre le possibilità di ibridazione o meticciato vengono respinte come inaccettabili (Taguieff parla di «mixofobia», come «orrore della mescolanza tra gruppi umani»). Gli individui vengono poi assegnati collettivamente ad una certa «cultura» sulla base del fattore ascrittivo della nascita in un determinato paese o della discendenza da genitori rispettivamente autoctoni o immigrati.

La cultura viene quindi in un certo senso naturalizzata e serve a rinchiudere gli individui in identità immutabili. L'ideale vagheggiato è quello di popoli (o culture) che rimangano nettamente distinti e abitino territori separati (vivano «nel proprio

[1] Non si deve neppure ritenere che la xenofobia sia un fenomeno tipico di ideologie conservatrici e posizioni politiche «di destra». Nell'America del primo '900, un autorevole sociologo «progressista» come Edward Ross si schierò contro nuovi ingressi di immigrati negli Stati Uniti e soprattutto contro la possibilità che i loro tratti culturali entrassero a far parte del patrimonio culturale del paese [cfr. Rauty 1997; 1999].

paese»), al fine di poter preservare la ricchezza delle diversità. Va notata al riguardo l'operazione di attribuzione dall'esterno di un'identità collettivizzata («categoriale») alle persone che manifestano determinate caratteristiche, un tempo prevalentemente fisiche, oggi culturali e specialmente religiose. Come ha osservato Sen: «Le attribuzioni assegnate possono contenere in sé due distorsioni distinte, ma correlate: la rappresentazione distorta di persone appartenenti a una categoria presa di mira e l'insistenza sul fatto che quelle caratteristiche distorte siano i soli aspetti rilevanti dell'identità della persona presa di mira» [Sen 2006, 9].

La nota tesi dello «scontro di civiltà» di Huntington [2000] discende dalla previa suddivisione dell'umanità in categorie distinte, basate sull'appartenenza geografico-religiosa, dal successivo incasellamento degli individui all'interno dei rigidi contenitori rappresentati dalle «civiltà» e infine dalla precomprensione delle relazioni tra esseri umani in termini di rapporti tra civiltà differenti [Sen 2006, 13].

Sul fronte interno, il neo-razzismo adotta analogamente la retorica delle differenze fra culture, viste come mondi chiusi e incomunicanti, al fine di contrapporre «noi» e «loro», come insiemi già dati, internamente indifferenziati e destinati a entrare in conflitto: per la sopravvivenza, per la difesa del territorio, per affermare la supremazia dei «propri» valori. Di conseguenza, impostazioni del genere sono anche, per forza di cose, ostili all'integrazione degli immigrati, e anzi fondano il loro rifiuto dell'accoglienza proprio sulla loro pretesa incapacità di integrarsi culturalmente nella nostra società. L'argomento è stato riproposto negli ultimi anni varie volte, e con particolare vigore a partire dal 2001, da parte di una diffusa e aggressiva pubblicistica, contro gli immigrati di religione musulmana.

È degno di nota in proposito il fatto, già richiamato nel precedente capitolo, che come nell'800, e nonostante la secolarizzazione delle società occidentali, la differenza religiosa venga riscoperta e ricodificata come il discrimine fondamentale per decidere dell'integrabilità degli immigrati, e quindi dell'atteggiamento da tenere nei loro confronti. La concezione di un'alterità irriducibile, che non può più trovare nella razza argomenti difendibili, li trova nell'identità religiosa. Questa tende a sua volta ad essere separata dalla credenza, dalle pratiche cultuali e dalle implicazioni etiche, per ridursi a simbolo di appartenenze culturali non negoziabili. Al fenomeno socioreligioso dell'«appartenere senza credere» [Hervieu-Léger 2003] si accompagna la chiusura verso chi viene classificato come portatore di un'appartenenza religiosa letta come storicamente antagonista e socialmente pericolosa. Il bisogno di omogeneità della popolazione, come premessa per l'integrazione, non guarda più al sangue o alla razza, e neppure primariamente alla lingua, almeno in Europa, ma sembra riscoprire nella religione la frontiera invalicabile. L'esigenza di «tracciare confini», simbolici e sociali, in grado di distinguere noi e gli altri, *insiders* e *outsiders*, amici e nemici, ridando ordine ad una realtà sfuggente e magmatica [cfr. Cella 2006], induce così a riscoprire antichi fattori di distinzione tra i gruppi umani.

Anche in questo caso è l'invasione del proprio spazio «culturale» ed eventualmente religioso ad essere paventata come la grande minaccia rappresentata dall'immigrazione. Osserva in proposito Dal Lago:

> I migranti, dunque, non minacciano la nostra cultura perché visibilmente appartenenti a un'altra, ma perché esercitano la pretesa di vivere al di fuori della loro. Insomma, l'esistenza dei migranti è una confutazione del carattere indispensabile della cultura per gli individui (...) Ma a ben vedere, più che confutare l'idea di cultura, il migrante minaccia la pretesa che una cultura coincida con un territorio (si può essere, con diversa intensità, islamici in Europa, questo è lo scandalo religioso degli stranieri). E soprattutto, ecco lo scandalo ancora più grande, l'individuo non è il microcosmo rappresentativo della sua supposta cultura originaria, ma qualcuno che ha operato un assemblaggio di culture diverse, insomma un ibrido, un meticcio. Il migrante suscita sospetto, paura e ostilità, perché, che lo voglia o no, è un veicolo di ibridazione [Dal Lago 2005, 819].

Appare evidente che la crescente importanza dei legami transnazionali dei migranti (effettivi e simbolici), e ancor più forse la percezione dell'ubiquità e fluidità delle loro identificazioni, contribuiscono ad accelerare e consolidare, presso non pochi attori ed elettori delle società riceventi, lo schema delle differenze culturali irriducibili. Una «teoria territoriale dell'identità» si contrappone ad una dinamica sociale attraverso cui «i vincoli culturali, le lealtà e le identità sfuggono o travalicano i confini e i controlli nazionali» [Beck 2003, 15].

Anche in un paese storicamente tributario di diverse correnti migratorie, come gli Stati Uniti d'America, riaffiorano tendenze politiche definite da Portes e Rumbaut [2006] come «nativismo intransigente», basate sulla richiesta di chiudere le porte completamente o quasi alla nuova immigrazione, di espellere gli immigrati irregolari e di rendere edotti gli altri del fatto che occupano una posizione inferiore, inidonea ai privilegi dei cittadini.

Non va dimenticato in proposito che la nostra appartenenza nazionale è un dato che tendiamo a naturalizzare, rimuovendo il fatto che le nazioni sono «comunità immaginate» [Anderson 1996], attivamente costruite da élite politiche e intellettuali, a partire dalla metà del XVIII secolo[2]: di qui la convinzione irriflessa ma radicata che essere connazionali implichi condividere un medesimo suolo, una lingua, un'ascendenza da certi antenati (uno stesso sangue), per molti anche, seppure in termini sempre più vaghi, una religione. Come ho ricordato al capitolo precedente, molte identità nazionali, specialmente in Europa, hanno nel loro retroterra ideologico un riferimento all'omogeneità religiosa (e quindi culturale) della popolazione (o talvolta a un qualche compromesso tra le principali religioni, in genere connotative delle diversità regionali) come requisito per poter convivere in pace.

Come osserva Thiesse, non solo «la vera nascita di una nazione è il momento in cui un pugno di individui dichiara che essa esiste e cerca di dimostrarlo» [Thiesse 2001, 7] ma, a fronte di numerosi tentativi abortiti, «i successi sono il frutto di un costante proselitismo che insegna agli individui ciò che sono» e il sentimento nazionale «è spontaneo solo quando è stato perfettamente interiorizzato» [*ibidem*, 10], grazie ad un'appropriata pedagogia. Nello stesso senso, altri hanno parlato di «nazionalizzazione delle società» [Hermet 1997].

Il moderno nazionalismo è arrivato così a fondere quattro differenti nozioni di popolo: 1) il popolo come entità sovrana; 2) il popolo come l'insieme dei cittadini di uno Stato che hanno uguali diritti di fronte alla legge; 3) il popolo come un gruppo

[2] Si potrebbe obiettare che vari Stati nazionali europei a quell'epoca si erano già formati: ma non si trattava di nazioni in senso moderno, cioè politico [Thiesse 2001].

a solidarietà obbligatoria, una sorta di famiglia estesa legata da obblighi di mutuo sostegno; 4) il popolo come una comunità etnica unita da un comune destino e da una cultura condivisa [Wimmer e Glick Schiller 2003, 582].

Di fronte ad una simile concezione, l'immigrazione appare come un'antinomia: anzitutto, distrugge l'isomorfismo tra popolo, sovranità e cittadinanza, in quanto estranea alla comunità basata su lealtà verso lo Stato e diritti condivisi garantiti dallo Stato stesso; in secondo luogo, distrugge l'isomorfismo tra popolo e nazione, sollevando il problema della loro assimilazione nel corpo della nazione; terzo, distrugge l'isomorfismo tra popolo e gruppo di solidarietà, implicita in programmi di riforma sociale basati sull'appartenenza nazionale, come il Welfare State di lord Beveridge; infine, distrugge la regola della sedentarietà entro i confini dello Stato-nazione, in modo particolarmente serio nel caso delle pratiche transnazionali [*ibidem*, 583-585].

Il nazionalismo «naturalizzato» ha un'influenza tale da sottrarre al computo degli immigrati i discendenti di antichi emigranti che ritornano verso la patria ancestrale, come avviene non solo nel caso italiano, e da espungere le migrazioni interne o le migrazioni stagionali dagli studi sulle migrazioni: oggetto privilegiato di attenzione sono le migrazioni che comportano l'insediamento di non cittadini nel territorio di uno Stato diverso dal loro.

La fortuna del nazionalismo, e tanto più di quello irriflesso e apparentemente pacifico di oggi, consiste però nell'incontro con processi spontanei di definizione delle appartenenze e dei confini, separando «noi» e «gli altri». Marcatori come le differenze linguistiche, razziali e religiose hanno così fornito materiali adatti (ed eventualmente adattabili) per la costruzione dei progetti nazionalisti. Nello stesso tempo, i progetti nazionalisti hanno ampliato, purificato e nobilitato appartenenze più anguste e frammentarie, come quelle di clan, di villaggio o di altre «piccole patrie», saldando il bisogno di identificazione con benefici tangibili. Se fosse stato soltanto per le costruzioni ideologiche dei leader politici e intellettuali, i nazionalismi non avrebbero messo radici così profonde da diventare dati indiscussi nelle autorappresentazioni identitarie di tanti nostri contemporanei.

Elementi di differenzialismo e di mixofobia passano dunque, in maniera inconsapevole, nelle procedure amministrative, nel discorso scientifico e nelle pratiche quotidiane, senza essere riconosciuti come tali.

Ma, come per il «nativismo intransigente» sottoposto a critica da Portes e Rumbaut, un esito tutt'altro che improbabile delle chiusure nazionaliste può essere quello di rafforzare, per contrasto, le aggregazioni degli immigrati, le loro domande di partecipazione paritaria, ma forse anche la loro contrapposizione verso le istituzioni di una società ricevente da cui molti vorrebbero escluderli.

3. *La seconda critica: l'iniquità dell'integrazione e le tesi multiculturaliste*

Il secondo filone di critiche al concetto di integrazione muove da preoccupazioni opposte, ma rivela a ben guardare, almeno nelle sue versioni più radicali, alcune insospettabili convergenze con il primo.

Il punto di partenza è identificabile nei movimenti per i diritti civili degli anni '60, e in modo particolare nelle domande di riconoscimento da parte di minoranze emarginate e oppresse, che hanno avuto nei neri americani e nei movimenti anticoloniali i propri antesignani. La tradizionale rivendicazione di eguaglianza e di autentica democrazia qui si trasforma in un'istanza nuova, ben sintetizzata dal famoso slogan «Black is beautiful». Ha osservato in proposito Enzo Colombo:

> I movimenti contro la discriminazione delle persone di colore e i movimenti anticoloniali africani rivendicano la dignità e il valore di una cultura nera che si contrappone a quella bianca e desidera essere riconosciuta come differente. Rifiutano di considerare tutto ciò che è «nero» come inferiore o deficitario rispetto a ciò che è «bianco», accusano l'ideale egualitario di riproporre questa distinzione gerarchica e di fagocitare il carattere di resistenza e di contrapposizione della cultura nera entro l'apparentemente neutrale obiettivo dell'assimilazione. Denunciano che l'eguaglianza e la parità di cui parlano i bianchi occidentali non sono altro che il modello e le specificità dei bianchi estesi a misura universale. Denunciano che l'assimilazione su queste basi non significa altro che «diventare bianchi», rinunciare cioè alle proprie specificità per adeguarsi a un modello loro estraneo [Colombo 2002, 19-20].

Queste rivendicazioni si estendono rapidamente ad altri gruppi discriminati, dalle donne agli omosessuali, alle minoranze etniche, linguistiche e religiose interne. E investono le popolazioni immigrate, che negli anni '70 anche in Europa, con l'avvio dei ricongiungimenti su larga scala, si rivelano ormai definitivamente insediate, e cominciano a porre il problema della trasmissione ai figli dei propri riferimenti simbolici e identitari.

L'integrazione, nella prospettiva del riconoscimento e della valorizzazione delle differenze, è vista non come impossibile, ma come eticamente ingiustificabile e politicamente scorretta, frutto di un'imposizione dei paesi e gruppi sociali più potenti nei confronti delle culture minoritarie. La dominazione economica e politica del Nord del pianeta si tradurrebbe in presunzione di superiorità culturale e quindi, esplicitamente o implicitamente, in svalutazione ed emarginazione del patrimonio simbolico di chi proviene da paesi più poveri. L'idea che il prezzo dell'inserimento nei contesti sviluppati consista non solo nell'apprendimento della lingua e di determinate regole sociali, ma anche nell'abbandono dei retaggi tradizionali e nella fuoriuscita dall'ambiente sociale formato dai connazionali, viene variamente decostruita e posta sotto accusa.

Analisi antropologiche improntate al rispetto delle diverse culture, autocritiche nei confronti dell'imperialismo occidentale, stimoli derivanti dal dibattito sul *politically correct*, consapevolezza delle derive e dei fallimenti dei modelli assimilazionisti basati sulla rimozione dei legami sociali e culturali degli immigrati, hanno prodotto una diffusa diffidenza e una resistenza di principio verso l'idea stessa di integrazione. Al suo posto si è cominciato a preferire l'impiego di termini come «inclusione» e «incorporazione», che pongono l'accento sull'apertura della società ricevente, senza implicazioni ingombranti sul piano culturale e normativo. Questo passaggio è importante, perché sposta l'enfasi dall'obbligo per gli immigrati di conformarsi alle aspettative delle società che li accolgono, al dovere per queste società di aprirsi alle esigenze dei nuovi arrivati. Come dirò in seguito, rischia però di risultare a sua volta parziale.

Sul piano del discorso politico, si è imposta per un certo periodo, all'incirca dagli anni '80 fino agli inizi del secolo XXI, una nuova ortodossia pluralista e multiculturale, anche se le sue applicazioni operative sono state di fatto limitate, si sono espresse soprattutto in ambito locale e hanno interessato soltanto alcuni ambiti abbastanza marginali della vita sociale, come quelli della promozione di eventi culturali, della (parziale) revisione dei libri di testo nelle scuole e del sostegno all'associazionismo degli immigrati, senza incidere a fondo sui nodi strutturali delle discriminazioni.

Senza addentrarci in un'analisi compiuta delle visioni multiculturali, che in realtà non sono mai arrivate a rappresentare un'alternativa secca nei confronti delle impostazioni integrazioniste, possiamo richiamarne alcune implicazioni significative:

– in luogo dell'assimilazione di individui concepiti come isolati, anzi, da emancipare rispetto alle appartenenze tradizionali, si è dato più rilievo al tema del riconoscimento collettivo delle minoranze, secondo la lezione di Taylor [1992], e dunque alle aggregazioni degli immigrati come ambienti sociali capaci di offrire luoghi di identificazione e radici culturali, a volte lasciando alle minoranze il compito di organizzarsi, a volte favorendo in positivo lo sviluppo di associazioni e servizi delle comunità immigrate;

– l'idea del rispetto delle culture si è tradotta nella concessione di spazi e risorse per espressioni associative e manifestazioni culturali delle popolazioni immigrate;

– l'obbligo dell'assimilazione linguistica si è stemperato con aperture al bilinguismo, anche nelle scuole, insieme al recupero e alla valorizzazione dell'eredità culturale dei contesti di origine;

– sono poi cresciuti il fascino e la capacità attrattiva delle culture «altre» presso una parte della stessa popolazione autoctona, anche se in forme talvolta superficiali e folcloristiche;

– in alcuni casi, sono state adottate politiche più impegnative di promozione delle pari opportunità, basate nei casi più noti sul discusso sistema delle quote «etniche», per l'attribuzione di posti nell'impiego pubblico, borse di studio, iscrizioni a corsi universitari a numero chiuso.

I problemi anche in questo caso non sono mancati, e negli ultimi anni si assiste ad un diffuso ripensamento, quanto meno a livello politico, degli approcci multiculturalisti, con un riaffiorare di impostazioni neo-assimilazioniste. Vi torneremo nel prossimo paragrafo.

Sul piano concettuale, tre sono gli aspetti su cui occorre riflettere.

Il primo concerne il limite dei concetti entrati in auge, come inclusione e incorporazione, che sembrano altrettanto unilaterali, benché di segno opposto, rispetto all'integrazione vecchia maniera: lo spostamento della responsabilità verso la società ricevente nega implicitamente autonomia e protagonismo agli immigrati, che sembrano diventare soggetti passivi delle azioni di inglobamento loro rivolte. Anche linguisticamente, termini come «incorporazione» e per certi aspetti pure «inclusione» rivelano un inquietante sottofondo antropofagico, non meno della vecchia «assimilazione», insieme ad un'inconsapevole (o inconfessata) tendenza all'inquadramento degli estranei all'interno degli schemi della società che li accoglie. La maggiore correttezza politica ed etica di questi termini, rispetto alla vecchia «integrazione», appare pertanto una pretesa da considerare con un certo beneficio di inventario.

Nemmeno il termine «interazione», oggi molto in voga tra gli esperti e gli operatori delle attività interculturali, appare soddisfacente. L'intento con cui viene adottato è quello di indicare parità, reciprocità, mutuo riconoscimento tra i soggetti e le «culture» che si incontrano. Il concetto incorre però in due seri problemi: anzitutto, nella tradizione sociologica, interazione è un termine che ricopre un'area semantica molto ampia, in cui rientrano anche il conflitto, la discriminazione, la subordinazione gerarchica, e così via. Se anche lo accogliamo come «interazione positiva», ci troviamo di fronte ad un altro problema: per interagire, soggetti e gruppi necessitano di una piattaforma minima di integrazione, a partire da una lingua comune che consenta di comunicare.

Il secondo nodo critico consiste nel rischio di irrigidire e «naturalizzare» le differenze, incasellando gli individui all'interno di contenitori etnici o culturali predefiniti[3]: nonostante la

[3] Una spia di questa tendenza è la diffusione, in un certo linguaggio apparentemente colto, del termine «etnia» per definire le nazionalità di origine delle popolazioni immigrate, come quando si dice: «Sul nostro territorio vivono immigrati appartenenti a più di 100 etnie diverse»; un fatto convenzionale e politicamente costruito, come la cittadinanza di un determinato paese, viene trasformato in un dato antropologico come l'appartenenza etnica, che a sua volta rischia di apparire come una variabile ascritta e quasi biologica.

sincera volontà di promuovere mutua comprensione e scambi tra gruppi diversi, il rischio che si corre è quello di ricondurre i casi e le esperienze individuali, con la loro inesauribile ricchezza, entro appartenenze collettive codificate [cfr. Colombo e Semi 2007]. Benhabib ha parlato di un «normativismo intempestivo», da parte di molta teoria politica, tradotto in una «frettolosa oggettivazione di determinate identità di gruppo», che «rischia di congelare le differenze di gruppo esistenti» [Benhabib 2005, 8]. Ne possono derivare anche fenomeni di autoidentificazione stereotipata, come quando gli stessi membri delle minoranze, a scopo difensivo o negoziale, affermano: «Noi africani (o marocchini, o cinesi) siamo così». Per altro verso, la preservazione delle identità culturali rischia di comportare separazione e irrigidimento dei confini: se la diversità culturale è una ricchezza, va tutelata e promossa; ma per tutelarla e promuoverla, occorre mantenere una certa distanza dalla società maggioritaria ed evitare la mescolanza. In questo senso, le impostazioni multiculturaliste, rigettando l'idea di integrazione, rischiano di colludere con la mixofobia e con l'essenzialismo dei neo-razzisti, che ne hanno recuperato e sfruttato talune posizioni. Come ha notato criticamente Martiniello,

> In sostanza ogni individuo è sempre immerso in una sola cultura e possiede un'unica identità culturale. Come i «culturalisti», anche molti «multiculturalisti» concepiscono un universo sociale chiaramente e nettamente diviso in culture coerenti e distinte di cui sono portatori gruppi sociali di forte omogeneità interna [Martiniello 2000, 80].

Non va dimenticato che ai processi di ipostatizzazione delle differenze possono contribuire le stesse politiche pubbliche orientate alla promozione del multiculturalismo, che generano una rincorsa verso la rivendicazione di diversità atte ad attrarre risorse, nonché una tendenza alla conservazione delle stesse diversità in quanto economicamente o politicamente redditizie [Colombo 2002]. Aggiungerei che contribuisce inconsapevolmente a costruire e consolidare vere o presunte differenze culturali anche un certo estetismo, tipico di consumatori occidentali sofisticati e curiosi, in cui l'immigrato è inquadrato come il Diverso che ci emoziona e arricchisce culturalmente e ci consente di immergerci in esperienze inusuali ed esotiche senza muoverci da casa. Per svolgere questa funzione però il

Diverso deve rimanere tale, coltivando e magari enfatizzando la sua differenza, inventando e riproducendo vere o presunte identità culturali, mettendo in scena spettacoli di etnicizzazione ad uso dei clienti.

Il terzo aspetto problematico consiste nel rischio di ricondurre i problemi strutturali di discriminazione degli immigrati o delle minoranze etniche a problemi culturali di cattiva comunicazione o di incomprensione. Ancora Martiniello [2000] osserva che, a Francoforte, l'istituzione di un ufficio municipale per gli affari interculturali ha fatto sì che tutti gli immigrati che si presentavano per protestare per i più svariati motivi in municipio venissero dirottati lì. Che si trattasse di controversie con il padrone di casa, di cattive condizioni di lavoro, di vicende giudiziarie, gli interessati si sentivano consigliare di rivolgersi all'ufficio per gli affari interculturali, come se i loro problemi derivassero dallo scarso dialogo tra le culture.

Proprio la combinazione tra discriminazione strutturale ed enfasi sulle diversità culturali sembra svolgere un ruolo non indifferente nella formazione di comunità separate, arroccate nella loro identità – come unica risorsa accessibile – e diffidenti verso una società ricevente percepita come prevenuta e ostile. È stato relativamente facile caricare sulle politiche multiculturali, in Gran Bretagna, in Olanda, negli stessi Stati Uniti, la responsabilità del fallimento del progetto di costruzione di una società più accogliente e reciprocamente tollerante. Si dimentica però che alcune componenti delle popolazioni immigrate si ripiegano su se stesse e si oppongono all'integrazione soprattutto quando restano confinate ai margini della società: allora può spuntare la tendenza a razionalizzare l'esclusione in termini di scelta oppositiva e di affermazione identitaria polemica e non negoziabile.

4. *Ritorno al futuro? Le tendenze neo-assimilazioniste*

Questi non irrilevanti problemi degli approcci multiculturalisti si sono incontrati negli ultimi anni con le fosche vicende del terrorismo internazionale e delle guerre. Anche sotto la spinta di questi eventi, sia sul piano analitico, sia su quello normativo, su entrambe le sponde dell'Atlantico stanno tornando in auge approcci che possono essere definiti neo-assimilazionisti[4].

Sul piano analitico, una robusta corrente di pensiero, erede della tradizione degli studi americani sull'incorporazione delle diverse ondate di immigrati nella società d'oltreoceano, ha ribadito che l'assimilazione avviene sempre e comunque, se non nella prima, quanto meno nella seconda o nella terza generazione. Alba e Nee [1997], in questa linea di pensiero, hanno rilanciato la visione dell'assimilazione come processo inevitabile: continua ad avvenire, oggi come ieri, indipendentemente dalla volontà dei soggetti coinvolti, e riguarda ambiti come l'apprendimento linguistico, il superamento nel tempo delle nicchie occupazionali connotate etnicamente, la crescita dei matrimoni misti.

Sul piano concettuale e con attenzione alle implicazioni normative, anche Brubaker [2001] ha riproposto il concetto di assimilazione, in una versione depurata delle componenti prescrittive e dei presupposti di superiorità della cultura americana Wasp rispetto alla quale gli immigrati delle diverse provenienze erano chiamati ad assimilarsi. Brubaker [*ibidem*] distingue in proposito due significati basilari del concetto di assimilazione, uno generale e astratto, l'altro specifico e organico. Nel primo significato, l'aspetto centrale è la crescente similarità o somiglianza. Assimilare significa diventare simili, oppure rendere simili, oppure ancora trattare come simili. L'accento va sul processo, non sullo stato finale, e l'assimilazione è una questione di gradi. Nel secondo significato, assimilare significa assorbire o incorporare, trasformare in una sostanza della propria natura, come fa il corpo quando trasforma il cibo in sangue. L'assimilazione, in questo secondo significato, implica un completo assorbimento. Come abbiamo visto, questa seconda accezione del termine viene oggi ampiamente

[4] Huntington [2005] è forse l'autore più noto fra coloro che hanno dato voce, a livello di saggistica divulgativa, alle preoccupazioni assimilazioniste della società americana, dove molti paventano la frammentazione etnico-culturale del paese, il cui epicentro simbolico è la formazione di isole linguistiche non anglofone, ad opera specialmente degli immigrati ispanici. Circa l'importanza della lingua per l'identificazione nazionale americana, di contro al peso attribuito all'omogeneità religiosa nel continente europeo, cfr. Zolberg e Litt Woon [1999].

rifiutata. Anche nella prima accezione, tuttavia, la versione transitiva, del «rendere simili», appare problematica, giacché sembra implicare misure di assimilazione forzata, o quanto meno programmi che tendono ad assorbire le persone anche contro la loro volontà.

L'impiego intransitivo del verbo assimilare nel senso generale e astratto, quindi nel significato di «diventare simili», per certi aspetti che vanno specificati, appare invece a Brubaker accettabile e utile per lo studio delle popolazioni di origine straniera. Nelle sue conclusioni, egli sottolinea alcuni aspetti che meritano di essere ripresi:

- l'assimilazione è un processo sociale che avviene a livello aggregato, è largamente inintenzionale e spesso invisibile, rappresenta la conseguenza di una miriade di azioni e scelte individuali;
- l'unità in cui avviene l'assimilazione non è l'individuo, ma una popolazione multigenerazionale: è a livello intergenerazionale che avvengono i cambiamenti più significativi, chiamando in causa le seconde e terze generazioni;
- l'assimilazione non va pensata in termini omogenei, ma come un insieme di proprietà o aspetti eterogenei, la cui distribuzione cambia nel tempo, divenendo più simile a quella prevalente nella popolazione di riferimento (nel nostro caso, la media della popolazione nativa);
- l'assimilazione va perseguita normativamente non in campo culturale, bensì a livello socioeconomico: in questo senso, si oppone non alla differenza, ma alla segregazione, alla ghettizzazione, all'emarginazione;
- occorre un passaggio da un approccio olistico all'assimilazione, intesa come un processo unitario, a un approccio disaggregato, multidimensionale, agnostico.

Con un taglio più decisamente normativo, applicato alla dimensione educativa e critico nei confronti della pedagogia multiculturale o almeno di alcune sue versioni, possiamo poi ricordare il contributo di Glenn [2004], secondo il quale un «multiculturalismo di tipo sentimentale» finisce per ledere gli interessi degli stessi ragazzi immigrati[5]. Ancora più insidioso

[5] Glenn cita in proposito gli sforzi delle comunità afrocaraibiche britanniche per trasmettere ai ragazzi le competenze scolastiche basilari trascurate

sarebbe però un «multiculturalismo profondo», che respinge nettamente l'acculturazione e l'integrazione, e in tal modo minaccia di tagliare fuori i figli delle minoranze dalla partecipazione alla vita della società di accoglienza: «È profondamente irresponsabile trasferire ai bambini e ai giovani che appartengono a minoranze in una data società il messaggio che sia giusto opporsi all'acculturazione e costruire la propria identità intorno al ruolo di vittima» [*ibidem*, 175]. Un altro errore consisterebbe poi nel ritenere che l'integrità culturale e persino lo sviluppo intellettuale dipendano dall'uso del linguaggio del paese d'origine dei genitori nell'istruzione scolastica. Di fatto si registra, anzitutto negli Stati Uniti, un ritorno verso l'enfasi sull'apprendimento della lingua maggioritaria come strumento di integrazione, e una certa disaffezione verso i programmi scolastici multiculturali e verso il bilinguismo nelle scuole.

Sul piano politico, si assiste invece al ritorno, specialmente in Europa, di un neo-assimilazionismo più o meno leggero, che si traduce:

> I) nella introduzione per accedere a vari diritti di *a*) requisiti linguistici o nell'innalzamento del livello di competenza quando il requisito fosse già previsto; *b*) test di cultura, di conoscenza delle leggi fondamentali e di rilevazione di valori pubblici che devono essere condivisi; *c*) impegni o giuramenti a rispettare i valori fondamentali del paese di immigrazione. II) Queste barriere si possono collocare a vari stadi: il rilascio, il rinnovo del permesso di soggiorno, la concessione della carta di soggiorno, il ricongiungimento familiare, l'acquisizione della cittadinanza e III) possono essere accompagnate da corsi di supporto variamente organizzati: di diversa durata, facoltativi o obbligatori, a pagamento, gratuiti, rimborsabili. IV) Le barriere tendono a slittare in basso dai diritti più elevati a quelli meno elevati e ad essere spostate al di là delle frontiere territoriali [Fieri 2007, 24].

Vale la pena ricordare che un paese-guida delle politiche multiculturali in Europa, come l'Olanda, è stato il primo a

dalle scuole pubbliche che avevano incentrato i loro programmi su approcci soffici, orientati alla cura delle relazioni e all'accrescimento della stima personale dei ragazzi di colore. Un altro esempio riportato è la protesta della comunità nera contro l'introduzione di libri di lettura scritti nel dialetto parlato dai ragazzi di colore: questo sforzo benintenzionato è stato giudicato come una manovra per impedire alle scuole di insegnare gli aspetti linguistici della cultura del potere.

introdurre corsi di integrazione rivolti ai nuovi arrivati, e l'esempio è stato rapidamente seguito da diversi altri governi europei, in forme più o meno vincolanti.

5. *Oltre l'antinomia dei modelli: integrazione flessibile e dimensione comunitaria*

È importante chiedersi, a questo punto, se esista una via d'uscita alla contrapposizione tra integrazione/assimilazione e multiculturalismo, intesi come idealtipi astratti e rigidi. In realtà, già nel capitolo I abbiamo incontrato il concetto di «acculturazione selettiva» proposto da Portes e Rumbaut [2006]. Per essi, si tratta di una possibile terza via, rispetto alle due ideologie prevalenti del «nativismo intransigente» e dell'«assimilazionismo forzato», ma diversa anche dal multiculturalismo in quanto propugna l'acquisizione di competenze linguistiche e modalità culturali della società ricevente, insieme con il mantenimento di certi elementi chiave del patrimonio culturale del paese d'origine, di cui la lingua viene considerata l'aspetto saliente. Al di là del caso specifico, tributario del dibattito americano sulle seconde generazioni e di una visione preoccupata del conflitto intergenerazionale, lo spunto è significativo in quanto orienta la ricerca delle modalità di adattamento dei migranti al nuovo contesto verso forme di composizione tra elementi acquisiti nell'interazione con la società ricevente ed elementi ripresi dal patrimonio tradizionale e opportunamente rielaborati, in un processo aperto in cui entrano in gioco scelte personali, legami familiari e aggregazioni a base etnica. Riandando a classici studi sull'integrazione dei migranti, come quello di Thomas e Znaniecki, il ruolo delle istituzioni comunitarie come camera di compensazione tra vecchio e nuovo mondo trova una significativa riscoperta.

Ne derivano almeno due insegnamenti. In primo luogo, l'individuazione di un ampio campo intermedio tra il polo assimilativo e quello multiculturale, ma soprattutto di un contesto dinamico, composito, percorso da negoziazioni, compromessi, tentativi sempre provvisori di pervenire a sintesi soddisfacenti tra quanto di valido si scopre nel nuovo ambiente e quanto di prezioso si pensa di voler conservare della propria eredità culturale, riletta e reinterpretata alla luce delle esigenze che la vita nella società ricevente propone.

Rispetto al dibattito corrente, si delinea in secondo luogo un ruolo positivo e non patologico delle istituzioni comunitarie, che non appaiono foriere di appartenenze chiuse e incomunicanti, bensì una fonte di riconoscimento e quindi di elaborazione di una visione positiva di se stessi e della propria storia, di capitale sociale spendibile nella società ospitante, per certi versi anche di controllo sui comportamenti devianti che comprometterebbero il buon nome della comunità nel suo complesso. Concordo dunque con Benhabib quando afferma: «occorre che l'inclusione democratica, da una parte, e la continuità e conservazione delle culture, dall'altra, non si escludano a vicenda» [Benhabib 2005, 10].

La riflessione proposta nel capitolo precedente sul ruolo delle religioni converge nella stessa direzione. Benché anche aggregazioni non confessionali possano consentire agli immigrati di costituire e incrementare legami comunitari, le religioni occupano una posizione privilegiata nell'accompagnare gli immigrati nell'elaborazione di un'identità e di una coscienza di gruppo in grado di trovare una strada intermedia tra l'esclusione reattiva e l'assimilazione obbligatoria, senza contare i rischi di assimilazione anomica, riferita meramente ai consumi e a certi stili di vita, o di assimilazione verso la marginalità e la devianza [Ambrosini 2005a]. Come sottolinea Sen [2006], è peraltro vero, anche per gli immigrati, che l'identificazione religiosa non è che una tra le varie modalità di autodefinizione che un individuo ha a disposizione, e che di fatto impiega nella vita quotidiana, essendo nello stesso tempo, per esempio, giovane, donna, laureato, occupato precariamente, in possesso della cittadinanza, abitante di una metropoli, ecc.: «In realtà, tutti noi effettuiamo costantemente delle scelte, quanto meno implicite, riguardo alle priorità da assegnare alle nostre varie affiliazioni e associazioni. La libertà di determinare a chi va la nostra lealtà, quali sono le nostre priorità tra i diversi gruppi ai quali apparteniamo, è una libertà particolarmente importante, che abbiamo motivo di riconoscere, di apprezzare e di difendere» [*ibidem*, 7]. L'appartenenza religiosa o comunitaria, in una società aperta e liberale, non esaurisce la gamma dei rapporti sociali, dei ruoli rivestiti, delle modalità di identificazione attraverso cui i soggetti definiscono i propri orientamenti, neppure per gli immigrati, ma può offrire risorse di significato, luoghi di ascolto, occasioni di incontro, tanto più preziosi in quanto richiamano in terra straniera simboli familiari e linguaggi conosciuti.

L'insopprimibile libertà di espressione e di aggregazione, anche religiosa, di cui alcuni vorrebbero privare gli immigrati o almeno una parte di loro, si incontra così con la ricerca di punti di riferimento che aiutino gli «stranieri» a sfuggire al senso di sradicamento, di solitudine e di smarrimento cognitivo che l'esperienza migratoria porta con sé.

Dal punto di vista della società ricevente, la formazione di istituzioni intermedie, in grado di raccogliere gli immigrati e di comunicare con la società più ampia, dovrebbe essere rivalutata nelle sue funzioni sociali. Non ha valenze taumaturgiche, né può sostituire gli istituti della cittadinanza politica e sociale, ma può essere vista come una delle leve da utilizzare per promuovere l'integrazione degli immigrati in una società plurale.

Un ruolo analogo può essere svolto dall'associazionismo democratico degli immigrati, sempre più visibile e attivo anche in Italia, ma condizionato da endemica fragilità e scarsezza di risorse. Anche da questo versante proviene una sollecitazione a non pensare l'integrazione né come annichilimento socioculturale nella società ricevente, né come formazione di comunità parallele separate e rancorose, bensì come un processo in divenire, in cui mescolanza e autonomia si intrecciano, si confrontano, si influenzano vicendevolmente.

Il contesto transnazionale delle migrazioni contemporanee predispone a sua volta un terreno favorevole per processi di integrazione che tengano conto dei rapporti che gli immigrati mantengono con i luoghi di origine, delle interazioni e degli scambi tra le due sponde del movimento migratorio, delle modalità con cui anche nelle società riceventi i migranti cercano di riprodurre, certo selettivamente, pratiche sociali che richiamano la madrepatria. Ignorare o cancellare tutto questo appare irrealistico.

6. *Politiche e processi di integrazione: la dimensione locale*

Dall'analisi fin qui condotta discende un'importante implicazione, di cui ora dobbiamo occuparci. Quando si discute di integrazione degli immigrati, molto spesso si sovrappongono e si confondono due piani del discorso, che occorre invece distinguere, quello delle *politiche* e quello dei *processi* di integrazione. Le prime sono intenzionali, consapevoli e derivanti dall'azione delle istituzioni statuali, ma non necessariamente in grado di generare effettivi processi sociali di integrazione, molto più complessi e legati all'intervento di una molteplicità di fattori, come il funzionamento del mercato, il protagonismo delle società civili, la coesione e l'iniziativa delle popolazioni immigrate, che vanno ben al di là del raggio d'azione della politica. Pensare che a politiche assimilative consegua l'assimilazione degli immigrati, o a politiche multiculturaliste la formazione di una società pluralista e armoniosa (o viceversa segmentata e conflittuale) traduce una visione insieme ingenua e onnipotente della politica e della sua capacità di plasmare la società. Storicamente sono avvenuti (come nel caso americano) imponenti processi di integrazione degli immigrati, malgrado investimenti politici modesti e persino sbagliati: mercato, società civili, aggregazioni degli immigrati si sono rivelati decisivi. Una misura politica collaterale, come la relativa rapidità di accesso alla cittadinanza, in quel caso, ha contato molto più di ogni pretesa assimilazionistica. In altre esperienze l'integrazione degli immigrati è stata favorita da politiche e dispositivi diversi, che riguardavano la popolazione in generale, come il sistema di welfare, divaricandosi dagli intenti perseguiti dalle politiche migratorie: lo si è osservato per esempio nel caso tedesco, con il suo robusto sistema di garanzie sociali.

Un'altra considerazione saliente riguarda l'attenuazione e il tendenziale superamento, nei fatti, della canonica contrapposizione di paradigmi delle politiche migratorie, solitamente basati sui modelli nazionali: temporaneo nel caso tedesco, assimilativo nel caso francese, multiculturale nel caso britannico od olandese. I modelli riescono sempre meno a cogliere la congerie, spesso farraginosa, delle politiche e degli interventi concreti, stratificati nel tempo e legati a preoccupazioni e obiettivi diversi; i casi nazionali con il passare degli anni si sono in vario modo evoluti, uscendo dalle coordinate dei modelli originari; differenti categorie di immigrati (come i rifugiati, i lavoratori stagionali, i discendenti di antichi emigranti...) ricevono trattamenti diversi da quelli previsti dal modello generale; le politiche locali si discostano sempre più da quelle previste dal modello nazionale [Fieri 2007].

In questa cornice, le politiche locali si stanno in effetti affermando come un aspetto almeno parzialmente autonomo delle politiche più complessive di integrazione degli immigrati, e ancor più questo vale per gli effettivi processi di integrazione. Caponio parla in proposito di «un nuovo protagonismo di molte città nell'offrire condizioni di integrazione che vanno al di là della semplice assistenza sociale, delineando sistemi complessi di inclusione nei diritti locali di cittadinanza» [Caponio 2006, 27]. Lo scambio quotidiano in cui si ridefinisce l'identità delle persone, del resto, deve molto alle interazioni e ai contatti che si producono a livello locale, alle condizioni concrete di vita e alle opportunità di conseguire un'esistenza migliore, così come varie misure di politica sociale dipendono dalle istituzioni operanti a livello locale e dalla collaborazione che riescono ad instaurare con gli attori della società civile. Un territorio, con le sue istituzioni, le sue scelte politiche, il suo tessuto associativo, può dunque esercitare un ruolo attivo nel configurare forme più avanzate (o al contrario, arretrate) di inclusione dei migranti nella comunità locale e nel promuovere rapporti pacifici e reciprocamente benefici tra vecchi e nuovi residenti [cfr. Castles 2002].

Anche il tema delle differenze culturali, difficilmente accolto a livello di legislazioni nazionali, può trovare a livello locale maggiori possibilità di ricezione. È qui in ogni caso che si prendono decisioni rilevanti, come quelle relative al rilascio delle concessioni edilizie per l'edificazione di luoghi di culto o le autorizzazioni necessarie per aprire scuole o centri sociali. Ed è qui che le espressioni della società civile, compresi le associazioni e i movimenti promossi dagli immigrati, esercitano, in senso positivo o negativo, un'influenza cospicua. È sempre a livello locale che ci si misura con le implicazioni e le istanze che scaturiscono dalla globalizzazione dal basso della composizione della popolazione, con l'accresciuto pluralismo degli stili di vita e dei rapporti sociali che ne deriva.

Si riscontra dunque, anche a livello internazionale, una crescente consapevolezza della dimensione locale dell'appartenenza sociale e della cittadinanza, così come delle relative politiche. Nella sua analisi delle politiche locali per gli immigrati in Europa, Michael Alexander [2003], sulla base di materiali di ricerca relativi a 25 contesti urbani, ha confermato che le politiche locali non seguono in modo meccanico le impostazioni nazionali, riconducibili ai canonici modelli già ricordati, ma sovente se ne discostano, dovendo tra l'altro fronteggiare a livello periferico i fallimenti delle politiche nazionali. Non è quindi detto, per rifarci ai modelli di scuola, che le città francesi si collochino necessariamente nel modello assimilazionista, o quelle tedesche seguano l'approccio del lavoratore-ospite.

Più ancora, mi sembra si possa ribadire come a livello locale l'attivazione delle istituzioni pubbliche e delle società civili mescoli elementi assimilativi (come i corsi di lingua, le politiche per il lavoro o per l'alloggio) con elementi multiculturali (come il sostegno alle associazioni, alle domande relative al culto o alle produzioni culturali degli immigrati). Il vero *cleavage* contrappone governi locali inerti, poco sensibili o programmaticamente ostili all'integrazione degli immigrati e governi locali disposti ad investire risorse e a rischiare emorragie di consensi elettorali per sostenere misure volte all'accoglienza delle popolazioni immigrate e alla promozione di società locali più integrate e inclusive; così come nella società civile si contrappongono costruttori di iniziative di integrazione (tanto assimilative quanto volte a promuovere le culture minoritarie) e mobilitazioni anti-immigrati.

Prima degli interventi vengono però le visioni del fenomeno. Queste incidono sulle politiche di integrazione poste in atto, giacché il modo in cui gli immigrati sono visti plasma gli approcci, le misure e gli interventi loro destinati. Uno dei primi tentativi di elaborare una tipologia dei *frames* cognitivi con i quali i decisori locali inquadrano i fenomeni migratori è stato proposto da Colasanto e Ambrosini [1993]. In quell'analisi si distinguevano tre diverse visioni dell'immigrato, a cui si collegavano tre impostazioni delle politiche sociali:

• la prima visione è quella dell'immigrato come *potenziale deviante*, da cui discende una politica «custodialistica», volta a difendere la società, che ha come principali attori i tutori dell'ordine e costruisce un rapporto tra società ricevente e nuovi residenti basato sull'esclusione, in termini di «rifiuto e ghettizzazione»;

- la seconda visione è invece quella dell'immigrato come *povero*, che dà origine ad una politica assistenziale, orientata alla rimozione dell'emarginazione, e allestisce servizi sociali specializzati, ma comporta il rischio della segregazione di fatto degli immigrati entro i luoghi deputati ad assisterli (il referente empirico era quello dei grandi centri di prima accoglienza dell'epoca);
- la terza visione è quella invece dell'immigrato come *produttore*, e tende a sviluppare politiche promozionali, orientate all'emancipazione dei destinatari, richiede interventi coordinati di politica sociale e concepisce l'integrazione come inserimento nel mercato del lavoro competitivo e accesso universalistico ai servizi destinati alla collettività.

Il punto ha un'importanza cruciale. Non si possono concepire valide politiche per l'integrazione degli immigrati senza disporre di una visione pertinente dell'immigrazione, del suo significato, del suo ruolo nell'economia e nella società locale, dei suoi problemi. L'argomento è stato ripreso e approfondito da Campomori [2005a; 2005b], che ha sottolineato anzitutto, al seguito di Schön e Rein [1994], l'importanza delle modalità di rappresentazione e definizione dell'oggetto delle politiche da parte dei decisori pubblici. I processi di *naming* e di *framing*, selezionando e attribuendo un nome ad alcuni elementi caratteristici del fenomeno da gestire, rimuovendone altri, enfatizzando gli aspetti individuati come rilevanti, elaborano lo schema cognitivo, di lettura e interpretazione della realtà, che predispone il terreno per le scelte propriamente politiche: «Questi processi, in definitiva, svolgono la funzione di definire il problema, così da renderlo disponibile all'azione di *policy*. Il *framing* dunque è sempre collegato all'azione: riguarda il modo in cui il problema viene compreso e posto per agire su di esso» [Campomori 2005a, 237]. Questi schemi interpretativi non sono però disancorati dagli ambienti in cui vengono prodotti, si trovano a dover fare i conti con il contesto istituzionale, con le scelte politiche attuate in precedenza e con gli assetti organizzativi consolidati.

Tra le altre conseguenze, questa dipendenza dal percorso precedente si traduce in uno scarto tra la dimensione delle politiche dichiarate, con il loro apparato retorico, e quella delle politiche in uso, che si riferisce ai comportamenti effettivi. Può dunque accadere che a determinati pronunciamenti politici non seguano scelte congruenti, oppure che a cambiamenti di maggioranza al governo delle città, malgrado le dichiarazioni, non corrispondano innovazioni profonde nelle politiche destinate agli immigrati, giacché la dimensione organizzativa e la dipendenza dai modelli di intervento ormai consolidati vincolano le politiche in uso.

Campomori pone poi in risalto altri due aspetti. Il primo si riferisce al ruolo degli esperti, alla loro estrazione (intellettuale-accademica, oppure sociale-operativa) e al rapporto che si instaura con essi, che può spaziare dalla pura delega per rimandare la presa in carico del problema, allo scambio di informazioni e conoscenze per generare un aumento della capacità di *problem solving* da parte dell'amministrazione locale.

L'altro aspetto, che ritengo di particolare rilievo nel caso italiano, attiene invece alle relazioni instaurate con il terzo settore (associazioni, cooperative sociali, Caritas diocesane, ecc.). Se in termini generali, emerge sulla scena politica un tendenziale passaggio dai modelli di governo imperniati sul protagonismo dell'amministrazione pubblica a stili di *governance*, intesa come negoziazione e cooperazione tra sistema pubblico e società civile, la questione dell'immigrazione ha rappresentato nel contempo un campo di tensioni e un banco di prova per la sperimentazione di nuovi rapporti tra amministrazioni locali ed espressioni della solidarietà organizzata [cfr. in proposito anche Caponio 2006]. Deleghe più o meno ampie ed esplicite, ricorso all'*expertise* accumulata dai soggetti solidaristici, tentativi di decentrare verso il privato-sociale la gestione di questioni ingombranti (come l'assistenza sanitaria per gli immigrati irregolari), sono tratti ricorrenti nelle politiche locali per gli immigrati [cfr. Zucchetti 1999][6].

[6] La dimensione dei rapporti, spesso anche informali, tra sistema pubblico e terzo settore, era già stata colta da una ricerca dell'Irer (Istituto regionale di ricerca della Lombardia) degli inizi degli anni '90, in cui si notava: «L'intreccio tra pubblico e privato-sociale è peraltro più fitto di quanto normalmente si supponga. Non di rado, le rigidità delle strutture formali, e i conseguenti blocchi delle possibilità di intervento rispetto a situazioni di grave disagio, vengono superati mediante una sorta di circolo virtuoso dell'informalità, che mette in rapporto operatori pubblici sensibili ai problemi che trattano e forze del volontariato» [Ambrosini e Zandrini 1992, 65].

Va quindi ribadita l'importanza rivestita in Italia dai vari soggetti sociali che, in un contesto politico-normativo spesso confuso, agiscono per allargare le opportunità di inclusione – e specificamente, di accesso ai diritti – per i cittadini immigrati, formando nel complesso quella che Zincone [2006] ha chiamato *advocacy coalition*. Zincone fa riferimento alle organizzazioni sindacali, antirazziste, solidaristiche ed ecclesiali, che stabiliscono convergenze e operano come una sorta di lobby per ottenere a livello centrale disposizioni normative più aperte nei confronti degli immigrati e procedure amministrative più semplici, mentre a livello periferico producono innovazioni dal basso, spesso in collegamento con operatori dei servizi pubblici, introducendo interpretazioni delle normative e prassi effettive più favorevoli agli immigrati. Ne è un esempio l'ammissione dei figli di immigrati irregolari nella scuola dell'obbligo: introdotta dapprima di fatto, a livello locale, sulla base di concessioni dei dirigenti scolastici, poi delle direzioni provinciali e regionali, quindi del ministero, per divenire infine una norma di legge obbligatoria. La discrezionalità della «burocrazia di strada» [Lipski 1980], incontrandosi con le pressioni benintenzionate dell'*advocacy coalition*, può quindi produrre effetti di allargamento delle opportunità per gli immigrati, anziché di restrizione indebita dei diritti loro spettanti.

Anche sotto questo profilo, la globalizzazione dal basso realizzata dalle reti migratorie non è un fenomeno esogeno, che aggredisce dall'esterno società compatte e autosufficienti: i processi di rimescolamento delle identità e delle appartenenze trovano una corrispondenza nell'articolazione e nel pluralismo di orientamenti delle società riceventi.

7. *Come e perché parlare di integrazione (anche in tempi di transnazionalismo)*

Traggo dalla riflessione svolta alcune conclusioni rispetto al concetto di integrazione da cui ho preso le mosse. Tendo a preferirlo, anzitutto, a termini più recenti, come quelli di incorporazione o inclusione, perché sembra più adatto a cogliere il duplice movimento, di apertura e reciproca interpenetrazione, a cui sono chiamati sia la società ricevente, sia chi arriva dall'esterno. Una volta liberato dall'ipoteca assimilazionista vecchia maniera, il concetto di integrazione può servire a dare rilievo sia alla responsabilità della società ospitante, con le sue istituzioni, nel «trattare come simili» i cittadini stranieri, sia all'autonomia di questi ultimi nel decidere i modi e le forme del proprio inserimento.

In secondo luogo, così come non si dà un solo tipo di società multietnica, né una sola modalità di multiculturalismo [Cesareo 2000], allo stesso modo non si può concepire, né tanto meno imporre, un solo modello di integrazione degli immigrati. L'opposizione ricordata all'inizio tra «integrazione» e «multiculturalismo» è dunque fuorviante: la coltivazione di identità culturali distinte e la partecipazione a circuiti sociali connotati etnicamente possono rappresentare una strada per un'integrazione positiva nella società ricevente; possono essere di fatto preferibili all'assimilazione intesa come perdita di legami e riferimenti alla propria storia, in nome di una pretesa adesione ai valori e agli stili di vita della maggioranza autoctona, peraltro sempre più difficili da individuare, come assunti condivisi e praticati nel quotidiano; non implicano tuttavia né autoghettizzazione, né slealtà nei confronti della società ricevente. Condivido dunque l'accezione del concetto di integrazione proposta alcuni anni fa dalla Commissione per le politiche di integrazione degli immigrati, che l'ha definita come un'interazione positiva, basata sulla parità di trattamento e sull'apertura reciproca, tra società ricevente e cittadini immigrati [Commissione per le politiche di integrazione degli immigrati 2000].

Ho poi distinto la dimensione dei processi sociali di integrazione rispetto alle politiche di integrazione. I primi non dipendono soltanto e necessariamente dalle politiche, perché rimandano all'azione di un complesso di fattori, tra cui spiccano il mercato, il sistema di welfare e le disposizioni delle società civili; avvengono in diversi ambiti (economico, politico, culturale, abitativo...), certamente correlati, ma anche parzialmente indipendenti; discendono dallo scambio e dall'interazione tra società riceventi e immigrati. Come per la *downward assimilation* di Portes, occorre sempre domandarsi al riguardo in quale ambito della società e per quali aspetti gli immigrati si integrino e vengano integrati: può avvenire per esempio un'integrazione almeno parziale nei luoghi di lavoro a cui non corrisponde un'integrazione nel tempo libero, nelle relazioni sociali e negli spazi urbani; oppure un'integrazione negli stili di vita e nelle aspirazioni di consumo, senza una corrispondente integrazione socioeconomica.

Quanto alle politiche di integrazione, è possibile riferirsi in termini generali a quell'insieme di interventi che, in senso lato, si propongono di assecondare e favorire i percorsi di inserimento degli immigrati, accorciando le distanze ed eliminando i possibili ostacoli alla piena realizzazione di gruppi e/o individui nelle società di accoglienza [Caponio e Sciortino 2007].

Si è visto però che i modelli canonici riescono sempre meno a catturarne la complessità, l'affastellamento e le oscillazioni. Va ribadito al riguardo che, a livello di politiche, soprattutto nazionali, il pendolo del consenso in Europa e negli Stati Uniti, dopo un paio di decenni di prevalente enfasi su (alcune) istanze multiculturaliste, si sta negli ultimi anni nuovamente orientando verso posizioni assimilazionistiche, che appaiono peraltro ambiguamente sospese tra preoccupazioni di integrazione sociale su basi egualitarie e imposizione di modelli normativi omologanti. Le politiche locali, in ogni caso, tendono ad affrancarsi dalle impostazioni nazionali, costituendo un oggetto di analisi a sé stante e assumendo un rilievo crescente nei processi effettivi di convivenza sul territorio.

Il dibattito richiamato aiuta anche a formulare alcune riflessioni sulle *policies*. Anzitutto, la questione dell'integrazione degli immigrati non può essere disgiunta dal dibattito sulla cittadinanza, a partire dalla constatazione che l'insediamento stabile di popolazioni immigrate pone in rilievo i limiti della concezione marshalliana della cittadinanza [cfr. Donati 1993], il cui *frame* era l'appartenenza alla comunità nazionale, e configura il rischio della scissione degli abitanti in due gruppi, i cittadini a pieno titolo, abilitati a concorrere ai processi decisionali per via politica, e i nuovi meteci, per dirla con Walzer [1987], lavoratori accolti in quanto utili, ma privi del diritto a concorrere alle scelte del territorio in cui risiedono. Malgrado sussista la possibilità di forme di partecipazione politica intermedia, per via associativa o sindacale [Zincone 1994], questa disuguaglianza erige una barriera che contrasta con le domande di integrazione a carico degli immigrati. La questione del trattamento dell'immigrazione rivela così la sua natura più profonda e autentica: si tratta in effetti di pensare l'integrazione della società nel suo complesso, in presenza di un crescente pluralismo etnico della popolazione.

Fissato questo punto fondamentale, sotto il profilo delle *policies* effettivamente praticate e praticabili, a maggior ragione la contrapposizione tra assimilazione e multiculturalismo si stempera. Secondo una distinzione già formulata anni fa da Entzinger [1990], vi sono aree comportamentali in cui è più necessaria e auspicabile un'assimilazione rapida. È il caso per esempio della padronanza della lingua e dell'apprendimento dei codici sociali indispensabili per trovare e mantenere un'occupazione. In altre aree, soprattutto attinenti alla sfera privata, si aprono maggiori spazi per la tutela delle diversità: pensiamo all'abbigliamento, alle usanze alimentari, alle pratiche religiose. Immaginare l'integrazione come un pacchetto unitario di norme, comportamenti, valori, da prendere o lasciare al momento dell'ingresso nel nostro o in altri paesi, è irrealistico. Rafforzare l'impegno pubblico nella formazione linguistica e civica dei nuovi arrivati è invece una strada praticabile, come si tenta di fare oggi in Olanda e in altri paesi, pur tra limiti e contraddizioni.

Va dunque riaffermato che il concetto di integrazione non è unidimensionale, ma sfaccettato in diversi aspetti, tra cui occorre distinguere almeno una dimensione *istituzionale* e una *normativa*. La prima si riferisce alla partecipazione degli immigrati alle principali istituzioni della società (il mercato del lavoro, il sistema educativo, ecc.); la seconda ai cambiamenti negli orientamenti culturali e nelle modalità di identificazione, per i quali si può parlare di acculturazione. Contrariamente a quanto si credeva nel passato, i due aspetti sono però relativamente indipendenti, e i cambiamenti che avvengono in una dimensione non si riflettono necessariamente nell'altra [Entzinger e Biezeveld 2003, 8]. Analizzando le politiche di integrazione in Europa, gli stessi autori introducono poi un'altra distinzione, questa volta tridimensionale, tra un ambito socioeconomico, uno legale-politico e uno culturale dei processi di integrazione, annotando: «ogni politica mirante a promuovere l'integrazione dovrebbe tenere conto di ciascuno di questi tre [ambiti], individualmente, ma anche nella loro complessa interrelazione. In realtà, tuttavia, molte delle politiche esistenti (...) tendono a trascurare questa complessità» [*ibidem*, 10]. Nella partecipazione degli immigrati alla società ricevente rientra dunque la possibilità di inserirsi su un piano di parità nel sistema socioeducativo, insieme ad uno statuto legale che ne garantisca i diritti, incluso l'accesso al voto e alla cittadinanza. L'acculturazione, come ormai sappiamo, non discende necessariamente dall'integrazione socioeconomica e politica, ma non è nemmeno vero il contrario: una avanzata assimilazione culturale non si traduce agevolmente in integrazione socioeconomica, e tanto meno politica.

La prospettiva transnazionale pone ancora più in rilievo quanto sia friabile e segmentato il terreno dell'acculturazione. Anziché un percorso più o meno lineare verso l'abbandono dei retaggi precedenti e l'assunzione degli abiti mentali propri della società ricevente, salgono alla ribalta itinerari più complessi, in cui l'incontro e la mescolanza tra vecchio e nuovo, ricevuto dalla tradizione e acquisito nel nuovo ambiente, producono nuove sintesi e identificazioni composite e mobili: le identità «col trattino» esibite dai giovani di origine immigrata (cino-italiano, marocchino-italiano, ecc.) ne sono forse la testimonianza più significativa e gravida di conseguenze, tanto potenzialmente rischiose quanto promettenti.

Diversi studi esaminati, inoltre, pongono in rilievo la dimensione processuale e quotidiana dell'integrazione, in cui l'assorbimento di usi, pratiche sociali, convenzioni linguistiche, schemi cognitivi, avviene in modo graduale e spesso inconsapevole. Bisognerebbe semmai interrogarsi su come atteggiamenti xenofobi e pratiche discriminatorie possano alimentare il rischio del ripiegamento in concezioni identitarie chiuse e irrigidite. Senza farlo discendere meccanicamente dalla povertà e dall'esclusione, va ribadito che il comunitarismo fondamentalista non è un fenomeno di importazione, bensì il prodotto di un'interazione fallimentare con le società riceventi.

Non è invece vero in generale che l'autorganizzazione degli immigrati, con la fondazione di proprie istituzioni (prima di tutto, solitamente, religiose) e la creazione di luoghi di incontro atti a favorire le relazioni con i connazionali, rappresenti un pericolo per la coesione delle società riceventi e favorisca la frammentazione del tessuto sociale in un arcipelago di comunità separate.

In realtà, come si è visto, possono darsi vari percorsi di integrazione degli immigrati. Molta parte delle nostre opinioni pubbliche, continua a pensare a un'assimilazione normativa vecchia maniera, mentre le esperienze d'oltreoceano presentano una gamma molto ampia di articolazioni tra la dimensione individuale e quella collettiva dei processi di ridefinizione dell'identità culturale nei percorsi dell'immigrazione. Lo sviluppo di istituzioni «etniche» non è di per sé un freno all'integrazione, ma può rappresentare una strada per conseguirla, a maggior ragione in tempi di crescenti interdipendenze e legami transnazionali, senza passare attraverso lo sradicamento e conservando (talvolta, riscoprendo, e in genere rielaborando) almeno alcuni tratti del proprio patrimonio culturale, che a sua volta può contribuire a rendere più ricca e diversificata l'esperienza sociale dei cittadini delle società riceventi. In questo ambito, la dimensione locale (delle politiche e dei processi) e il protagonismo delle società civili assumono un'importanza cruciale.

Resta sempre decisivo, con ogni evidenza, il *frame* cognitivo con cui le società ospitanti, a livello centrale e locale, si pongono di fronte ai processi migratori. «Importatori riluttanti», come sono stati definiti [Cornelius, Martin e Hollifield 1994], hanno bisogno degli immigrati e del loro lavoro, ma ne farebbero volentieri a meno come componenti legittimi e paritari del corpo sociale.

È certo faticoso, ma ineluttabile prendere atto che «la globalizzazione ha reso il mito dello stato culturalmente omogeneo ancora più irrealistico di prima e costretto le maggioranze di ogni stato ad essere più aperte nei confronti del pluralismo e della diversità» [Kymlicka 1999, 19-20]. La crescente attenzione alla dimensione transnazionale dell'esperienza migratoria contrasta con la pretesa di ricondurre l'appartenenza culturale e politica degli immigrati entro gli schemi ormai angusti degli Stati-nazione: se i legami e gli attaccamenti transnazionali degli immigrati non si oppongono all'integrazione, stanno invece in opposizione all'assimilazionismo forzato [Ambrosini 2007]. Trarre le conseguenze di questa profonda trasformazione sociale è una delle maggiori sfide del nostro tempo, da cui dipenderanno non solo il destino degli immigrati, ma anche il grado di civiltà e la qualità della convivenza delle nostre società nel loro complesso.

Sono istruttive al riguardo le nostre convenzioni linguistiche: noi definiamo come «immigrati» solo una parte degli stranieri che risiedono stabilmente e lavorano nel nostro paese. È la componente prevalente, ma il problema non sono i numeri, bensì la «qualità» attribuita agli interessati. Nessuno definisce «immigrati» gli americani o gli svizzeri o i giapponesi residenti in Italia, anche allorquando ricadono nella definizione convenzionale di immigrato adottata dall'Onu: *una persona che si è spostata in un paese diverso da quello di residenza abituale e che vive in quel paese da più di un anno* [Kofman *et al.* 2000]. Ancora più curiosa appare la definizione di extracomunitario, fra l'altro peculiare della lingua italiana e priva di equivalenti nelle lingue straniere: non si applica mai agli stranieri provenienti da paesi sviluppati, mentre molti continuano a impiegarla nei confronti di cittadini rumeni e polacchi, ormai integrati nell'Unione Europea. Se poi si discute di popolazioni rom, l'idea che si tratti di cittadini europei con pieni diritti di libera circolazione incontra drastiche opposizioni. Immigrati (ed extracomunitari) sono dunque soltanto gli stranieri provenienti da paesi poveri[7], mai quelli originari di paesi sviluppati, alcuni dei quali hanno cambiato il proprio status nel volgere degli ultimi decenni (giapponesi, coreani...), così come del resto è avvenuto agli italiani all'estero. Ne deriva una differente accettabilità sotto il profilo della con-cittadinanza, chiaramente espressa dalla legge del '92: per poter chiedere di diventare italiani, bastano quattro anni di residenza per gli stranieri provenienti da alcuni paesi, ne occorrono dieci per gli altri.

Certo, molti nodi controversi vengono al pettine quando la sfera privata e la sfera pubblica precedentemente richiamate si intersecano. Il diritto di famiglia è una delle aree più sensibili del confronto interculturale, e più in generale il rapporto tra diritti individuali e diritti collettivi delle minoranze, o presunti tali, è visto da molti come un campo di battaglia [cfr. Cesareo 2000].

A scanso di equivoci, va precisato che parlare di parità, o anche di diritti delle minoranze, non significa pensare a legisla-

[7] A meno che non siano a loro volta manifestamente agiati o famosi per le loro prestazioni artistiche, sportive, intellettuali: va ricordato che in genere «la ricchezza sbianca».

zioni parallele o a concessioni nei confronti di pratiche rifiutate dalla nostra cultura giuridica e dalla nostra sensibilità sociale, come la poligamia o la circoncisione femminile, o uno status giuridico inferiore per le donne. Nessun codice di paesi occidentali le ammette[8], e nessun teorico eminente del multiculturalismo le giustifica. Le vere questioni appaiono piuttosto di tre tipi: 1) lottare contro le discriminazioni e promuovere la parità di trattamento dei cittadini immigrati con gli autoctoni, obiettivo ben lungi dall'essere effettivamente conseguito[9]; 2) dare effettive possibilità alle collettività che scaturiscono dall'esperienza migratoria di incontrarsi, organizzarsi, praticare la propria religione, promuovere istituzioni culturali ed educative, nel rispetto di leggi valide per tutti e non soggette ad interpretazioni *ad hoc*, come pure consentire agli individui di esprimere liberamente i propri orientamenti culturali, allineati o meno con i valori tradizionali della collettività di provenienza; 3) verificare caso per caso dove siano possibili e opportuni limitati adattamenti normativi, o regolamentari, o contrattuali, per venire incontro a determinate richieste delle collettività immigrate, senza immaginare zone franche o esenzioni dalle leggi valide per tutti, sulla base delle intese che già regolano, per esempio, i rapporti dello Stato italiano con la minoranza ebraica[10].

Un nodo imprescindibile, va ribadito in sede conclusiva, è tuttavia quello dell'accesso alla cittadinanza. Abbiamo notato al capitolo II che lo sviluppo di quello che viene definito transnazionalismo politico pone in questione diversi assunti delle concezioni tradizionali della cittadinanza, come

[8] Nemmeno in tutti i paesi musulmani la poligamia è ammessa, per non dire della circoncisione femminile, che non è neppure una pratica riferibile alla religione islamica. È vero però che in diversi paesi islamici si sta verificando un ritorno verso l'imposizione della legge coranica anche in ambito civile.

[9] Il nostro paese è stato più volte posto all'attenzione dell'Unione Europea per la debolezza delle azioni contro la discriminazione verso gli immigrati. Come mostrano sovente le cronache, inoltre, uomini politici di rilievo nazionale pronunciano impunemente discorsi di contenuto xenofobo che nella maggior parte dei paesi sviluppati andrebbero incontro al rigore della legge.

[10] Notiamo di passaggio che le comunità ebraiche organizzano liberamente proprie scuole e godono di determinate esenzioni, come quella di assentarsi dalle stesse scuole pubbliche nel giorno di sabato. Anche sul piano dell'abbigliamento nessuno in Italia contesta, fortunatamente, il diritto degli ebrei di portare sul capo la kippà, anche in luoghi pubblici o a scuola, o di indossare abiti conformi alla tradizione.

la sovrapposizione tra nazionalità e cittadinanza, la richiesta di appartenenza univoca ad un solo Stato-nazione, la concezione dell'ambito nazionale come unica arena per l'esercizio dei diritti politici. Non solo: nella prospettiva transnazionale, fioriscono proposte di cittadinanza multipla, transnazionale, postnazionale, insieme a pratiche (minoritarie, ma in crescita) di partecipazione politica in più di uno Stato [cfr. al riguardo Mantovan 2007; Zanfrini 2007]. Nonostante questa accresciuta complessità e mobilità dello scenario, la cittadinanza nazionale non è però uno strumento obsoleto di cui potersi disfare senza rimpianti. Resta infatti, nell'attuale contesto giuridico, il presidio fondamentale dei diritti delle persone e della loro parità nei rapporti sociali e di fronte alle istituzioni. Di fatto, laddove ne hanno la possibilità, gli immigrati accedono in gran numero alla naturalizzazione, come mostrano le cifre record toccate dagli Stati Uniti negli ultimi anni[11]. Anche insofferenze e comportamenti discriminatori nei confronti degli immigrati concorrono ad accelerarne la scelta di diventare al più presto cittadini *pleno iure*. Di nuovo, una misura assimilativa come la naturalizzazione non si oppone al mantenimento o alla rielaborazione di identificazioni culturali e pratiche identitarie: può anzi diventare una condizione favorevole al loro più libero dispiegamento[12].

In ogni caso, nel nostro paese si rivela sempre più stridente lo squilibrio tra la lealtà e adesione morale verso le istituzioni che vengono richieste agli immigrati, e la riluttanza verso le loro domande di partecipazione alla nostra società attraverso quel passaggio decisivo che è l'acquisto della cittadinanza dopo

[11] Ricordiamo che in Italia ancora nel 2006 l'80% delle naturalizzazioni è avvenuto per matrimonio. A una legislazione sulla carta molto favorevole per i discendenti di antichi emigrati italiani (poi di fatto contraddetta dalle carenze di personale e dai tempi lunghissimi di attesa per l'istruzione delle pratiche presso i nostri consolati: in America Latina si stimano 800.000 istanze pendenti) fa da contrasto una drastica selettività, di diritto e ancor più di fatto, nei confronti degli immigrati da anni insediati e occupati nel nostro paese, che non abbiano la fortuna di poter vantare ascendenti di origine italiana. È una concezione della cittadinanza che Giovanna Zincone [2006] ha definito «etnica e familistica».

[12] Fatto che contribuisce a spiegare perché gli avversari più agguerriti delle politiche multiculturali si oppongano, di norma, anche alla naturalizzazione degli immigrati, che ha rappresentato storicamente un vessillo assimilazionista.

un ragionevole numero di anni di residenza. Resta carente, nel nostro paese, anche l'istituzione di uno status intermedio tra il neo-residente inquadrato come temporaneo e sottoposto al regime dei permessi di soggiorno e il cittadino a pieno titolo, uno status identificabile con l'immigrato lungoresidente dotato di un certo pacchetto di diritti, tra i quali dovrebbero rientrare la certezza di poter risiedere nel nostro paese e il diritto di voto a livello locale. Lungaggini e restrizioni immotivate nella concessione della carta di soggiorno hanno di fatto finora limitato severamente l'accesso ad un titolo che poteva in parte avvicinarsi a questo statuto intermedio, previsto dalla maggior parte delle legislazioni europee.

Diritti e aperture non sono dunque concessioni buoniste, bensì condizioni necessarie affinché possa realizzarsi l'integrazione (degli immigrati e della società nel suo complesso), in forme non meramente «subalterne», come invece sembra implicitamente richiedere, lo abbiamo visto, tanta parte della nostra società [Ambrosini 1999; 2001; 2005].

8. *Provare a governare la globalizzazione dal basso*

La maggior parte degli studi su questi temi si ferma all'analisi dei fenomeni e conclude il discorso con raccomandazioni condivisibili ma generalistiche. Il terreno delle proposte concrete, specialmente su argomenti ad alta sensibilità come questi, è per definizione opinabile e contrastato. Ritengo tuttavia doveroso cercare di inoltrarmi in questo impegnativo spazio di confronto, riprendendo vari cenni sparsi nelle pagine precedenti. Le idee che suggerisco non hanno la pretesa di configurare una riforma organica della legislazione sull'immigrazione, e tanto meno un modello di riferimento. Come ho rilevato, anzi, mi sembra necessario sfuggire alla tenaglia dei modelli astratti e contrapposti. Nella ricerca di soluzioni pragmatiche, e spero ragionevoli, ai problemi in discussione, attingerò di volta in volta a spunti riconducibili tanto al filone assimilativo quanto a quello multiculturalista, tenendo nel debito conto la dimensione transnazionale delle migrazioni contemporanee.

Anzitutto, la disciplina dell'ingresso di nuovi immigrati richiederebbe una riflessione *ad hoc.* Mi limito a sottolineare che sembra difficile poter chiudere indiscriminatamente le porte, tanto per ragioni economiche, quanto per considerazioni umanitarie. Gli aspetti su cui vorrei attirare l'attenzione sono i seguenti:

1) la considerazione della dimensione transnazionale, e più precisamente dell'importanza delle reti di relazione per l'arrivo, l'accoglienza, l'inserimento lavorativo dei nuovi arrivati, induce a rilanciare l'istituto dello sponsor, introdotto dalla legge Turco-Napolitano e frettolosamente cancellato dalla Bossi-Fini. Un immigrato sponsorizzato ha minori probabilità di cadere nella marginalità e diventare un carico sociale. Per limitare gli abusi, si può eventualmente prevedere di limitare l'applicazione dell'istituto ai parenti stretti di chi è già stabilmente insediato in Italia, come pure di prevedere una forma di accompagnamento da parte di organizzazioni solidaristiche italiane, immaginando una sorta di triangolo tra il candidato, lo sponsor e l'organismo di sostegno e supervisione.

2) In alcuni ambiti, come quello domestico-assistenziale, sembra inevitabile tener conto del rapporto diretto e personale tra famiglia italiana datrice di lavoro e lavoratrice (o eventualmente lavoratore). Sembra irrealistico pretendere di far rientrare nel sistema delle quote annuali e delle chiamate dall'estero questi rapporti di lavoro, anche perché il fabbisogno può sorgere in maniera repentina e imprevedibile. L'impossibilità di regolarizzare l'assunzione rischia anche di diventare una buona scusa per mantenere nel sommerso, talvolta per anni, l'assistente domiciliare. Meglio allora, in presenza di effettive necessità, prevedere una possibilità di rapida conversione del permesso di soggiorno, per esempio da turistico a lavorativo[13], in attesa di riuscire a sviluppare un'architettura dei servizi domiciliari all'altezza delle sfide che ci stanno di fronte (ne ho accennato al cap. III).

3) Una disciplina più generosa dovrebbe riguardare i ricongiungimenti familiari, come premessa per un'immigrazione più

[13] Il problema in parte si dovrebbe risolvere da solo, come conseguenza dell'ingresso nell'Unione Europea di un importante fornitore di manodopera per i servizi domiciliari come la Romania. Ma è anche probabile che proprio la crescita di forza contrattuale delle lavoratrici rumene le renda meno disponibili verso certe condizioni di lavoro e orienti la ricerca di manodopera verso altri bacini di reclutamento.

integrata e «normale». Anziché inquadrare il ricongiungimento come una concessione da elargire a denti stretti, previa verifica severa di una serie di condizioni economiche, abitative e normative, questa soluzione dovrebbe essere vista come un diritto naturale e incoercibile delle persone, una volta raggiunto un minimo di stabilità dell'insediamento, nonché come un corollario dell'interesse delle società riceventi a contrastare le possibili derive anomiche di un'immigrazione sradicata e dispersa.

4) Nell'immigrazione per lavoro, la principale anomalia italiana rispetto ai grandi paesi sviluppati consiste nello scarso richiamo esercitato nei confronti dei lavoratori ad alta qualificazione. Questo orientamento di fatto verso un'immigrazione professionalmente «povera» ha un impatto sull'immagine complessiva degli immigrati, nonché sulla loro capacità di sviluppare istituzioni comunitarie in grado di generare capitale sociale e forme di sostegno nei processi di integrazione. Un sistema a punti, in grado di premiare titoli di studio, esperienze professionali, competenze linguistiche e legami familiari, come quello da tempo adottato in Canada e poi da vari altri paesi (in Europa il primo è stato il Regno Unito), potrebbe aiutare non solo il sistema economico a dotarsi di competenze da mettere in campo nel mercato globalizzato, ma anche migliorare le rappresentazioni sociali degli immigrati e accrescere le risorse organizzative delle loro aggregazioni. Più in generale, la conoscenza certificata della lingua italiana dovrebbe rappresentare un requisito preferenziale per i nuovi ingressi, anche se destinati ad occupazioni esecutive.

Un secondo blocco di considerazioni riguarda la gestione dei processi di inserimento. Qui la proposta principale che avanzo è quella di un «contratto di integrazione» tra lo Stato italiano e i nuovi arrivati, sull'onda di iniziative analoghe che si stanno sviluppando in altri paesi europei. Iniziative certo riconducibili ad un approccio assimilazionista, ma non per questo da rigettare a priori. In esse si può cogliere l'intento condivisibile di trattare gli immigrati come persone adulte e responsabili, in grado di assumere impegni e di rispettarli. Le istituzioni pubbliche italiane dovrebbero però andare oltre la richiesta di rispetto della Costituzione e delle leggi del nostro paese, assumendo un ruolo attivo attraverso un'esplicita offerta di opportunità di integrazione: la prima e fondamentale sarebbe una campagna massiccia e tendenzialmente obbligatoria di alfabetizzazione alla lingua, alle istituzioni e al patrimonio culturale italiano. Servirebbe un rilancio su vasta scala dell'educazione permanente, ossia di quei corsi serali che hanno sostituito le vecchie «150 ore» nel fornire un'istruzione di base a tanti lavoratori di classe popolare. Oltre alla scuola pubblica, comuni, sindacati dei lavoratori e organizzazioni solidaristiche potrebbero essere chiamati a contribuire all'impresa. La frequenza e l'apprendimento potrebbero essere incoraggiati prevedendo alcuni benefici per chi supera la verifica conclusiva: per esempio, con una riduzione del tempo necessario per accedere alla cittadinanza o ad altri benefici.

Un altro tassello delle politiche di integrazione riguarda l'impegno contro le discriminazioni, dirette e indirette [cfr. in proposito Balbo 2006]. Ricordo soltanto, tra queste ultime, le mille difficoltà che incontrano gli immigrati (dai paesi classificati come poveri) nel veder riconosciuti i loro titoli di studio. Anche per questa via gli immigrati più istruiti vengono scoraggiati dal venire in Italia; quelli che l'hanno comunque scelta vedono sottoutilizzato il proprio capitale umano, l'immagine della popolazione immigrata rimane appiattita verso il basso e anche il nostro mercato del lavoro ottiene dai lavoratori immigrati un apporto inferiore a quello che potrebbero fornire.

Servirebbe poi qualche gesto politico che desse rilievo all'impegno delle istituzioni nella lotta contro le discriminazioni, che ha visto finora una scarsa efficacia applicativa delle norme legislative vigenti. Una proposta precisa potrebbe riferirsi alla trasformazione in autorità indipendente dell'attuale Ufficio nazionale antidiscriminazioni razziali della Presidenza del consiglio dei ministri. L'innovazione può sembrare soltanto apparente, ma in realtà, giacché molte discriminazioni avvengono per effetto di procedure, di regolamenti o di scelte operative dell'apparato pubblico, l'incardinamento dell'ufficio che dovrebbe combattere le discriminazioni presso la sede del governo appare quanto meno improprio. L'indipendenza istituzionale dell'organismo di controllo rappresenterebbe una garanzia di imparzialità, e auspicabilmente di maggiore efficacia.

Tra le risorse sociali che concorrono a costruire forme di integrazione rispettose dell'autonomia delle persone immigrate ho posto in rilievo le religioni (in modo particolare al cap.

IV). Sappiamo che si tratta di un altro argomento sensibile e controverso, soprattutto quando entra in gioco il fattore islamico. Le varie opzioni possibili, dall'indifferenza allo stretto controllo di polizia, all'impedimento pratico della libertà di culto decretato a furor di popolo e mediante comportamenti ostativi delle amministrazioni locali, non preparano un futuro sereno per la convivenza. Sebbene non immune da rischi, come quello dell'intromissione dello Stato nella libera organizzazione dei gruppi religiosi, mi sembra che una strada praticabile sia quella verso cui si sta orientando l'attuale governo, anche in base all'esperienza di altri paesi: oltre all'individuazione degli interlocutori più significativi, alla costituzione di un organismo consultivo e alla sottoscrizione di reciproci impegni, si può pensare ad un investimento nella formazione dei responsabili religiosi e alla richiesta di una preparazione adeguata, anche sotto il profilo della conoscenza dell'Italia e della lingua italiana, per chi viene chiamato a ricoprire incarichi di guida nelle comunità religiose locali[14].

Non vanno però dimenticate le altre minoranze religiose, protestanti, ortodosse, induiste, buddhiste e altre ancora, il cui apporto nei processi di integrazione rischia di essere compromesso dalla concentrazione dell'attenzione sulla questione islamica. È forse venuto il tempo, anche per la nostra scuola, di pensare ad un insegnamento di cultura religiosa dedicato a tutti, in aggiunta all'istruzione confessionale per chi la desidera.

Un terzo ambito di riflessione chiama in causa il codice della cittadinanza. Si tratta di un nodo irrisolto di una legislazione che, con la riforma del 1992, ha scelto di guardare indietro, all'eredità della nostra storia di emigrazione, anziché verso un futuro di inevitabile coesistenza e mescolanza interetnica. Il tema

[14] Come abbiamo già richiamato al capitolo IV, l'Islam non ha una struttura ecclesiastica e dunque neppure una gerarchia e delle autorità religiose riconosciute. L'imam, come spiegano gli islamologi, è soltanto colui che «sta davanti» e guida la preghiera. Il fatto tuttavia che nelle moschee, come in tanti luoghi di culto delle altre religioni, qualcuno venga riconosciuto come idoneo a spiegare i testi sacri, a rivolgere parole di esortazione ai fedeli, a introdurre i più giovani e i neofiti alla comprensione dei misteri religiosi, senza dimenticare le funzioni più secolari di amministrazione economica e di rappresentanza verso l'esterno, istituisce una funzione sociale che non appare molto distante, sotto il profilo sociologico, da quella dei ministri di culto cristiani.

è oggetto di iniziative legislative, ma anche posta in gioco di un conflitto politico che lascia poche speranze per una positiva soluzione nell'attuale legislatura. Mi limito a rilevare al riguardo che la legislazione italiana è tra le più restrittive d'Europa, ancorata fondamentalmente alla discendenza o al connubio, e particolarmente penalizzante per le nuove generazioni. Una congrua riduzione del periodo di residenza necessario per avanzare la richiesta di naturalizzazione sembra dunque condivisibile: una soglia di cinque anni, come era fino al '92, e come avviene già in vari paesi, appare accettabile. Servono però anche un rapido smaltimento delle pratiche in giacenza, uno snellimento delle procedure (attualmente occorrono circa quattro anni per ottenere una risposta), un drastico contenimento degli spazi di discrezionalità che rendono l'apparato burocratico arbitro di un atto politico denso di significato come l'inclusione nella comunità nazionale. Disposizioni più favorevoli andrebbero poi previste per i minori, prima di tutto per quelli nati in Italia, ma poi anche per quanti hanno compiuto una parte significativa degli studi nel nostro paese. Sono di fatto ormai integrati nella cosiddetta comunità nazionale. Il disegno di legge Amato-Ferrero mi sembra muovere nella giusta direzione.

Sono anche favorevole a rendere più rigorosa e sistematica la verifica delle competenze linguistiche e delle conoscenze basilari della storia e della Costituzione italiana, in base al principio secondo cui per esercitare in modo attivo e consapevole i diritti di cittadinanza occorre disporre degli strumenti basilari della partecipazione civica. Verifiche analoghe sono previste anche nei paesi che si sono dotati di procedure di naturalizzazione più generose delle nostre (Usa e Francia, per citare due paesi di riferimento). Servono però strumenti standardizzati e scientificamente testati, per evitare anche in questo caso i rischi della discrezionalità. Occorre inoltre rendere congruente e complementare l'accertamento delle conoscenze collegato alla domanda di naturalizzazione con quello che, nelle mie proposte, dovrebbe avvenire all'ingresso in Italia. Infine, non guasterebbe una maggiore solennità rituale del conferimento della cittadinanza e del giuramento di lealtà verso la Repubblica italiana.

Alla luce delle considerazioni svolte in queste pagine, occorre però richiamare l'attenzione su due aspetti collaterali. Il primo riguarda l'opportunità di mantenere un'apertura verso la doppia cittadinanza, che andrebbe vista come una formula che meglio rispetta l'identità composita dei migranti, nonché i loro legami transnazionali. Fra l'altro, per alcuni paesi, come il Marocco, la rinuncia è impossibile; in altri casi, come in Argentina e altri paesi dell'America Latina, possono sussistere norme che riconoscono tale facoltà agli italiani, e si istituirebbe uno squilibrio; ma soprattutto, rendendo i nuovi italiani stranieri nella loro patria d'origine, si renderebbe loro più difficile sia il ritorno, sia la realizzazione di investimenti economici. Oggi, come abbiamo notato nel capitolo II, varie istituzioni e agenzie internazionali hanno incominciato a considerare gli immigrati, e specialmente gli operatori economici provenienti dalle fila della popolazione immigrata, come potenziali agenti di sviluppo nei loro luoghi di origine. Per queste ragioni, obbligarli a recidere i legami politici di cittadinanza con i paesi di provenienza sembra controproducente, e non garantisce comunque l'allineamento su un più convinto senso di lealtà nei confronti del nostro paese.

Il secondo aspetto si riferisce ai diritti da riconoscere al residente stabile che non pensa di richiedere la cittadinanza. I principali appaiono il diritto di voto in ambito locale e la possibilità di ingresso nell'impiego pubblico. Un atteggiamento liberale in queste materie, oltre ad altri risvolti positivi (pensiamo per esempio ad una maggiore apertura del mercato del lavoro pubblico, a partire dal settore infermieristico), servirebbe a contenere uno dei rischi temuti dagli assimilazionisti: quello di un accesso meramente strumentale alla cittadinanza, legato ai benefici che può comportare, anziché a una convinta adesione agli interessi e ai destini della comunità politica in cui si chiede di entrare.

Infine, richiede un'attenzione specifica il tema dei minori, quasi 680.000 in Italia a fine 2006 secondo il Dossier immigrazione di Caritas-Migrantes [2007]. Benché ormai la maggioranza risulti nata in Italia e quindi, una volta raggiunta l'età scolare, possa ragionevolmente seguire i programmi scolastici in italiano, le politiche pubbliche dovrebbero prendere in considerazione tre questioni. La prima riguarda l'accompagnamento dei ragazzi ricongiunti, a varie età, nel rapporto con la scuola italiana. Le risorse oggi dedicate a questo obiettivo sono manifestamente inadeguate, con il distacco di un numero di insegnanti[15] molto esiguo rispetto al numero degli alunni interessati. Il problema dell'inserimento scolastico di ragazzi che arrivano senza conoscere l'italiano viene lasciato per lo più alla buona volontà di dirigenti scolastici, insegnanti, compagni di scuola (con ragazzi coetnici impegnati come interpreti improvvisati). Ne risultano ritardi scolastici ed esperienze frustranti, mentre si profila il fenomeno della fuga delle famiglie italiane dalle scuole troppo accoglienti verso gli alunni di origine immigrata. Occorrerebbe invece un investimento molto più consistente e incisivo nell'apprendimento della lingua italiana, con una concentrazione degli arrivi, se possibile, tra l'estate e l'inizio dell'anno scolastico, e poi con programmi mirati che prevedano molte ore settimanali di lingua italiana nelle prime settimane, alternate ad attività e materie in cui si possa sviluppare la socializzazione con i ragazzi autoctoni; in seguito, una riduzione progressiva delle ore di italiano per stranieri dovrebbe condurre ad una piena integrazione nelle classi scolastiche[16].

La seconda questione attiene alla socializzazione con i coetanei, in special modo nell'adolescenza. Si sente spesso ripetere che la scuola dovrebbe favorire l'incontro, la conoscenza e la mutua comprensione tra ragazzi con differenti origini etniche. Ma questo, se può valere tra i banchi delle elementari, e forse nella scuola media, si scontra più avanti con l'autonomia che conquistano gli adolescenti nella scelta delle amicizie e delle attività del tempo libero. L'esito, normalmente, è un grado abbastanza elevato di chiusura sociale, di frequentazione tra simili. Serve allora una mobilitazione tanto della società civile quanto delle istituzioni pubbliche locali, per moltiplicare servizi educativi, centri di aggregazione, infrastrutture sportive gratuite, animatori ed educatori di strada, soprattutto nei quartieri di periferia in cui si percepiscono i segni del disagio, ma sta avvenendo anche la faticosa sperimentazione della mescolanza interetnica.

[15] Un conteggio non recentissimo effettuato in Lombardia dava un rapporto di un insegnante all'incirca ogni 400 alunni di origine immigrata. Oggi la situazione è molto probabilmente peggiore, perché ad un moderato aumento degli insegnanti ha fatto riscontro una crescita ben più massiccia degli alunni provenienti dalle fila delle popolazioni immigrate.

[16] Così avviene in Australia, come mi ha riferito Gianpiero Dalla Zuanna.

La terza questione rimanda a un punto molto avvertito, almeno a parole, nel dibattito pubblico: quello della formazione di cittadini consapevoli e leali verso le istituzioni del paese che li ha accolti insieme con le loro famiglie. Una volta chiarito che conta molto di più fare esperienze dirette, di vita associativa e di cittadinanza attiva, rispetto a quanto è possibile insegnare attraverso i programmi scolastici, si può convenire che un serio rilancio dell'educazione civica (per tutti, non solo per i giovani di origine immigrata) soddisferebbe una prima esigenza basilare, quella conoscitiva. Anche in questo ambito si potrebbero immaginare una verifica e una ritualizzazione (per tutti, lo ribadisco) dell'accertata acquisizione delle conoscenze necessarie per l'esercizio della cittadinanza, con un esame e una cerimonia che potrebbero aver luogo al termine del quarto anno delle scuole medie superiori, più o meno in corrispondenza con il passaggio alla maggiore età[17].

Sappiamo ormai che governare società plurali e promuovere un grado accettabile di coesione sociale è un'impresa ardua e complessa. Rifiutare di riconoscerne la realtà, o affrontarla con gli schemi del passato, come le vecchie ideologie nazionaliste, rischia però di preparare un futuro più conflittuale e denso di incognite. Non credo quindi che sia il caso di scomodare visioni umanitarie o solidariste per sollecitare una presa di coscienza compiuta della trasformazione dell'Italia in un paese di immigrazione. Basterebbe, bandendo ogni buonismo, una considerazione minimamente avveduta e lungimirante dei nostri interessi.

[17] Per questo spunto sono debitore nei confronti di Marco Demarie (Fondazione Agnelli).

RIFERIMENTI BIBLIOGRAFICI

RIFERIMENTI BIBLIOGRAFICI

Abbatecola, E.

2002 *Le reti insidiose. Organizzazione e percorsi della tratta tra coercizione e produzione del «consenso»*, in Caritas ambrosiana [2002, 69-133].

2006 *L'altra donna. Immigrazione e prostituzione in contesti metropolitani*, Milano, Franco Angeli.

Alba, R. e Nee, V.

1997 *Rethinking Assimilation Theory for a New Era of Immigration*, in «International Migration Review», vol. XXXI, n. 4, inverno, pp. 826-874.

Alexander, M.

2003 *Local Policies toward Migrants as an Expression of Host-Stranger Relations: A Proposed Typology*, in «Journal of Ethnic and Migration Studies», vol. 29, n. 3, pp. 411-430.

Ambrosini, M.

1999 *Utili invasori*, Milano, Franco Angeli-Fondazione Ismu.

2001 *La fatica di integrarsi. Immigrazione e lavoro in Italia*, Bologna, Il Mulino.

2005a *Sociologia delle migrazioni*, Bologna, Il Mulino.

2005b *Dentro il welfare invisibile: aiutanti domiciliari immigrate e assistenza agli anziani*, in «Studi emigrazione», a. XLII, n. 159, settembre.

2007 *Prospettive transnazionali. Un nuovo modo di pensare le migrazioni?*, in «Mondi migranti», a. 1, n. 2, pp. 43-90.

Ambrosini, M. e Abbatecola, E. (a cura di)

2004 *Immigrazione e metropoli. Un confronto europeo*, Milano, Iard-Franco Angeli.

Ambrosini, M. e Cominelli, C. (a cura di)

2005 *Un'assistenza senza confini. Welfare «leggero», famiglie in affanno, aiutanti domiciliari immigrate*, Osservatorio regionale per l'integrazione e la multietnicità, Milano, Regione Lombardia-Fondazione Ismu.

Ambrosini, M. e Molina, S. (a cura di)

2004 *Seconde generazioni. Un'introduzione al futuro dell'immigrazione in Italia*, Torino, Edizioni della Fondazione Agnelli.

Ambrosini, M. e Queirolo Palmas, L. (a cura di)
2005 *I latinos alla conquista dell'Europa. Nuove migrazioni e spazi della cittadinanza*, Milano, Franco Angeli.
Ambrosini, M. e Zandrini, S.
1992 *Gli immigrati e la metropoli: il caso di Milano*, in Irer-Oetamm, *Analisi dei bisogni e offerta di servizi per gli stranieri extracomunitari nell'area milanese. Esperienze internazionali a confronto*, Milano, pp. 39-68.
Anderson, Benedict
1996 *Comunità immaginate. Origini e fortuna dei nazionalismi* (1991), trad. it. Roma, Manifestolibri.
Anderson, Bridget J.
2000 *Doing the Dirty Work? The Global Politics of Domestic Labour*, London, Zed Books.
Appadurai, A.
1996 *Modernity at Large: Cultural Dimensions of Globalization*, Minneapolis, University of Minnesota Press.
Aranda, E.M.
2003 *Global Care Work and Gendered Constraints: The Case of Puerto Rican Transmigrants*, in «Gender and Society», vol. 17, n. 4, pp. 609-626.
Avola, M., Cortese, A. e Palidda, R.
2003 *Risorse, reti e progetti. Percorsi di inserimento nel mercato del lavoro catanese di mauriziani e srylankesi*, in La Rosa e Zanfrini [2003, 25-57].

Balbo, L.
2006 *In che razza di società vivremo? L'Europa, i razzismi, il futuro*, Milano, Bruno Mondadori.
Baldassar, L.
2007 *Transnational Families and Aged Care: The Mobility of Care and the Migrancy of Ageing*, in «Journal of Ethnic and Migration Studies», vol. 33, n. 2, marzo, pp. 275-297.
Banfi, L. e Boccagni, P.
2007 *Transnational Family Life: One Pattern or Many, and Why? A Comparative Study on Female Migration, Gender*, relazione al convegno «Generations and the Family in International Migration», European University Institute, Robert Schuman Centre for Advanced Studies, Fiesole (Fi).
Barbagli, M.
2002[2] *Immigrazione e reati in Italia*, Bologna, Il Mulino.
Barbagli, M. e Schmoll, C.
2007 *Sarà religiosa la seconda generazione? Una ricerca esplorativa sulle pratiche religiose dei figli di immigrati*, relazione presentata

al convegno «Seconde generazioni in Italia. Presente e futuro dei processi di integrazione dei figli di immigrati», Bologna, 3 maggio 2007.

Basch, L., Glick Schiller, N. e Szanton Blanc, C. (a cura di)
1994 *Nations Unbound: Transnational Projects, Postcolonial Predicaments and Deterritorialized States*, Amsterdam, Gordon & Breach.

Bauböck, R.
2003 *Towards a Political Theory of Migrant Transnationalism*, in «International Migration Review», vol. 37, n. 3, autunno, pp. 700-723.

Beck, U.
2003 *La società cosmopolita. Prospettive dell'epoca postnazionale*, trad. it. Bologna, Il Mulino.

Benhabib, S.
2005 *La rivendicazione dell'identità culturale. Eguaglianza e diversità nell'era globale*, trad. it. Bologna, Il Mulino.

Benítez, J.L.
2006 *Transnational Dimensions of the Digital Divide among Salvadoran Immigrants in the Washington DC Metropolitan Area*, in «Global Networks», a. 2, n. 6, pp. 181-199.

Bertolani, B.
2003 *Capitale sociale e intermediazione etnica: il caso degli indiani punjabi inseriti in agricoltura in provincia di Reggio Emilia*, in R. Rizza e G. Scidà (a cura di), *Capitale sociale, lavoro e sviluppo*, Milano, Franco Angeli, pp. 92-102.

Blangiardo, G.C. (a cura di)
2003 *L'immigrazione straniera in Lombardia. La seconda indagine regionale*, Rapporto 2002, Osservatorio regionale per l'integrazione e la multietnicità, Ismu-Regione Lombardia, Milano.

Bloemraad, I.
2004 *Who Claims Dual Citizenship? The Limits of Postnationalism, the Possibilities of Transnationalism, and the Persistence of Traditional Citizenship*, in «International Migration Review», vol. 38, n. 146, pp. 389-426.

Boccagni, P.
2007 *Come si «misura» il transnazionalismo degli immigrati? Dalle teorie alla traduzione empirica: una rassegna metodologica*, in «Mondi migranti», a. 1, n. 2, pp. 109-128.

Body-Gendrot, S. e Wihtol de Wenden, C.
2007 *Sortir des banlieues. Pour en finir avec la tyrannie des territoires*, Paris, Editions Autrement.

Bonacich, E.
1973 *A Theory of Middleman Minorities*, in «American Sociological Review», vol. 38, n. 5, ottobre, pp. 583-594.

Bonifazi, C.
2007[2] *L'immigrazione straniera in Italia* (1998), Bologna, Il Mulino.
Bonizzoni, P.
2007 *Famiglie transnazionali e ricongiunte: per un approfondimento nello studio delle famiglie migranti*, in «Mondi migranti», a. 1, n. 2, pp. 91-108.
Bosniak, L.
2001 *Denationalizing Citizenship*, in T.A. Aleinikoff e D. Klusmeyer (a cura di), *Citizenship Today. Global Perspectives and Practices*, Washington, D.C., Carnegie Endowment for International Peace, pp. 237-252.
Boyd, M.
1989 *Family and Personal Networks in International Migration: Recent Developments and New Agenda*, in «International migration review», vol. XXIII, n. 3, pp. 638-669.
Brah, A.
1996 *Cartographies of Diaspora. Contesting Identities*, London-New York, Routledge.
Brubaker, R.
2001 *The Return of Assimilation? Changing Perspectives on Immigration and Its Sequels in France, Germany and the United States*, in «Ethnic and Racial Studies», vol. 24, n. 4, pp. 531-548.
2005 *The «Diaspora» Diaspora*, in «Ethnic and Racial Studies», vol. 28, n. 1, gennaio, pp. 1-19.
Bryceson, D. e Vuorela, U. (a cura di)
2002 *The Transnational Family. New European Frontiers and Global Networks*, Oxford-New York, Berg.
Burton, B. e Gammage, S.
2004 *El Envío: An Interdisciplinary Analysis of Remittances, Rights and Associations Among Central American Immigrants in Greater Washington*, D.C., Destination D.C. Working Paper n. 1, novembre.

Cairncross, F.
1997 *The Death of Distance*, London, Orion.
Campomori, F.
2005a *Come integrare l'immigrato? Modelli locali di intervento a Prato, Vicenza e Caserta*, in T. Caponio e A. Colombo (a cura di), *Migrazioni globali, integrazioni locali*, Bologna, Il Mulino, pp. 235-265.
2005b *Frames cognitivi, organizzazione e apprendimento nelle politiche locali per gli immigrati*, in «Rivista Italiana di Politiche Pubbliche», n. 1, pp. 33-63.

Caneva, E.
2007 *Adolescenza e migrazione. Percorsi identitari e relazioni amicali nei giovani di origine straniera*, tesi di dottorato di ricerca, Dipartimento di Studi sociali e politici, Università di Milano.
Caponio, T.
2006 *Città italiane e immigrazione. Discorso pubblico e politiche a Milano, Bologna e Napoli*, Bologna, Il Mulino.
Caponio, T. e Sciortino, G.
2007 *Politiche e pratiche di integrazione degli immigrati. Una comparazione tra Francia, Germania, Olanda, Italia e Spagna*, rapporto di ricerca, Bologna, Istituto Cattaneo.
Carchedi, F., Mottura, E. e Pugliese, E. (a cura di)
2003 *Il lavoro servile e le nuove schiavitù*, Milano, Franco Angeli.
Caritas ambrosiana
2002 *Comprate e vendute. Una ricerca su tratta e sfruttamento di donne straniere*, a cura di M. Ambrosini, Milano, Franco Angeli.
2004 *Uscendo dall'ombra. Il processo di regolarizzazione degli immigrati e i suoi limiti*, a cura di M. Ambrosini e M. Salati, Milano, Franco Angeli.
Caritas-Migrantes
2006 *Immigrazione. Dossier statistico 2006*, XVI rapporto, Roma, Idos.
2007 *Immigrazione. Dossier statistico 2007*, XVII rapporto, Roma, Idos.
Castagnone, E.
2006 *Migranti per il co-sviluppo tra Italia e Senegal. Il caso dei senegalesi a Torino e provincia*, in AA.VV., *Relazioni transnazionali e co-sviluppo. Associazioni e imprenditori senegalesi tra Italia e luoghi di origine*, Torino, L'Harmattan Italia, pp. 104-129.
Castagnone, E., Eve, M., Petrillo, E.R. e Piperno, F. (con la collaborazione di J. Chaloff)
2007 *Madri migranti. Le migrazioni di cura dalla Romania e dall'Ucraina in Italia. Percorsi e impatto sui paesi di origine*, Cespi-Fieri, Roma, Working Paper n. 34.
Castegnaro, A.
2002 *La rivoluzione occulta nell'assistenza agli anziani: le aiutanti domiciliari*, in «Studi Zancan», n. 2, pp. 1-24.
Castells, M.
2002 *La nascita della società in rete* (1996), trad. it. Milano, Università Bocconi.
Castles, S.
2002 *Migration and Community Formation under Conditions of Globalization*, in «International Migration Review», vol. 36, n. 4, inverno, pp. 1143-1168.

2004 *The Factors that Make and Unmake Migration Policies*, in «International Migration Review», vol. 38, n. 3, autunno, pp. 852-884.

Cella, G.P.

1997 *Le tre forme dello scambio. Reciprocità, politica, mercato a partire da K. Polanyi*, Bologna, Il Mulino.

2006 *Tracciare confini. Realtà e metafore della distinzione*, Bologna, Il Mulino.

Cesareo, V.

2000 *Società multietniche e multiculturalismi*, Milano, Vita e Pensiero.

Cesari, J.

1997 *Les réseaux transnationaux entre l'Europe et le Maghreb: l'international sans territoire*, in «Revue européenne des migrations internationales», a. 13, n. 2, pp. 81-94.

2005a *Mosque Conflicts in European Cities. Introduction*, in «Journal of Ethnic and Migrations Studies», vol. 31, n. 6, novembre, pp. 1015-1024.

2005b *La leadership islamica in Europa: tra fondamentalismo e cosmopolitismo*, in Cesari e Pacini [2005, 1-14].

2005c *Conclusione. I giovani musulmani in Europa: nuovi cittadini e nuovi credenti*, in Cesari e Pacini [2005, 189-195].

Cesari, J. e Pacini, A. (a cura di)

2005 *Giovani musulmani in Europa. Tipologie di appartenenza religiosa e dinamiche socio-culturali*, Torino, Edizioni della Fondazione Agnelli.

Ceschi, S.

2007 *Esistenze multisituate. Lavoro, condizione transnazionale e traiettorie di vita migrante*, in «Mondi migranti», a. 1, n. 2, pp. 129-149.

Chen, C.

2006 *From Filial Piety to Religious Piety: Evangelical Christianity Reconstructing Taiwanese Immigrant Families in the United States*, in «International Migration Review», vol. 40, n. 3, autunno, pp. 573-602.

Clifford, J.

1999 *Strade. Viaggio e traduzione alla fine del secolo XX*, trad. it. Torino, Bollati Boringhieri.

Cloward, R.A. e Ohlin, L.A.

1965 *Delinquency and Opportunity: A Theory of Delinquent Gangs*, New York, The Free Press.

Cohen, R.

1997 *Global Diasporas. An Introduction*, London-New York, Routledge.

Colasanto, M. e Ambrosini, M. (a cura di)
1993 *L'integrazione invisibile. L'immigrazione in Italia tra cittadinanza economica e marginalità sociale*, Milano, Vita e Pensiero.
Coleman, J.
1988 *Social Capital in the Creation of Human Capital*, in «American Journal of Sociology», vol. 94, suppl., pp. 95-121.
2005 *Fondamenti di teoria sociale* (1990), trad. it. Bologna, Il Mulino.
Colen, S.,
1995 *Like a Mother to Them*, in F. Ginsburg e R. Rapp (a cura di), *Conceiving the New World Order*, Berkeley, University of California Press.
Colombo, E.
2002 *Le società multiculturali*, Roma, Carocci.
2005 *Una generazione in movimento*, in R. Bosisio, E. Colombo, L. Leonini e P. Rebughini, *Stranieri & italiani. Una ricerca tra adolescenti figli di immigrati nelle scuole superiori*, Roma, Donzelli, pp. 43-75.
2007 *L'estranea di casa: la relazione quotidiana tra datori di lavoro e badanti*, in Colombo e Semi [2007, 99-127].
Colombo, E. e Semi, G. (a cura di)
2007 *Multiculturalismo quotidiano. Le pratiche della differenza*, Milano, Franco Angeli.
Commissione per le politiche di integrazione degli immigrati
2000 *Primo rapporto sull'integrazione degli immigrati in Italia*, a cura di G. Zincone, Bologna, Il Mulino.
Cornelius, W.A., Martin, P.L. e Hollifield, J.F.
1994 *Controlling Immigration. A Global Perspective*, Stanford, Stanford University Press.
Costa, G.
2007 *La regolazione del lavoro privato di cura come sfida per il welfare locale*, relazione al convegno «Quali politiche per l'integrazione sociale dell'Italia del XXI secolo», Urbino, 13-15 settembre.

Dal Lago, A.
2005 *Esistono davvero i conflitti fra culture?*, in «il Mulino», a. LIV, n. 5, pp. 809-820.
Decimo, F.
2005 *Quando emigrano le donne. Percorsi e reti femminili della mobilità transnazionale*, Bologna, Il Mulino.
di Leonardo, M.
1987 *The Female World of Cards and Holidays: Women, Families and the Work of Kinship*, in «Signs: Journal of Women in Culture and Society», n. 12, pp. 440-453.

Diminescu, D.
2005 *Le migrant connecté. Pour un manifeste épistémologique*, in «Migrations société», vol. XVII, n. 102, novembre-dicembre, pp. 275-292.
Dion, K.K. e Dion, K.L.
2001 *Gender and Cultural Adaptation in Immigrant Families*, in «Journal of Social Issues», vol. 57, n. 3, pp. 511-521.
Donati, P.
1993 *La cittadinanza societaria*, Roma-Bari, Laterza.
Dreby, J.
2006 *Honor and Virtue: Mexican Parenting in the Transnational Context*, in «Gender and Society», vol. 20, n. 1, pp. 32-59.

Ehrenreich, B. e Hochschild, A.R. (a cura di)
2004 *Donne globali. Tate, colf e badanti*, trad. it. Milano, Feltrinelli.
Engbersen, G. e van der Leun, J.
1998 *Illegality and Criminality: The Differential Opportunity Structure of Undocumented Immigrants*, in K. Koser e H. Lutz, *The New Migration in Europe. Social Construction and Social Realities*, London, Macmillan, pp. 199-223.
Entzinger, H.
1990 *L'emergenza delle politiche di integrazione per gli immigrati in Europa*, in AA.VV., *Italia, Europa e nuove immigrazioni*, Torino, Edizioni della Fondazione Agnelli, pp. 179-200.
Entzinger, H. e Biezeveld, R.
2003 *Benchmarking in Immigrant Integration*, Rotterdam, Ercomer, Erasmus University.
Esparragoza, E.
2003 *Guayaquil... Italia*, in E. Fravega e L. Queirolo Palmas (a cura di), *Classi meticce. Giovani, studenti, insegnanti nelle scuole delle migrazioni*, Roma, Carocci, pp. 86-90.
Esping-Andersen, G.
2000 *I fondamenti sociali delle economie postindustriali*, trad. it. Bologna, Il Mulino.
Espinosa, K. e Massey, D.S.
1999 *Undocumented Migration and the Quantity and Quality of Social Capital*, in L. Pries (a cura di), *Migration and Transnational Spaces*, Aldershot, Ashgate, pp. 106-137.
Esser, H.
2004 *Does the «New» Immigration Require a «New» Theory of Intergenerational Integration?*, in «International Migration Review», vol. 38, n. 3, autunno, pp. 1126-1159.
Eve, M.
2007 *Considerazioni introduttive*, in Castagnone *et al.* [2007, 5-10].

Faist, T.
1997 *The Crucial Meso-level*, in T. Hammar, G. Brochmann, K. Tamas e T. Faist (a cura di), *International Migration, Immobility and Development: Multidisciplinary Perspectives*, Oxford, Berg, pp. 187-217.
1998 *Transnational Social Spaces Out of International Migration: Evolution, Significance, and Future Prospects*, in «Archives Européennes de Sociologie», vol. 39, n. 2, pp. 213-247.
2000a *The Volume and Dynamics of International Migration and Transnational Social Spaces*, Oxford, Oxford University Press.
2000b *Transnationalization in International Migration: Implications for the Study of Citizenship and Culture*, in «Ethnic and Racial Studies», vol. 23, n. 2, pp. 189-222.
Faist, T., Gerdes, J. e Rieple, B.
2004 *Dual Citizenship as a Path-dependent Process*, in «International Migration Review», vol. 38, n. 3, autunno, pp. 913-944.
Fieri – Forum internazionale ed europeo di ricerche sull'immigrazione
2007 *Immigrati stranieri in Piemonte: segnali di integrazione*, Progetto Alfieri 2004-06, rapporto di ricerca, Torino.
Frisina, A.
2007 *La diversità religiosa come critica sociale? Un processo di convergenza tra giovani ebrei e musulmani, italiani ed europei*, in Colombo e Semi [2007, 77-98].

Giulianotti, R. e Robertson, R.
2006 *Glocalization, Globalization and Migration. The Case of Scottish Football Supporters in North America*, in «International Sociology», vol. 21, n. 2, marzo, pp. 171-198.
Glenn, C.
2004 *I figli degli immigrati a scuola: lezioni per l'Italia dalle esperienze di altri paesi*, in Ambrosini e Molina [2004, 169-183].
Glick Schiller, N., Basch, L. e Blanc-Szanton, C.
1992 *Towards a Transnationalization of Migration: Race, Class, Ethnicity and Nationalism Reconsidered*, in «The Annals of the New York Academy of Sciences», vol. 645, pp. 1-24.
Gordon, M.M
1964 *Assimilation in American Life*, New York-Oxford, Academic Press.
Gori, C. (a cura di)
2002 *Il welfare nascosto. Il mercato privato dell'assistenza in Italia e in Europa*, Roma, Carocci.
Goss, J. e Lindquist, B.
1995 *Conceptualizing International Labor Migration: A Structuration*

Perspective, in «International Migration Review», vol. 29, n. 110, pp. 317-351.

Gozzoli, C. e Regalia, C.

2005 *Migrazioni e famiglie. Percorsi, legami e interventi psicosociali*, Bologna, Il Mulino.

Granovetter, M.

1985 *Economic Action and Social Structure: The Problem of Embeddedness*, in «American Journal of Sociology», n. 91, pp. 481-510.

1995 *The Economic Sociology of Firms and Entrepreneurs*, in Portes [1995, 128-165].

Grillo, R.

2007 *Betwixt and Between: Trajectories and Projects of Transmigration*, in «Journal of Ethnic and Migration Studies», vol. 33, n. 2, marzo, pp. 199-217.

Guarnizo, L.E.

2003 *The Economics of Transnational Living*, in «International Migration Review», vol. 37, n. 3, autunno, pp. 666-699.

2007 *Aspetti economici del vivere transnazionale*, in «Mondi migranti», a. 1, n. 2, pp. 7-40.

Guarnizo, L.E. e Smith, M.P.

2003 *The Locations of Transnationalism* (1998), in Smith e Guarnizo [2003, 3-34].

Hagan, J.

1998 *Social Networks, Gender and Immigrant Incorporation: Resources and Constraints*, in «American Sociological Review», vol. 63, n. 1, febbraio, pp. 55-67.

Hagan, J. ed Ebaugh, H.R.

2003 *Calling upon the Sacred: Migrants' Use of Religion in the Migration Process*, in «International Migration Review», vol. 37, n. 4, inverno, pp. 1145-1162.

Handlin, O.

1973 *The Uprooted. The Epic Story of the Great Migrations that Made the American People*, nuova ed. Boston, Little, Brown and Co.

Herberg, W.

1960 *Protestant-Catholic-Jew. An Essay in American Religious Sociology*, Garden City, N.Y., Anchor Books.

Hermet, G.

1997 *Nazioni e nazionalismi in Europa*, trad. it. Bologna, Il Mulino.

Hervieu-Léger, D.

2003 *Il pellegrino e il convertito. La religione in movimento*, trad. it. Bologna, Il Mulino.

Hirschman, C.

2004 *The Role of Religion in the Origin and Adaptation of Immi-*

grant Groups in the United States, in «International Migration Review», vol. 38, n. 3, autunno, pp. 1206-1233.
Hondagneu-Sotelo, P.
1992 *Overcoming Patriarchal Constraints: The Reconstruction of Gender Relations among Mexican Immigrant Women and Men*, in «Gender and Society», vol. 6, n. 3, pp. 393-415.
1999 *Gender and Contemporary U.S. Immigration*, in «American Behavioral Scientist», vol. 42, n. 4, gennaio, pp. 565-576.
Hondagneu-Sotelo, P. e Avila, E.
1997 *I'm Here but I'm There: The Meanings of Latina Transnational Motherhood*, in «Gender and Society», vol. 11, pp. 548-571.
Huntington, S.P.
2000 *Lo scontro delle civiltà e il nuovo ordine mondiale*, Milano, Garzanti.
2005 *La nuova America. Le sfide della società multiculturale*, trad. it. Milano, Garzanti.

Ignatiev, N.
1995 *How the Irish Became White*, New York, Routledge and Kegan Paul.

Kasinitz, P., Waters, M.C., Mollenkopf, J.H. e Anil, M.
2002 *Transnationalism and the Children of Immigrants in Contemporary New York*, in Levitt e Waters [2002, 96-122].
Kivisto, P.
2001 *Theorizing Transnational Immigration. A Critical Review of Current Efforts*, in «Ethnic and Racial Studies», a. 24, n. 4, pp. 549-577.
Kofman, E., Phizacklea, A., Raghuram, P. e Sales, R.
2000 *Gender and International Migration in Europe. Employment, Welfare and Politics*, London-New York, Routledge.
Koser, K.
1997 *Social Networks and the Asylum Cycle: The Case of Iranians in the Netherlands*, in «International Migration Review», vol. 31, n. 3, pp. 591-611.
Kotkin, J.
1992 *Tribes: How Race, Religion and Identity Determine Success in the New Global Economy*, New York, Random House.
Kurien, P.
2002 *«We Are Better Hindus Here»: Religion and Ethnicity among Indian Americans*, in Min e Kim [2002, 99-120].
Kymlicka, W.
1999 *La cittadinanza multiculturale*, trad. it. Bologna, Il Mulino.

Lagomarsino, F.
2003 *Gli ecuadoriani nel mercato del lavoro genovese*, in La Rosa e Zanfrini [2003, 143-161].
2006 *Esodi e approdi di genere. Famiglie transnazionali e nuove migrazioni dall'Ecuador*, Milano, Franco Angeli-Fondazione Ismu.
Lagrange, H. e Oberti, M.
2006 *La rivolta delle periferie. Precarietà urbana e protesta giovanile: il caso francese*, trad. it. Milano, Bruno Mondadori.
Landolt, P., Autler, L. e Baires, S.
1999 *From Hermano Lejano to Hermano Mayor: The Dialectics of Salvadoran Transnationalism*, in «Ethnic and Racial Studies», vol. 22, n. 2, marzo, pp. 290-315.
La Rosa, M. e Zanfrini, L. (a cura di)
2003 *Percorsi migratori tra reti etniche, istituzioni e mercato del lavoro*, Milano, Franco Angeli-Fondazione Ismu.
Levitt, P.
2003 *«You know, Abraham was really the first immigrant»: Religion and Transnational Migration*, in «International Migration Review», vol. XXXVII, n. 3, autunno, pp. 847-873.
2005 *Building Bridges: What Migration Scholarship and Cultural Sociology Have to Say to Each Other*, in «Poetics», n. 33, pp. 49-62.
Levitt, P., DeWind, J. e Vertovec, S.
2001 *The Transnational Villagers*, Berkeley, University of California Press.
2003 *International Perspectives on Transnational Migration: An Introduction*, in «International Migration Review», vol. 37, n. 3, autunno, pp. 565-575.
Levitt, P. e Glick Schiller, N.
2004 *Conceptualizing Simultaneity: A Transnational Social Field Perspective on Society*, in «International Migration Review», vol. 38, n. 3, autunno, pp. 1002-1039.
Levitt, P. e Waters, M.C. (a cura di)
2002 *The Changing Face of Home: The Transnational Lives of the Second Generation*, New York, Russell Sage Foundation.
Light, I., Bhachu P. e Karageorgis S.,
1993 *Migration Networks and Immigrant Entrepreneurship*, in I. Light e P. Bhachu (a cura di), *Immigration and Entrepreneurship. Culture, Capital and Ethnic Networks*, New Brunswick, N.J., Transaction Publishers, pp. 25-50.
Light, I. e Gold, S.J.
2000 *Ethnic Economies*, San Diego, Academic Press.
Light, I. e Rosenstein, C.
1995 *Expanding the Interaction Theory of Entrepreneurship*, in Portes [1995, 166-212].

Light, I., Sabagh, G., Bozorgmehr, M. e Der-Martirosian, C.
1994 *Beyond the Ethnic Enclave Economy*, in «Social Problems», vol. 41, n. 1, febbraio.
Lipski, M.
1980 *Street-Level Bureaucracy. Dilemmas of Individuals in Public Services*, New York, Russell Sage Foundation.
Louie, V.
2006 *Second-generation Pessimism and Optimism: How Chinese and Dominicans Understand Education and Mobility through Ethnic and Transnational Orientations*, in «International Migration Review», vol. XL, n. 3, autunno, pp. 537-571.

Mahler, S.J.
2001 *Transnational Relationships: The Struggle to Communicate across Borders*, in «Identities», vol. 7, n. 4, pp. 583-619.
2003 *Theoretical and Empirical Contributions. Toward a Research Agenda for Transnationalism* (1998), in Guarnizo e Smith [2003, 64-100].
Mantovan, C.
2007 *Immigrazione e cittadinanza. Auto-organizzazione e partecipazione dei migranti in Italia*, Milano, Franco Angeli.
Maréchal, B.
2002 *L'intégration de l'islam et des communautés musulmanes en Europe. Quelques éclairages*, in «Studi emigrazione/ Migration Studies», vol. XXXIX, n. 147, pp. 577-599.
Martiniello, M.
2000 *Le società multietniche*, trad. it. Bologna, Il Mulino.
Massey, D.S.
1987 *Understanding Mexican Migration to the United States*, in «American Journal of Sociology», vol. 92, n. 6, pp. 1372-1403.
1988 *Economic Development and International Migration in Comparative Perspective*, in «Population and Development Review», n. 14, pp. 383-413.
Massey, D.S. ed Espinosa, K.E.
1997 *What's Driving Mexico-U.S. Migration? A Theoretical, Empirical and Policy Analysis*, in «American Journal of Sociology», vol. 102, n. 4, gennaio, pp. 939-999.
Massey, D.S. *et al.*
1998 *Worlds in Motion. Understanding International Migration at the End of the Millennium*, Oxford, Clarendon Press.
Merton, R.K.
1987 *Three Fragments from a Sociologist's Notebook: Establishing the Phenomenon, Specified Ignorance, and Strategic Research Materials*, in «Annual Review of Sociology», vol. 13, pp. 1-28.

Min, P.G.
2002a *Introduction*, in Min e Kim [2002, 1-14].
2002b *A Literature Review with a Focus on Major Themes*, in Min e Kim [2002, 15-36].
Min, P.G. e Kim, J.H. (a cura di)
2002 *Religions in Asian America. Building Faith Communities*, Walnut Creek, Altamira.
Model, S. e Lin, L.
2002 *The Cost of not Being Christian: Hindus, Sikhs and Muslims in Britain and Canada*, in «International Migration Review», vol. 36, n. 4, inverno, pp. 1061-1092.

Ong, A.
2005 *Da rifugiati a cittadini. Pratiche di governo nella nuova America*, trad. it. Milano, Raffaello Cortina.
Østergaard-Nielsen, E.
2003 *The Politics of Migrants' Transnational Political Practices*, in «International Migration Review», vol. 37, n. 3, autunno, pp. 760-786.

Pace, E.
2004 *L'islam in Europa: modelli di integrazione*, Roma, Carocci.
Pacini, A.
2005 *Introduzione*, in Cesari e Pacini [2005, XI-XXII].
Palidda, S.
2001 *Migranti devianti e vittime*, Milano, Franco Angeli-Fondazione Ismu.
Park, R.E. e Burgess, E.W.
1924 *Introduction to the Science of Sociology*, Chicago, The University of Chicago Press.
Parreñas, R.S.
2001 *Servants of Globalization. Women, Migration, and Domestic Work*, Stanford, Calif., Stanford University Press.
2005 *Children of Global Migration. Transnational Families and Gendered Woes*, Stanford, Calif., Stanford University Press.
Penninx, R. e Doomernik, J.
1998 *Towards Migration Regulation in Globalized Societies*, in van Amersfoort e Doomernik [1998, 129-138].
Peraldi, M. (a cura di)
2002 *La fin des norias? Réseaux migrants dans les économies marchandes en Méditerranée*, Paris, Maisonneuve & Larose.
Perlman, J. e Waldinger, R.
1997 *Second Generation Decline? Children of Immigrants, Past and Present – A Reconsideration*, in «International Migration Review», vol. XXXI, n. 4, inverno, pp. 893-921.

Pessar, P. e Mahler, S.J.
2003 *Transnational Migration: Bringing Gender in*, in «International Migration Review», vol. 37, n. 3, autunno, pp. 812-846.
Piperno, F.
2007 *L'altra faccia del nostro welfare: il drenaggio di cura nei paesi di origine. Il caso della Romania*, in «Studi emigrazione», a. XLIV, n. 168, dicembre, pp. 947-967.
Polanyi, K.
1974 *La grande trasformazione* (1944), trad. it. Torino, Einaudi.
Portes, A.
1995 (a cura di), *The Economic Sociology of Immigration*, New York, Russel Sage Foundation.
1998 *Social Capital: Its Origins and Applications in Modern Sociology*, in «Annual Review of Sociology», vol. 24, pp. 1-24.
1999 *Conclusion: Towards a New World – The Origins and Effects of Transnational Activities*, in «Ethnic and Racial Studies», vol. 22, n. 2, pp. 463-477.
2003 *Conclusion: Theoretical Convergencies and Empirical Evidence in the Study of Immigrant Transnationalism*, in «International Migration Review», vol. 37, n. 3, autunno, pp. 874-892.
2004 *For the Second Generation, One Step at a Time*, in T. Jacoby (a cura di), *Reinventing the Melting Pot*, New York, Basic Books, pp. 155-166.
2005 *Convergenze teoriche ed evidenze empiriche nello studio del transnazionalismo degli immigrati*, in Ambrosini e Queirolo Palmas [2005, 169-185].
Portes, A. e DeWind, J.
2004 *A Cross-Atlantic Dialogue: The Progress of Research and Theory in the Study of International Migration. Introduction*, in «International Migration Review», vol. 38, n. 3, autunno, pp. 828-851.
Portes, A., Escobar, C. e Walton Radford, A.
2007 *Immigrant Transnational Organizations and Development: A Comparative Study*, in «International Migration Review», vol. 41, n. 1, primavera, pp. 242-281.
Portes, A., Fernández-Kelly, P. e Haller, W
2005 *Segmented Assimilation on the Ground: The New Second Generation in Early Adulthood*, in «Ethnic and Racial Studies», vol. 28, n. 6, novembre, pp. 1000-1040.
Portes, A. e Guarnizo, L.
1990 *Tropical Capitalism: U.S.-bound Immigration and Small-enterprise Development in the Dominican Republic*, Working Paper n. 57, Commission for the Study of International Economic Development, Washington, D.C., luglio.

Portes, A., Guarnizo, L. e Landolt, P.
1999 *The Study of Transnationalism: Pitfalls and Promise of an Emergent Research Field*, in «Ethnic and Racial Studies», vol. 22, n. 2, pp. 217-237.
Portes, A., Haller, W. e Guarnizo, L.
2002 *Transnational Entrepreneurs: The Emergence and Determinants of an Alternative Form of Immigrant Economic Adaptation*, in «American Sociological Review», vol. 67, n. 2, pp. 278-298.
Portes, A. e Manning, R.D.
1986 *The Immigrant Enclave: Theory and Empirical Examples*, in S. Olzak e J. Nagel (a cura di), *Competitive Ethnic Relations*, Orlando, Academic Press.
Portes, A. e Rumbaut, R.G.
2001 *Legacies. The Story of the Immigrant Second Generation*, Berkeley-New York, University of California Press-Russel Sage Foundation.
2006[3] *Immigrant America. A Portrait*, Berkeley-Los Angeles, University of California Press.
Portes, A. e Sensenbrenner, J.
1993 *Embeddedness and Immigration: Notes of the Social Determinants of Economic Action*, in «American Journal of Sociology», vol. 98, n. 6, maggio, pp. 1320-1350.
Pribilsky, J.
2003 *«Aprendemos a convivir»: Conjugal Relations, Co-parenting and Family Life among Ecuadorian Transnational Migrants in New York City and the Ecuadorean Andes*, in «Global Networks», vol. 4, n. 3, pp. 313-334.
Price, C.
1963 *Southern European in Australia*, Melbourne, Oxford University Press.
Putnam, R.D.
2004 *Capitale sociale e individualismo. Crisi e rinascita della cultura civica in America* (2000), trad. it. Bologna, Il Mulino.

Queirolo Palmas, L.
2006 *Prove di seconde generazioni. Giovani di origine immigrata tra scuole e spazi urbani*, Milano, Franco Angeli.

Ranci, C. (a cura di)
2001 *Il mercato sociale dei servizi alla persona*, Roma, Carocci.
Rauty, R.
1997 *William I. Thomas e l'immigrazione in America*, in Thomas [1997, VII-XLVI].

1999 *Il sogno infranto. La limitazione dell'immigrazione negli Stati Uniti e le scienze sociali*, Roma, Manifestolibri.

Reyneri, E.

1979 *La catena migratoria*, Bologna, Il Mulino.

Riccio, B.

2002 *Etnografia dei migranti transnazionali: l'esperienza senegalese tra inclusione ed esclusione*, in A. Colombo e G. Sciortino (a cura di), *Assimilati ed esclusi*, Bologna, Il Mulino, pp. 169-223.

Saint-Blancat, C.

2005 *La trasmissione dell'islam alle nuove generazioni della diaspora*, in Cesari e Pacini [2005, 15-30].

Sassen, S.

1999 *Migranti, coloni, rifugiati. Dall'emigrazione di massa alla fortezza Europa*, trad. it. Milano, Feltrinelli.

2008 *The Bits of a New Immigration Reality: A Bad Fit with Current Policy*, Dipartimento di Studi sociali e politici, Università di Milano, Working Papers esterni, n. 2/2008.

Scabini, E. e Donati, P. (a cura di)

1993 *La famiglia in una società multietnica*, Milano, Vita e Pensiero.

Schön, A.D. e Rein, M.

1994 *Frame Reflection: Toward the Resolution of Intractable Policy Controversies*, New York, Basic Books.

Scidà, G. e Pendenza, M.

2000 *Comunità transnazionali e capitale sociale: due concetti promettenti ma delicati*, in G. Scidà (a cura di), *I sociologi italiani e le dinamiche dei processi migratori*, Milano, Franco Angeli-Fondazione Ismu, pp. 25-35.

Sciortino, G.

2002 *La tratta di donne da avviare alla prostituzione nel quadro dell'industria dell'ingresso irregolare*, in Caritas ambrosiana [2002, 41-67].

Semi, G.

2002 *L'échange déplacé. Trajectoire d'un dispositif commercial marchand et pratiques sociales au marché aux puces de S. Donato (Milan)*, in Peraldi [2002, 353-375].

2004 *L'ordinaria frenesia. Il processo di regolarizzazione visto dal «basso»*, in M. Barbagli, A. Colombo e G. Sciortino (a cura di), *I sommersi e i sanati. Le regolarizzazioni degli immigrati in Italia*, Bologna, Il Mulino, pp. 167-185.

2007 *Teorie multiculturali: approcci normativi, studi idiografici e l'ingombrante presenza del quotidiano*, in Colombo e Semi [2007, 37-56].

Sen, A.
2006 *Identità e violenza*, trad. it. Roma-Bari, Laterza.
Signorelli, A.
2006 *Migrazioni e incontri etnografici*, Palermo, Sellerio.
Simoni, M. e Zucca, G. (a cura di)
2007 *Famiglie migranti. Primo Rapporto nazionale sui processi d'integrazione sociale delle famiglie immigrate in Italia*, indagine promossa dal Patronato Acli Nazionale, Milano, Franco Angeli.
Smith, M.P. e Guarnizo, L.E.
2003 *Transnationalism from Below* (1998), New Brunswick, N.J., Transaction Publishers.
Smith, R.C.
2003 *Diasporic Membership in Historical Perspective: Comparative Insights from the Mexican, Italian and Polish Cases*, in «International Migration Review», vol. 37, n. 3, autunno, pp. 724-759.
Soysal, Y.N.
1994 *The Limits of Citizenship*, Chicago, The University of Chicago Press.
Spanò, A. e Zaccaria, A.M.
2003 *Il mercato delle collaborazioni domestiche a Napoli: il caso delle ucraine e delle polacche*, in La Rosa e Zanfrini [2003, 193-224].
Stalker, P.
2003 *L'immigrazione*, trad. it. Roma, Carocci.
Suarez-Orozco, C., Todorova, I.L.G. e Louie, J.
2002 *Making up for Lost Time: The Experience of Separation and Reunification among Immigrant Families*, in «Family Process», vol. 41, n. 4, pp. 625-643.

Taguieff, P.A.
1994 *La forza del pregiudizio*, trad. it. Bologna, Il Mulino.
1999 *Il razzismo. Pregiudizi, teorie, comportamenti*, trad. it. Milano, Raffaello Cortina.
Taylor, C.
1992 *The Politics of Recognition*, Princeton, N.J., Princeton University Press.
Thiesse, A.-M.
2001 *La creazione delle identità nazionali in Europa*, trad. it. Bologna, Il Mulino.
Thomas, W.I.
1997 *Gli immigrati e l'America. Tra il vecchio mondo e il nuovo* (1921), trad. it. Roma, Donzelli.

Thomas, W.I. e Znaniecki, F.
1968 *Il contadino polacco in Europa e in America* (1918-20), trad. it. Milano, Edizioni di Comunità.
Thompson, P. e Bauer, E.
2005 *Sources of Aid and Resilience and Points of Pain in Jamaican Migrant Families*, in «Revue européenne des migrations internationales», a. 21, n. 3, pp. 9-26.
Tilly, C.
1990 *Transplanted Networks*, in V. Yans-McLaughlin (a cura di), *Immigration Reconsidered: History, Sociology and Politics*, New York, Oxford University Press, pp. 79-95.
Tognetti Bordogna, M.
2004 *Fasi e flussi migratori: le donne come protagoniste*, in «la Rivista delle Politiche Sociali», n. 3, luglio-settembre, pp. 195-216.
2005 *Ricongiungere la famiglia altrove*, Milano, Franco Angeli.
Torrealba Orellana, R.
1989 *Migratory Movements and Their Effects on Family Structure: The Latin American Case*, in «International Migrations», n. 2, giugno.
Tribalat, M.
1995 *Faire France. Une grande enquête sur les immigrés et leurs enfants*, Paris, La Découverte.

van Amersfoort, H.
1996 *Migration: The Limits of Governmental Control*, in «New Community», a. 22, n. 2, aprile, pp. 243-257.
van Amersfoort, H. e Doomernik, J. (a cura di)
1998 *International Migration. Processes and Interventions*, Amsterdam, Imes.
Vecoli, R.I.
1969 *Prelates and Peasants. Italian Immigrants and the Catholic Church*, in «Journal of Social History», vol. 2, n. 3, primavera, pp. 217-268.
Vertovec, S.
1999 *Conceiving and Researching Transnationalism*, in «Ethnic and Racial Studies», a. 22, n. 2, pp. 447-462.
2003 *Migration and Other Modes of Transnationalism: Towards Conceptual Cross-fertilization*, in «International Migration Review», a. XXXVII, n. 3, pp. 641-665.
2004a *Migrant Transnationalism and Modes of Transformation*, in «International Migration Review», vol. 38, n. 3, autunno, pp. 970-1001.
2004b *Cheap Calls: The Social Glue of Migrant Transnationalism*, in «Global Networks», a. 4, n. 2, pp. 219-224.

Waldinger, R., Aldrich, H. e Ward, R. (a cura di)
1990 *Ethnic Entrepreneurs. Immigrant Business in Industrial Societies*, Newbury Park-London-New Delhi, Sage.
Waldinger, R. e Fitzgerald, D.
2004 *Transnationalism in Question*, in «American Journal of Sociology», vol. 109, n. 3, marzo, pp. 1177-1195.
Walzer, M.
1987 *Sfere di giustizia*, trad. it. Milano, Feltrinelli.
Warner, R.S.
2000 *The New Immigrant Religion: An Update and Appraisal*, in «Epicenter», vol. 5, n. 2, primavera, pp. 1-7.
Warner, W.L. e Srole, L.
1945 *The Social System of American Ethnic Groups*, New Haven, Conn., Yale University Press.
Wilding, R.
2006 *«Virtual» Intimacies? Families Communicating across Transnational Contexts*, in «Global Networks», a. 2, n. 6, pp. 125-142.
Wimmer, A. e Glick Schiller, N.
2003 *Methodological Nationalism, the Social Science, and the Study of Migration: An Essay in Historical Epistemology*, in «International Migration Review», vol. 37, n. 3, autunno, pp. 576-609.
Wolf, D.L.
2002 *There's no Place like «Home»: Emotional Transnationalism and the Struggles of Second-generation Filipinos*, in Levitt e Waters [2002, 255-294].

Yang, F.
2002 *Chinese Christian Transnationalism: Diverse Networks of a Houston Church*, in H.R. Ebaugh e J. Chafetz (a cura di), *Religions Across Borders: Transnational Religious Networks*, Walnut Creek, Altamira Press.

Zanfrini, L.
2004 *Sociologia della convivenza interetnica*, Roma-Bari, Laterza.
2007 *Cittadinanze. Appartenenza e diritti nella società dell'immigrazione*, Roma-Bari, Laterza.
Zanfrini, L. e Asis, M.M.B. (a cura di)
2006 *Orgoglio e pregiudizio. Una ricerca tra Filippine e Italia sulla transizione all'età attiva dei figli di emigrati e dei figli di immigrati*, Milano, Franco Angeli-Fondazione Ismu.
Zhou, M.
1997 *Segmented Assimilation: Issues, Controversies, and Recent*

Research on the New Second Generation, in «International Migration Review», vol. 31, n. 4, pp. 975-1008.
2004 *Revisiting Ethnic Entrepreneurship: Convergencies, Controversies and Conceptual Advancements*, in «International Migration Review», vol. 38, n. 3, autunno, pp. 1040-1074.

Zhou, M., Bankston III, C.L. e Kim, R.Y.
2002 *Rebuilding Spiritual Lives in the New Land: Religious Practices among Southeast Asian Refugees in the United States*, in Min e Kim [2002, 37-70].

Zincone, G.
1994 *Uno schermo contro il razzismo. Per una politica dei diritti utili*, Roma, Donzelli.
1999 *Illegality, Enlightenment and Ambiguity: A Hot Italian Recipe*, in M. Baldwin-Edwards e J. Arango (a cura di), *Immigrants and the Informal Economy in Southern Europe*, London, Frank Cass, pp. 43-82.
2006 (a cura di), *Familismo legale. Come (non) diventare italiani*, Roma-Bari, Laterza.

Zolberg, A.R. e Litt Woon, L.
1999 *Why Islam is Like Spanish: Cultural Incorporation in Europe and the United States*, in «Politics & Society», vol. 27, n. 1, marzo, pp. 5-38.

Zontini, E.
2004 *Immigrant Women in Barcelona: Coping with the Consequences of Transnational Lives*, in «Journal of Ethnic and Migration Studies», vol. 30, n. 6, novembre, pp. 1113-1144.

Zucchetti, E. (a cura di)
1999 *Enti locali e politiche per l'immigrazione. Caratteristiche, assetti istituzionali e soluzioni organizzative nelle città della Lombardia*, Quaderni Ismu, n. 3.
2004 *La regolarizzazione degli stranieri. Nuovi attori nel mercato del lavoro italiano*, Milano, Fondazione Ismu-Ministero del lavoro-Franco Angeli.

Finito di stampare nel febbraio 2008
Litografia LI.PE. snc S. Giov. Persiceto (BO)

Saggi

ULTIMI VOLUMI PUBBLICATI:

618 EUGENIO BARBA, *La canoa di carta. Trattato di Antropologia Teatrale.*

619 ROBERT D. PUTNAM, *Capitale sociale e individualismo. Crisi e rinascita della cultura civica in America.*

620 COSTANZO RANCI, *Politica sociale. Bisogni sociali e politiche di welfare.*

621 GABRIELE LOLLI, *Da Euclide a Gödel.*

622 GIUSEPPE DE VERGOTTINI, *Guerra e costituzione. Nuovi conflitti e sfide alla democrazia.*

623 ANDREA BATTISTINI, *Vico tra antichi e moderni.*

624 EDOARDO GREBLO, *A misura del mondo. Globalizzazione, democrazia, diritti.*

625 DENISE PÉRICARD-MÉA, *Compostela e il culto di san Giacomo nel Medioevo.*

626 WALTER G. RUNCIMAN, *L'animale sociale.*

627 JORGE F. MALEM SEÑA, *Globalizzazione, commercio internazionale e corruzione.*

628 RICCARDO MARTINELLI, *Uomo, natura, mondo. Il problema antropologico in filosofia.*

629 SEYLA BENHABIB, *La rivendicazione dell'identità culturale. Eguaglianza e diversità nell'età globale.*

630 DAVID THROSBY, *Economia e cultura.*

631 LAURENCE H. TRIBE - MICHAEL C. DORF, *Leggere la Costituzione. Una lezione americana.*

632 DOMENICO FISICHELLA, *Denaro e democrazia. Dall'antica Grecia all'economia globale.*

633 ALAN ALDRIDGE, *La religione nel mondo contemporaneo. Una prospettiva sociologica.*

634 STEFANO CAVAZZA, *Dimensione massa. Individui, folle, consumi 1830-1945.*

635 MARIE THERES FÖGEN, *Storie del diritto romano. Origine ed evoluzione di un sistema sociale.*

636 FRANCESCO GALGANO, *La globalizzazione nello specchio del diritto.*

637 ASH AMIN - NIGEL THRIFT, *Città. Ripensare la dimensione urbana.*

638 MICHAEL TOMASELLO, *Le origini culturali della cognizione umana.*

639 CLAUDIO LUZZATI, *La politica della legalità. Il ruolo del giurista nell'età contemporanea.*

640 GIGLIOLA FRAGNITO, *Proibito capire. La Chiesa e il volgare nella prima età moderna.*

641 GEOFFREY C. HAZARD - ANGELO DONDI, *Etiche della professione legale. Un approccio comparato.*

642 PAOLO TRANIELLO, *Biblioteche e società.*

643 PIERRE ROSANVALLON, *Il popolo introvabile. Storia della rappresentanza democratica in Francia.*

644 QUENTIN SKINNER, *Virtù rinascimentali.*

645 GABRIEL A. ALMOND - R. SCOTT APPLEBY - EMMANUEL SIVAN, *Religioni forti. L'avanzata dei fondamentalismi sulla scena mondiale.*

646 PATRICK LE GALÈS, *Le città europee. Società urbane, globalizzazione, governo locale.*

647 PIER VINCENZO MENGALDO, *Sonavan le quiete stanze. Sullo stile dei canti di Leopardi.*

648 LUCA SCUCCIMARRA, *I confini del mondo. Storia del cosmopolitismo dall'Antichità al Settecento.*

649 MARINA ROGGERO, *Le carte piene di sogni. Testi e lettori in età moderna.*

650 MARTIN WOLF, *Perché la globalizzazione funziona.*

651 GIANFRANCO PASQUINO - RICCARDO PELIZZO, *Parlamenti democratici.*

652 FEDERICO STELLA, *La giustizia e le ingiustizie.*

653 DAVID VINCENT, *Leggere e scrivere nell'Europa contemporanea.*

654 PETER BURKE, *Lingue e comunità nell'Europa moderna.*

655 PAOLO BONETTI, *Terrorismo, emergenza e costituzioni democratiche.*

656 GRADO GIOVANNI MERLO, *Streghe.*

657 ANTONIO COBALTI, *Globalizzazione e istruzione.*

658 ANDREA COLLI, *Capitalismo famigliare.*

659 ALBERTO QUADRIO CURZIO, *Economisti ed economia. Per un'Italia europea: paradigmi tra il XVIII e il XX secolo.*

660 FABIO MERUSI, *Sentieri interrotti della legalità. La decostruzione del diritto amministrativo.*

661 MARINA CATTARUZZA, *L'Italia e il confine orientale: 1866-2006.*

662 CARLO TOSCO, *Il paesaggio come storia.*

663 CESARE CORNOLDI, *L'intelligenza.*

664 FLAVIO DELBONO - DIEGO LANZI, *Povertà, di che cosa? Risorse, opportunità, capacità.*

665 PARTHA DASGUPTA, *Povertà, ambiente e società. Il ruolo del capitale naturale e del capitale sociale nello sviluppo economico.*

666 CARLO AUGUSTO VIANO, *Stagioni filosofiche. La filosofia del Novecento fra Torino e l'Italia.*

667 HOWARD S. BECKER, *I trucchi del mestiere. Come fare ricerca sociale.*

668 MARIO BARENGHI, *Italo Calvino, le linee e i margini.*

669 ALBERTO CASADEI, *Stile e tradizione nel romanzo italiano contemporaneo.*

670 FRANCESCO TRANIELLO, *Religione cattolica e Stato nazionale. Dal Risorgimento al secondo dopoguerra.*

671 LIVIO PALADIN, *Saggi di storia del diritto costituzionale.*

672 BERNARDO GIORGIO MATTARELLA, *Le regole dell'onestà. Etica, politica, amministrazione.*

673 AURELIO MUSI, *Il feudalesimo nell'Europa moderna.*

674 PAOLO PEZZINO, *Anatomia di un massacro. Controversia sopra una strage tedesca.*

675 VITTORIO PELLIGRA, *I paradossi della fiducia. Scelte razionali e dinamiche interpersonali.*

676 ISABEL TRUJILLO, *Giustizia globale. Diritto e politica in prospettiva mondiale.*

677 GAETANO QUAGLIARIELLO, *Gaetano Salvemini.*

678 FRANCO GALLO, *Le ragioni del fisco. Etica e giustizia nella tassazione.*

679 ANDREA BATTISTINI, *Lo specchio di Dedalo. Autobiografia e biografia.*

680 GIACOMO BECATTINI, *Il calabrone Italia. Ricerche e ragionamenti sulla peculiarità economica italiana.*

681 GIACOMO TODESCHINI, *Visibilmente crudeli. Malviventi, persone sospette e gente qualunque dal Medioevo all'età moderna.*

682 PIETRO TRIFONE, *Malalingua. L'italiano scorretto da Dante a oggi.*

683 GIOVANNI RICCI, *I giovani, i morti. Sfide al Rinascimento.*

684 FRANCESCO GALGANO, *La forza del numero e la legge della ragione. Storia del principio di maggioranza.*

685 ANGELO VENTRONE, *La cittadinanza repubblicana. Come cattolici e comunisti hanno costruito la democrazia italiana (1943-1948).*

686 PAOLO CHERCHI, *Verso la chiusura. Saggio sul «Canzoniere» di Petrarca.*

687 DANIELE MENOZZI, *Chiesa, pace e guerra nel Novecento. Verso una delegittimazione religiosa dei conflitti.*

688 FRANCESCA EMILIANI, *La realtà delle piccole cose. Psicologia del quotidiano.*

689 ENZO PACE, *La religione come comunicazione.*

690 ELSTER JON, *Chiudere i conti. La giustizia nelle transizioni politiche.*

691 AMBROSINI MAURIZIO, *Un'altra globalizzazione. La sfida delle migrazioni internazionali.*

692 GALLI CARLO, *Lo sguardo di Giano. Saggi su Carl Schmitt.*